税收竞争与区域城镇化

——以京津冀为例

陆军 等著

商务印书馆
2011年·北京

图书在版编目(CIP)数据

税收竞争与区域城镇化/陆军等著. —北京:商务印书馆,2011
 ISBN 978-7-100-08246-4

Ⅰ.①税… Ⅱ.①陆… Ⅲ.①地方税收—税收管理—研究—中国②区域—城市化—研究—中国 Ⅳ.①F812.7②F299.27

中国版本图书馆 CIP 数据核字(2011)第 053620 号

所有权利保留。
未经许可,不得以任何方式使用。

税收竞争与区域城镇化
——以京津冀为例
陆军 等著

商 务 印 书 馆 出 版
(北京王府井大街36号 邮政编码 100710)
商 务 印 书 馆 发 行
北京瑞古冠中印刷厂印刷
ISBN 978-7-100-08246-4

2011年3月第1版　　　开本 880×1230 1/32
2011年3月北京第1次印刷　　印张 10¾
定价:24.00元

目 录

幸福之域:21世纪的城市化中国 …………………………… 1
1 导论 ……………………………………………………… 1
  1.1 中国的区域城镇化发展 ……………………………… 1
    1.1.1 中国区域城镇化的现实问题 ………………………… 1
    1.1.2 中国城镇化进程的特征与趋向 ……………………… 3
  1.2 京津冀区域城镇化特征 ……………………………… 8
    1.2.1 京津冀都市圈的概况 ………………………………… 8
    1.2.2 京津冀都市圈的人口迁移规模与特征 ……………… 9
    1.2.3 京津冀都市圈的人口迁移影响因素假说 …………… 16
  1.3 中国地方税收竞争的表现与影响作用 ……………… 18
    1.3.1 地方分权:中国税收竞争的组织基础 ……………… 18
    1.3.2 地方税收竞争的机制、问题与趋向 ………………… 21
  1.4 研究的逻辑关系与内容体系 ………………………… 26
    1.4.1 对本书研究对象的几点说明 ………………………… 26
    1.4.2 本书的框架与内容体系 ……………………………… 29

2 区域城镇化的理论文献与研究综述 …………………… 33
  2.1 区域城镇化的内涵及研究视角 ……………………… 33
    2.1.1 区域城镇化的概念与内涵 …………………………… 33

2.1.2　区域城镇化的人口研究内容 …………………………… 35
　　　2.1.3　区域人口研究的空间层次 ………………………………… 37
　2.2　人口或劳动力迁移动因的基本理论 ……………………………… 39
　　　2.2.1　人口迁移的成本—收益动力机制 ………………………… 39
　　　2.2.2　区域劳动力迁移的动力机制 ……………………………… 42
　2.3　区域人口流动的决定和影响因素 ………………………………… 46
　　　2.3.1　工资收入影响区域人口流动 ……………………………… 46
　　　2.3.2　就业机会影响区域人口流动 ……………………………… 49
　　　2.3.3　空间距离影响区域人口流动 ……………………………… 50
　　　2.3.4　公共财政支出影响区域人口流动 ………………………… 52
　　　2.3.5　产业结构影响区域人口流动 ……………………………… 56
　　　2.3.6　人力资本环境影响区域人口流动 ………………………… 56
　　　2.3.7　税收负担影响区域人口流动 ……………………………… 57
　　　2.3.8　住宅成本影响区域人口流动 ……………………………… 59

3　税收竞争的理论文献与研究综述 …………………………………… 60
　3.1　税收竞争的概念与类型 …………………………………………… 61
　　　3.1.1　不同学者对税收竞争的界定 ……………………………… 61
　　　3.1.2　税收竞争的类型与表现形式 ……………………………… 63
　3.2　税收竞争的内涵与性质 …………………………………………… 67
　3.3　国内外税收竞争理论的源流与观点 ……………………………… 69
　　　3.3.1　支持税收竞争有效性的理论观点 ………………………… 70
　　　3.3.2　否认税收竞争有效性的理论观点 ………………………… 74
　　　3.3.3　关于税收竞争有效性的中立观点 ………………………… 78
　　　3.3.4　中国税收竞争研究的理论与观点 ………………………… 79

3.4 地方税收竞争的对策与治理 ………………………… 81

4 税收竞争研究的基本模型 ………………………………… 84
4.1 传统的税收竞争模型 …………………………………… 84
4.1.1 蒂伯特税收竞争模型 ……………………………… 84
4.1.2 资本税收竞争模型 ………………………………… 87
4.1.3 区域税收竞争博弈模型 …………………………… 89
4.2 多阶段的资本税收竞争模型 …………………………… 91

5 税收竞争下的生产要素流动模型 ………………………… 102
5.1 税收竞争与生产要素流动 ……………………………… 102
5.1.1 税收竞争与资本流动 ……………………………… 102
5.1.2 税收竞争与产业流动 ……………………………… 104
5.1.3 税收竞争与开发区建设 …………………………… 106
5.1.4 税收竞争与劳动力流动 …………………………… 112
5.2 税收竞争下的资本流动模型 …………………………… 114
5.3 税收竞争下的劳动力流动模型 ………………………… 121
5.3.1 模型概述 …………………………………………… 121
5.3.2 异质人口流动模型下的税收竞争 ………………… 124
5.3.3 异质人口流动模型下的转移支付竞争 …………… 133
5.3.4 辖区偏好的一般分布 ……………………………… 138

6 财税竞争与异质性偏好劳动力的空间流动 ……………… 141
6.1 引言 ……………………………………………………… 141
6.2 财税竞争下异质性偏好的劳动力流动模型 …………… 143
6.2.1 基本框架 …………………………………………… 143
6.2.2 异质劳动力流动—税收竞争模型 ………………… 145

4　税收竞争与区域城镇化

6.3　模型的拓展与应用	149
6.3.1　多个地方政府	150
6.3.2　上级政府转移支付	151
6.3.3　公共管理效率	152
6.3.4　两要素税收竞争模型	153
6.3.5　两要素动态税收竞争模型	154
7　税收竞争下的劳动力空间流动实证研究	**159**
7.1　区域税收空间相关性的理论检验方法	159
7.1.1　区域税收空间相关性理论回顾	160
7.1.2　区域税收空间相关性计量模型	162
7.1.3　数据描述与实证分析	165
7.1.4　引入空间结构的税收相关程度考察	171
7.1.5　结论	174
7.2　税收竞争下的双重要素流动模型检验	174
7.2.1　资本与资本税的实证证据	175
7.2.2　劳动力流动性与再分配程度	177
7.2.3　数据描述和实证方法	179
7.2.4　税收竞争双重要素流动计量结果	181
7.2.5　劳动力流动偏好异质下的数值模拟	187
7.3　京津冀地区税收变动与产业集聚	192
7.3.1　税收变动与区域产业集聚	192
7.3.2　结论与政策启示	199
8　区域城镇化的地方财税竞争治理框架	**201**
8.1　地方财税竞争治理	202

  8.1.1 地方财税竞争治理的主要目标 …………………… 202
  8.1.2 财税竞争治理的对策框架与体系 …………………… 204
 8.2 调整基本建设支出结构,提高基础设施水平…………… 208
  8.2.1 基本建设支出现状分析 …………………………… 208
  8.2.2 当前基本建设支出领域的主要问题 ………………… 212
  8.2.3 基本建设支出治理的思路及原则 …………………… 214
  8.2.4 京津冀基本建设支出的治理对策 …………………… 215
 8.3 完善社会保障体系,保证地区公平…………………… 220
  8.3.1 转移性支出及社会保障现状分析 …………………… 220
  8.3.2 当前转移性支出领域的主要问题 …………………… 223
  8.3.3 转移性支出及社会保障治理的思路原则 …………… 225
  8.3.4 京津冀转移性支出的治理对策 ……………………… 226
 8.4 调整教育支出结构,提高地区人力资本………………… 229
  8.4.1 教育支出现状分析 ………………………………… 229
  8.4.2 地方教育支出治理的指向及思路 …………………… 233
  8.4.3 京津冀大都市区教育支出治理对策 ………………… 235
 8.5 实现医疗卫生水平的空间均衡………………………… 238
  8.5.1 医疗卫生现状分析 ………………………………… 238
  8.5.2 现阶段医疗卫生支出领域的主要问题 ……………… 241
  8.5.3 医疗卫生支出治理的思路及原则 …………………… 242
  8.5.4 京津冀的医疗卫生支出治理对策 …………………… 243

9 区域城镇化的地方税收收入治理对策 ………………… 247
 9.1 规范企业所得税优惠政策,提高政策效果……………… 247
  9.1.1 企业所得税现状分析 ……………………………… 247

    9.1.2 当前企业所得税领域的主要问题 ·················· 250
    9.1.3 企业所得税竞争的治理思路及原则 ················ 252
    9.1.4 京津冀大都市区企业所得税竞争治理思路 ············ 253
9.2 简化个人所得税制,加大收入调节力度 ·················· 256
    9.2.1 个人所得税现状分析 ······················ 256
    9.2.2 当前阶段个人所得税领域的主要问题 ·············· 258
    9.2.3 个人所得税的治理原则 ···················· 261
    9.2.4 京津冀个人所得税治理的思路与策略 ·············· 262
9.3 增强营业税主体地位,提高地方财政能力 ················· 265
    9.3.1 营业税收入现状分析 ······················ 265
    9.3.2 当前营业税领域存在的主要问题 ················ 268
    9.3.3 营业税的治理思路及原则 ···················· 270
    9.3.4 京津冀营业税竞争的治理对策 ·················· 271
9.4 改革财产税制,加强房地产市场管理 ···················· 274
    9.4.1 中国财产税收体系的现状 ···················· 274
    9.4.2 现阶段财产税领域的主要问题 ·················· 275
    9.4.3 财产税的治理思路及原则 ···················· 278
    9.4.4 京津冀财产税竞争的治理对策 ·················· 279

10 区域城镇化的其他配套治理对策 ························· 283
10.1 完善财政分权体制和转移支付制度 ···················· 285
    10.1.1 完善财政分权体制,合理分配财权与事权 ············ 285
    10.1.2 完善纵向财政转移支付制度 ·················· 286
    10.1.3 建立横向转移支付制度,实现利益共享 ············· 289
10.2 加强区域规划、协作与边界治理 ····················· 291

10.2.1 推动区域一体化,完善地区分工结构 …………… 291
　　　10.2.2 完善行政区划,推进区域整合 …………………… 294
　　　10.2.3 建立地区间财税利益协调机制 …………………… 297
　　　10.2.4 加强区域合作,完善边界治理 …………………… 300
　10.3 推动政府职能转变完善政府绩效考核 …………………… 303
　　　10.3.1 强化政府再分配职能,完善收入分配制度 ……… 303
　　　10.3.2 加快政府机构改革步伐,加强部门协作 ………… 304
　　　10.3.3 完善政府机构绩效考核制度 ……………………… 305
　10.4 改革城市户籍制度优化地区人才结构 …………………… 307
　　　10.4.1 改革城市户籍制度,加强城市人口管理 ………… 307
　　　10.4.2 完善就业政策,加强劳动力市场管理 …………… 310
　　　10.4.3 加强人才战略规划,吸引优秀人才 ……………… 312

参考文献 ……………………………………………………………… 315

后记 …………………………………………………………………… 325

幸福之域:21世纪的城市化中国

1978年中国体制改革的大幕徐徐掀起,到连续30年快速经济增长开创垂范发展中国家的"中国模式",改革开放30年来,在探索社会经济发展和追寻现代文明梦想的道路上,中国初步完成了两次伟大的转移:一次是大规模的农村闲置和富余人口由农业简单劳动力向制造业、服务业代表现代经济部门转移;另一次是大规模的农村劳动力及其眷带人口从传统农业集聚区向城市文明代表的现代化区域转移。迄今,城市化不仅是贯穿中国经济增长与社会发展进程的核心命题,而且与美国的技术创新并列,中国城市化成为能够对全球经济产生重要影响的当代两大历史事件之一。

当前,在经济持续增长的推动下,中国已全面进入快速城市化和区域经济一体化的新阶段,一方面,中国城市化的机制、策略、模式与路径均发生了重大的变化;另一方面,区域城镇化成为承载新时期中国转变增长方式、提升产业质量与结构、完善区域要素市场体系,以及合理引导劳动力流动与人口转移的重大研究课题之一。总体来看,深入推进未来中国城镇化动力机制、路径选择、组织模式及其治理策略的理论研究任务,必须梳理如下几个关键的逻辑支点。

一、中国城市化的根本动力究竟在哪里。为何在安土重迁的文化软约束和户籍制度共同导致高强度人口地理区位粘性的情况下,却出现了超大规模疾风骤雨式的向城市的人口流动?

廓清动力机制,不仅是理论解释中国城市化进程特殊性的基点,同时也是未来科学制定人口流动治理策略的关键。为简化起见,在此引进理性人的经济学基本假设,认定人们是趋利避害的,必然会遵守边际流动的规律。肇始于 20 世纪 70 年代末期的中国经济体制改革,之初是一场彻头彻尾的农业革命。基于中国农村劳动力规模庞大和耕地资源严重短缺的先天不足,因此,随着家庭联产承包责任制的制度创新激励以及农业生产技术效率快速提升的因素影响,不仅农村就业收益迅速递减,而且中国农村的就业可能性迅速下降。穷则思变,被释放出来的大规模的农业隐性失业劳动力被迫涌向就业机会丰富的经济发达区域和城市,终于催生了中国现代发展史上波澜壮阔的城市化浪潮。可以说,摆脱贫穷现状即是以农民为主体的中国城市化初级阶段的原动力。及至今日,整体上中国农村人口向城市单向度流动的格局依然保持的原因,一方面是 2009 年中国三次产业结构比例已经提至 10.6:46.8:42.6,我国从整体上基本进入工业化中期发展阶段,加之当前的中国城市化率不足 50%,由此,产业结构高度化和社会发展方式转型的需要将支撑中国进入快速城市化阶段;另一方面,2009 年农民人均纯收入仅为 5153 元,但当年中国城乡收入差距却已扩大至 3.3:1,因此,即便是面对着城市社会保障缺失和非公平对等的供给现状,但城乡劳动力要素报酬的严重非均等化,还将继续激励农村人口流向城市。2009 年中国流动人口为 2.11 亿,即是明证,而且据推测,未来时期内每年的流动人口都将保持在 2 亿以上。

二、中国城市化进程的演进机制是什么。缘何在当前中国不同区域内呈现出路径、程度和模式多元共存的复杂城市化现象,是否存在可循的城市化演化规律?

中国城市化的演进历程遵从一个四阶段的机制分析框架。在时序上，人口的流动及其流向选择将依次经历就业机会、实际工资收入、公共产品与基本公共服务、高等级社会资产等四个边际收益评价过程。除了前述的以城乡人口流动代表的中国城市化初期现象之外，还有另外三个阶段。一是理性的劳动者会将当前行业和部门的实际从业收入与基于个人工作强度、教育背景、技术素质和实际能力等条件所期望的工资收入水平进行比较，当判断出所在行业的真实工资收益递减时，劳动力将流向新兴产业、科技产业和高附加值产业集聚度更高的城市或地区。这是对大国经济中人口伴随产业转移和行业地理分布在城市连绵区进行流动的区域城市化现象的理论解释。二是交通、住房、市政设施等城市公共产品和学校、教育培训、医疗卫生、公园、公共管理和社会保障等基本公共服务的供给水平和空间布局都将对劳动力流动有重要的决定和影响作用。劳动力将综合个人或家庭对公共产品和基本公共服务的个人偏好、消费需求强度与实际支付能力进行计算，以制定未来的居住和流动决策。当公共产品和基本公共服务供给失衡，低于其边际收益预期时，劳动者必然"用脚投票"，流向与其发展偏好更加匹配的地段。这可以作为对人口在中心城区—外围地区、城区—郊区选择区位的大都市区人口流动现象的理论解释。三是在城市化的高级阶段，个人及家庭是否享有个性化的公共产品、高质量的公共服务以及能否获得家庭发展账户、儿童信托基金、社区培训计划等高水平的福利政策和社会资产配套制度上升成为影响技术劳动力流动决策的关键。在发现既有福利政策带给其的边际收益下降时，劳动者将以"对号入座"的策略，重新考虑是否继续流动以及流向哪里。这个典型蒂伯特式的分析，能够对各个层次人口在不同社区或聚居区之间进行迁移的城市内部人口流动现象进行理论解释。综上可见,用脚向福利投票是人口流动的终极指向。

三、中国城市化的合作路径是什么。在区域一体化进程不断加快的大背景下,是否需要坚持市场经济调控法则,构建基于合作的区域城市化组织网络?

改革以来的早期中国城市化实践,呈现出唯中央政府导向、唯经济收入指向和唯中心城市去向等三大特征。显然,这是转型经济时期制度自上而下的供给惯性、区域与城乡之间存在收入鸿沟、巨型城市规模经济和集聚效应显著等综合原因导致的。这在特殊的历史发展阶段具有必然性和一定的合理性。然而,城市化战略及其组织模式必须伴随历史的前进与发展环境条件的改变及时做出因应策略的调整。

以自由主义的发展观来理解,竞争一定是通往合作的必经之站,照此逻辑,愈是激烈的经济博弈愈能加速地区之间由竞争—竞争的格局向竞争—合作、合作—合作的关系演化。当然,现实中存在着两种情况:一是在对称的地区竞争中,各地区采取一切可能手段报复性地竞争要素和资源,结果使市场扭曲,要素配置低效不经济;二是当地区竞争不对称时,竞争将固化地方财政、要素流向和产业集聚的非均衡格局,致使强者恒大,赢者通吃。无论哪种情形,博弈中的地区都将经由残酷的竞争性试错,发现基于互补性的差异化发展、基于关联性的一体化发展和基于改善服务水平和投资环境的"良治"模式才是促进发展的理性之选。总之,合则两利。在协同发展的背景下,外围地区会通过"良治"手段形成一定的竞争优势,以弱化中心城市的绝对吸引力,由此,一方面,宜将有助于多态兼容的区域城市化路径应列为首选;另一方面,应建立地区之间必须错位发展,加快实现区域一体化进程。

四、中国城市化的实施主体应该是谁。如何在大国经济的地理框架下,坚持宏观城市化政策导向,构建基于地方政府微观主体的制度供给和治理体系?

在回答谁更清楚地区劳动力流动的规模、结构及流向,以及谁更了解辖区居民关于公共产品和基本服务是否存在异质性的偏好需求等问题时,相对于中央政府,地方政府享有绝对的信息对称优势。地方政府无疑是制定以资产为基础的福利政策,以切实保证令本地居民幸福的理想人选。加之,大国经济意味着,区域无限开放、地区发展存在客观差距、要素高度自由流动、地方市场难于统一、区域合作的掣肘因素复杂等一系列特征。作为一个历史悠久、差异显著、高度复杂的大国经济体的代表,自上而下地制定统一的城市化政策难免削足适履和缺乏灵活性之嫌。在中国地区发展规划空间单元的层级、主体、功能、形态、区位等不断加速拓展的当下,地方政府理应发挥区域发展的基础战略——城市化进程主导者的作用。进而,以地方政府为基点,一方面,构建中央政府—省级政府(区域性经济组织)—地方政府三位一体的城镇化组织保障网络和调控政策的垂直传输体系;另一方面,与具有紧密经济关联和劳动分工关系的其他地方政府一道,构建地方政府-其他地方政府-非政府组织的区域性城市化治理系统。

五、中国城市化的保障措施包括哪些。在中国快速城市化、新型工业化、区域一体化和城乡统筹发展等多重战略目标交织的历史时期,制度保障的重点应落在哪里?

诚如设问中言及,当前的中国已然进入一个面向全球化的战略转型期,城市化进程承载着中国社会经济起飞阶段的诸多历史重任。

妥善构建城市化保障体系的重要性和迫切性不言而喻。一要加快转变国民经济增长方式。一方面,应以生态环境保护和发展绿色经济为指向,实现可持续增长;另一方面,应以知识经济和科学技术创新为驱动,实现精明增长;同时,加快改善民生、建设和谐社会,实现包容性增长。二要积极构建制度保障体系。一方面以行政体制改革为主,协调深化收入分配、公共服务、文化教育、医疗卫生、城市管理以及城乡社会保障、新农村建设、农村土地管理、劳动力市场、城乡统筹发展等领域的综合改革;另一方面,形成共建共享、优势互补的区域合作体制,增强地区间均衡发展统筹能力;加强区域性重大公共建设项目、环境保护、信息化建设的管理和协调;促进市场要素的合理配置和自由流动。三要重点完善地方政府财政管理体制。坚持财权事权匹配,合理确定财政收入划分和支出范围,划清事权范围内的支出责任;缩短财政转移支付链条,提高财政资金分配利用效率;明确国家和上级政府财政的专项资金划拨渠道;完善转移支付、税收返还、所得税返还等上级政府的资金补助机制。四要加快提高劳动者的基本教育素质和职业技能。2006年中国25—29岁和30—34岁两个年龄段的就业人口中接受高等教育的比重仅分别为13.3%和10.5%,与发达国家相比差距过大。亟待提升高等教育规模、普及职业和岗位技术培训,增强研究与发展投入,激励公民加快人力资本积累。

回溯历史,在改革开放30余年的来路上,城市的经济发展及其体制改革一直以来都被赋予着"现代工业载体"、"增长极"、"桥头堡"、"攻坚战"的重要别称,及至在世界瞩目的中国城市化大潮中随浪翻涌的外乡人眼中,城市也是效率至上的假以谋生的致财之地。伴随中国增长方式转型战略的制订,决策层再次高屋建瓴地提出由国富到民富的发展任务。加之中国公民意识和权利观念的觉醒,将会进一步加快城市功能及其作用机制的转型,成为福利至上的"囊民"之地以及改善社会民生的起点与归宿,最终推进中国城市化的健康发展。

不难想见

未来,在中国城市化的去路上,

城市

是个幸福的所在。

陆军

于北京大学廖凯原楼

2011 年 2 月 14 日

1 导论

1.1 中国的区域城镇化发展

1.1.1 中国区域城镇化的现实问题

中国的区域城镇化是一项由历史条件、战略定位、道路与模式选择、实施框架、制度保障、评价体系和完善机制等共同组成的巨型系统工程,涉及社会、历史、经济、文化等诸多影响环节以及相关的制度要素与辅助性的支撑政策。在理论上,中国的区域城镇化研究包括三个维度:第一,在"中国模式"的区域城镇化道路上,探索提升城镇集群规模结构最优化的组织效率、行业部门与产业结构高级化的经济效率、生产要素与商品的市场化配置效率以及不同地区经济发展均衡化的空间效率等各项目标的技术要求;第二,研究解决推进中国区域城镇化进程的动力组织机制、关联传导机制和辐射影响机制;第三,在中国经济发展阶段和国情特色的框架下,探求实现人口与生产要素合理流动、土地与房地产等有效供给、收入分配与社会福利均等化,以及区域劳动分工与产业经济协同发展的制度保障体系。其中,区域城镇化研究框架的核心要素大体包括:(1)中国市镇地理分布与空间组织的均衡度;(2)核心城市的经济规模与区域辐射能力;(3)腹地和外围地区的工业基础与发展潜力;(4)不同地区的资源禀赋予产业分工模式;以及(5)不同层级政府的财税与金融制度保障措施等。

现阶段,中国的城市化进程已进入单体城市化向区域城镇化演进的历史阶段。在中国,东部沿海和经济相对发达的地区,借助劳动分工、交通网络和产业合作等手段,已经率先呈现出大都市区化和城市集群化的趋势特征。然而,作为发展中的大国经济,中国的区域城镇化面对着非常复杂且高度差异化的内外部条件。中国的区域城镇化实践,除了将遵循世界城市化、工业化,以及区域经济发展和地方政府分权的普遍规律和共性问题之外,还必须依托于中国特殊历史时期的社会经济矛盾所衍生的专门问题和特殊规律,要切实关注当前中国社会、经济、文化、历史等多重因素对区域城镇化进程的决定或影响作用。因此,为中国区域城镇化确定一个简单的标准是极其困难的。这是因为:第一,区域的人口流动在很大程度上,将取决于人们对地区经济发展水平和福利差异的主观认定,而认定结果必然会被不同人群的偏好、价值观、伦理认识甚至生活习惯所左右,对这种差异在技术上是根本无法进行标准化处理的;第二,在根本上,无论是初级阶段的单个的城市化还是处于高级阶段的区域城镇化,都是地区工业化进程和社会经济发展水平的函数,由它们决定或受其影响。然而,在幅员辽阔的中国,基础条件差异度较高的地区之间本来就缺少可比较性;而且在路径依赖的作用下,中国的社会制度非常容易出现地区性分叉的情况,导致不同地区的社会经济影响力发生扭曲,从而无法在全国范围内形成内在统一的评价机制和工具。因此,在很多情况下,对中国区域城镇化的进程、模式和影响效应的研究,大都是基于特定区域、"一地一议"式的案例分析。

以城市与区域经济的分析视角,在综合历史背景、发展现状与存在问题的基础上,将中国区域城镇化的组织基础与现实问题归纳如图1—1所示。

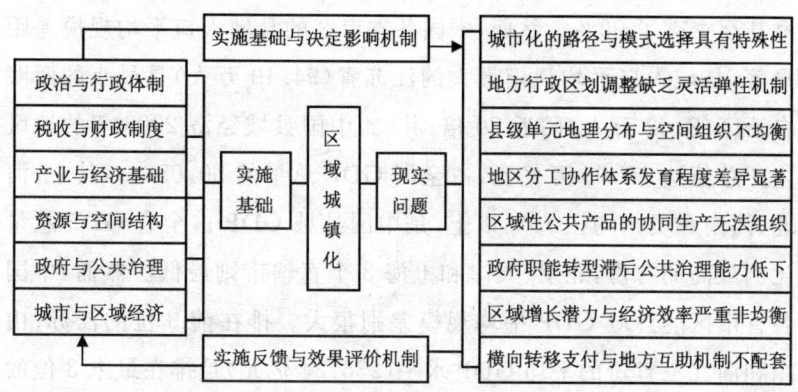

图1—1 中国区域城镇化的组织基础与现实问题

1.1.2 中国城镇化进程的特征与趋向

面对实施基础中的薄弱环节与众多现实问题的制约,中国城市化战略进程与组织管理中的难点众多,任务非常艰巨。渐进性、非均衡、二元结构、地区联动等一系列基本特征,将在中国城市化的实施进程中长期存在。在现实分析的基础上,我们认为,当前中国的城市化进程具有如下几个基本趋向:

(一)中国县域经济体的发育程度差异过大;人口规模、GDP和财政收入平均规模、发展模式以及百强县地理分布等方面也严重失衡,采取市县分治的策略有可能加剧社会经济的地区分化程度。

中国县域经济体发育程度的地域差异非常显著,呈现出鲜明的板块特征,主要体现在如下方面:其一,截至2008年年末,我国县域总人口达9.31亿,占全国总人口的70.10%;总体上,东部及东南沿海地带是中国县域人口的密集区域。除北京、天津和上海3个直辖市外,其他省市区的县域人口占全省人口的比例均在50%以上,西藏甚至突破了90%。然而,中国各省市区的县域人口平均规模差距显著,县域人口平均规模最大的江苏省(94.19万人)是最小的西藏自治区(3.62万人)的近30倍;其二,中国县域经济2008年的地区生产总值达15.05万亿元,占全国GDP总量的50.05%。其中,河北、河南和贵州均在70%以上,是中国县域GDP占全省GDP总量比例最高的省份,北京、天津和上海3个直辖市则最低。然而,中国各省市区的县域GDP平均规模差别很大。排在前3位的江苏、山东和浙江三省份的平均GDP水平(236.24亿元)是排在最末3位的西藏、青海和甘肃平均水平(12.66亿元)的18.7倍;其三,中国县域人口2008年的人均GDP为16163.77元,为全国人均GDP水平的72.39%。然而,最高水平的浙江省的人均GDP达35274.57元是最低水平的贵州省7026.90元的5倍多。就县域GDP平均规模和县域财政收入平均规模两个指标来看,我国西部省份都处于最低水平,不及东部的1/4;西部地区的县域GDP总量占全国的比例也低于20%;其四,百强县是科学评价我国县级行政单位经济基本竞争力的重要指标,在我国百强县中95个经济百强县(市)都分布于我国东部沿海经济发达省区。江苏(27个)、浙江(26个)、山东(26个)和福建(8个)四个省份的百强县数量(87个)占到总量的70.16%而新疆和四川仅各有1个,大多数西部省份甚至为零;其五,受当地自然、区位、历史、政策和交通等因素影响,中国县域经济的发展模式具有很强的地域多样性。例如,以专业镇和民营经济为支撑的广东模式、以集体所有制和乡镇企业为基础的苏南模式、基于专业化块状分工和社会化协作特色产业集聚区高度发达的浙江模式。

中国发达地区与经济相对落后地区,在县域经济实力和发展水平上差异巨大,并且还呈现出继续扩大的趋势,中、西部地区的县域经济发展处于很不利的境地。若在全国范围内,采取放任县域、镇域甚至村域自由竞争的发展策略,必将加剧中国地区间各类不同层级经济体发展的失衡,导致社会经济未来调整的成本和难度激增。

(二)"省直管县"改革一定程度上可能导致经济单元"原子化",加剧地方竞争压力,抵消城市集群发展的战略收益,延缓区域共同市场和区域综合治理体系的构建。

实证研究显示,中国国内省级之间商品贸易的平均关税税率达到46%,已经超过了欧盟各成员国之间的关税水平。而且,由于中国各地区间产业结构相似系数非常高,导致地方政府对招商、引资、工业园区的竞争越演越烈,无不依靠"促销折扣"式的价格竞争,给予外资企业更为优惠的政策,严重扭曲了地区间生产要素市场的价格体系。而且,当前以 FDI 和跨国公司代表的境外投资,转而更为关注投资地区产业链条和配套产业系统是否完整、是否实现了生产要素的本地化等条件,更加剧了中国地方政府之间的竞争。在这样的大背景下,有效的构建跨地域的经济合作组织来代替盲目竞争,应是中国地方政府的理性选择。中国地方政府通过契约(contract)、伙伴关系(partnership)及网络(network)三种形式加快转换职能,进而与非政府组织、私人部门共同构建新型战略伙伴关系应是首选方案。在中国,享有沿海区位优势、城市紧密布局的珠江三角洲、长江三角洲和环黄渤海等三个城市聚集地区,正是依托内在分工协作、交通运输网路和自然地理特点,才获得了绝对的竞争优势,成为中国区域经济发展的增长极。由于"省直管县"将划小地理单元,可能加剧地方竞争,抵消城市集群的战略收益,这与当代区域发展的新趋向是相悖的。因此,当前中国宜将税制、政企关系、市场体系和社会保障等作为区域改革的核心,破除地方割据,以一致同意为原则,建设跨地区的合作组织网络(interorganizational networks),加强地方政府之间的横向监督,通过利益分享和补偿机制创建区域性的要素与商品统一市场。此外,中国应遵从区域—邻里(region-neighborhood)网络结构趋势,创新区域治理体系,以公共财政启动政府职能转换,发展组团式卫星城镇,创建区域共同市场,构建"城市联盟"管治平台实现区域综合治理,构建跨省都市圈的区域市场体系(刘晔等,2004;王志锋,2005;宋林飞,2003;王健等,2004;刘君德,1996)。

(三)中国城乡经济发展的差距过大,县域经济和小城镇的集聚水平与规模经济效应严重不足,现阶段的经济发展应借助大、中型城市的产业集群和共享型公共产品的空间外溢效应来带动。

长期以来,在城乡割裂的二元体制下,中国城乡和县域经济的收入差距过大、劳动力素质低、贫困的"代际转移"、基础设施和公共服务短缺、农村文教体卫建设投入不足等问题日益突出。严重的城乡问题导致中国社会事业整体上发展迟缓,社会管理与基层民主建设落后,严重损害了社会稳定和经济发展的基础(Hesham M. Abdel-Rahman,Ping Wang,1997;李长江,2005;黄祖辉等,2005;牛若峰等,2004)。同时,中国广大县域和农村地区普遍存在"有镇无市"的空壳现象,大量农村小城镇逐步沦落为"卧城"或商品集贸市场,"离土不离乡,进厂不进城"的就地工业化模式无法持续。由于县域和农村的社会性公共服务基础设施和发展软环境欠账过多,限制了县域经济起飞,进而又抑制了县域农村产业经济的集聚水平和规模经济效应,形成恶性循环。尽管提高农民人力资本存量、消除城乡发展差距、缓解农业剩余人口外迁、提高自然资源利用效率和维护生态环境的根本出路在于统筹城乡发展和走内涵式的新农村建设道路。然而,我国现阶段城乡非均衡矛盾的缓解是一个长期的时空转换过程,需要持续积累,不可能一蹴而就。短期内,中国城市与区域经济的发展,需要借助大中型城市的产业集群和共享型公共产品的空间外溢效应来带动。

(四)中国的城镇化道路本身是一种特殊性的历史选择,"路径依赖"影响严重,以城市为导向、以区域为基础的中国城镇化模式将在较长时期内存在。

2003年起,中国的人均GDP水平突破了1000美元标准,由此进入工业化中期和城市化快速发展阶段,相应地,中国出现了城市化、郊区化交错发展的区域一体化发展趋势(孙群郎,2005)。然而,囿于中国城市化的空间组织基础和城市化调控政策等方面的不足,中国城市化的战略路径与模式选择具有强烈而鲜明的特殊性。其一,由于城镇化水平和调控政策的限制,中国城镇集群的系统建设中暴露出功能协调力度不强、结构失衡和规模等级不尽合理等问题。当前,中国较为发达的城镇密集区主要集中在经济发达的东部沿海地区,中、西部地区的城镇体系发展滞后,城镇的规模组织结构非常不合理,城市集群没有形成金字塔形的有序结构;此外,城市密集区的功能结构也表现出互补性较弱的问题。现有城镇集群在内部结构上大多具有"嵌入式"的特征,核心城市的经济实力过于强大,使得中小型城市被迫依附于大城市寻求发展。其二,中国地区收入与经济发展水平的平均差距过大,人口单向流动,造成地区发展的恶性循环。空间统筹是一种新的发展观。世界城市化正在向大都市连绵区方向发展演进(D. W. Miller,2005),在本质上,美国经济是一种大都市区经济的共同市场。然而,中国不仅城市化的绝对水平低,而且以人均 GDP 指标衡量,中国地区间经济发展差异巨大,使得劳动力向区域中心城市的边际流动倾向非常严重,经验研究表明,中国劳动力跨省流动的 90% 流向各类城镇,其中的 60% 流向省会城市、地级市等大中型城市(范剑勇、王立军等,2004),人口单向流动造成非中心城市和经济落后地区的要素市场结构更趋恶化。其三,我国城镇间的生产分包、城际交通建设、技术扩散和产业转移等网络建设滞后,县域经济的发展难度更大,而重复建设又将浪费大量的投资,亟待形成区域经济一体化发展的基础条件。

在全球化和区域经济一体化时代,中国城市化的进程不断加快,地方政府的经济地位也将迅速提升。但是,碍于现实的基础条件与存在问题,中国城镇化的战略思路应体现出如下趋向:(1)坚持区域导向,以大都市区和城市群作为空间对象;(2)经济转型和体制转轨时期的地方分权要适当;(3)以中心城市为基础,制定差异化的区域城镇化战略体系。以上也是我们选择区域城镇化作为研究对象的重要依据。

1.2 京津冀区域城镇化特征

1.2.1 京津冀都市圈的概况

京津冀都市圈地处华北平原北隅,位居东北亚中心,行政范围含北京、天津 2 个直辖市以及河北省的石家庄、唐山、秦皇岛、保定、张家口、承德、沧州、廊坊等 8 个地市。人口占全国总人口的 5.76%,2007 年该地区 GDP 占全国 GDP 总量的 11%。

京津冀都市圈是中国最重要的政治、经济、文化与科技中心,是中国率先实现现代化的城市群之一,其地域相连、文化相近,具有较强的文化亲缘性。京津冀都市圈的优势主要表现在:一、有中国北方最大的产业聚集区;二、综合科技实力居全国首位;三、是中国重要的交通通信枢纽,也是沟通欧洲和亚太地区的主要交通通道;四、集中了全国最重要的大中型企业,基础工业实力雄厚,经济发展潜力巨大;五、是极富吸引力的旅游热点地区;六、是东北亚跨国区域合作与产业分工的空间载体,是投资环境良好的国际协作区。目前,区域内部发展差距过大、区域经济一体化进程受到限制是京津冀地区的潜在问题。

1.2.2 京津冀都市圈的人口迁移规模与特征

作为重要的政治、经济、文化与科技中心,京津冀都市圈素来是中国人口迁移运动最活跃的地区之一。人口迁移的规模及特征是揭示区域人口空间分布规律的重要指标。本书以全国人口普查资料中的地区数据,对京津冀都市圈的人口迁移规模及流向进行归纳。

(1)区域内部人口迁移规模及流向

统计显示,京津冀都市圈的人口流动规模庞大,1995—2000年,京津冀都市圈内部10个城市间共迁移人口361984人。但区域内部的人口流向失衡,北京、天津是人口净流入地,河北省的8个地市整体为人口净流出地。其中,北京市的人口净流入量高于天津市。就迁出地来看,北京向外界迁移人口数量最小(3537人),其中向河北省迁出的人口为2271人,向天津市迁出的人口为1266人;天津向外界迁出人口数量居中(4582人),其中向河北省迁出的人口为2083人,向北京市迁出的人口为2249人;河北省向京津迁出的人口最多,为 353865 人，其中向北京迁出的人口为 40362 人，向天津迁出的人口为 15753。1995—2000 年间，北京市、天津市对人口的吸引力较强，迁入人口向京津集中。

表 1—1：北京市 1995—2000 年间迁入人口来源(人)

区县	总计	北京内部 人口	北京内部 比重(%)	天津 人口	天津 比重(%)	河北省 人口	河北省 比重(%)
东城	5976	5216	87.28	49	0.82	711	11.90
西城	8297	7222	87.04	101	1.22	974	11.74
崇文	4188	3550	84.77	37	0.88	601	14.35
宣武	8137	7309	89.82	63	0.77	765	9.40
朝阳	42197	6828	82.92	381	0.90	6828	16.18
丰台	23185	3725	83.12	189	0.82	3725	16.07
石景山	9598	1630	82.13	85	0.89	1630	16.98
海淀	40101	8469	76.77	847	2.11	8469	21.12
门头沟	4490	666	84.97	9	0.20	666	14.83
房山	9243	2078	76.97	51	0.55	2078	22.48
通州	6348	1048	81.84	105	1.65	1048	16.51
顺义	7329	1868	73.95	41	0.56	1868	25.49
昌平	9799	3450	63.27	149	1.52	3450	35.21
大兴	6719	1954	69.43	100	1.49	1954	29.08
平谷	2427	396	83.23	11	0.45	396	16.32
怀柔	3421	904	72.99	20	0.58	904	26.43
密云	3250	717	77.82	4	0.12	717	22.06
延庆	2043	527	73.86	7	0.34	527	25.80
总计	196748	157118	79.89	2249	1.14	37311	18.96

资料来源：北京市 2000 年人口普查资料。

1995—2000年间,北京市各区县人口迁入总量为196748人,其中迁入人口最多的三个区为朝阳区(42197人)、海淀区(40101人)和丰台区(23185人)。按迁移人口总量和来源地可以将北京市各区县划分为四类。第一类是首都功能核心区(东城、西城、崇文、宣武),迁移人口数量居中,主要来自北京市其他城区,从外省市迁入人数很少;第二类是城市功能拓展区(朝阳、海淀、丰台、石景山),迁移人口数量最大,迁入人口中来自天津、河北省的比重比首都功能区略高;第三类是城市发展新区(通州、顺义、大兴、昌平),迁移人口数量总体上比首都功能核心区多,但少于城市功能拓展区,来自天津和河北的人口比重较高;第四类是生态涵养区(门头沟、房山、平谷、怀柔、密云、延庆),迁移人口数量最少,迁入人口中来自河北省的人数最高。

表1—2:天津市1995—2000年间迁入人口来源(人)

区县	总计	天津内部 人口	比重(%)	北京市 人口	比重(%)	河北省 人口	比重(%)
和平	4824	4503	93.35	21	0.44	300	6.22
河东	21044	20331	96.61	67	0.32	646	3.07
河西	22961	22108	96.29	71	0.31	782	3.41
南开	28318	26559	93.79	166	0.59	1593	5.63
河北	16060	15351	95.59	84	0.52	625	3.89
红桥	12470	12076	96.84	41	0.33	353	2.83
大港	3075	2421	78.73	17	0.55	637	20.72
塘沽	8232	7089	86.12	31	0.38	1112	13.51
汉沽	2201	2056	93.41	0	0.00	145	6.59
东丽	6111	5471	89.53	13	0.21	627	10.26
西青	6272	5396	86.03	10	0.16	866	13.81

(续表)

津南	1982	1440	72.65	17	0.86	525	26.49
北辰	7670	7042	91.81	29	0.38	599	7.81
武清	3979	3442	86.50	46	1.16	491	12.34
宁河	1556	1354	87.02	3	0.19	199	12.79
静海	2421	1908	78.81	9	0.37	504	20.82
宝坻	3021	2725	90.20	25	0.83	271	8.97
蓟县	4008	3357	83.76	109	2.72	542	13.52
总计	156205	144629	92.59	759	0.49	10817	6.92

资料来源：天津市2000年人口普查资料。

1995—2000年天津市各区县人口迁移总量为156205人，人口迁入最多的为中心城区（南开、河西、河东）与近郊区县（塘沽、东丽、西清、北辰）。与北京不同，天津市不仅近郊区迁入人口数量庞大，中心城区迁入人口数量也很多。此外，迁入人口的来源地以天津市内部人口为主，比重相对北京更高；(2)中心城区迁入人口中来自河北省的人口比重偏低，远郊区县则较高。

总体上，1995—2000年京津冀都市圈内部的人口迁移特点包括：第一，人口迁移呈现不均衡，河北省为人口净迁出地，北京、天津均为净迁入地，其中北京的集聚效应最强。第二，北京、天津内部区县人口迁移不均衡，迁移人口集聚在部分区域，另外的区域迁入人口相对较少。第三，从迁移来源看，各城市迁入人口以城市内部为主，跨省级行政单元的迁移量较少。

(2)外部人口迁入京津冀的规模及流向

1995—2000年间迁入京津冀都市圈的外部人口为263939人，

占都市圈迁移总人口的 28.72%。北京市是最大的迁入地,迁移人口达 149410 人;其次是天津市,共迁入 37622 人;然后依次为石家庄(13271 人)、保定(11384 人)、秦皇岛(10011 人)、廊坊(9417 人)、唐山(7996 人)、沧州(5423 人)、张家口(4561 人)、承德(2017 人)。区域外部迁移人口的主要流向首都功能拓展区和城市发展新区及天津市的近郊区,分别为天津市津南区(57.89%)、承德市(56.25%)、北京市海淀区(53.93%)、北京市大兴区(51.82%)、北京市昌平区(51.59%)、天津市静海县(43.54%)等。

表 1—3:京津冀都市圈 1995—2000 年迁移人口来源

	迁入总人口(人)	区域外部(人)	比重(%)
石家庄	96315	15975	16.59
唐山	59364	7997	13.47
秦皇岛	33371	10014	30.01
保定	63596	11387	17.91
张家口	39734	3661	9.21
承德	21362	12018	56.26
沧州	35768	5424	15.16
廊坊	28487	9417	33.06
北京中心城区	41189	14591	35.42
朝阳	71334	29137	40.85
丰台	40039	16854	42.09
石景山	15739	6141	39.02
海淀	87048	46947	53.93
门头沟	5713	1223	21.41

(续表)

房山	12941	3698	28.58
通州	10256	3908	38.10
顺义	12458	5129	41.17
昌平	20242	10443	51.59
大兴	13945	7226	51.82
平谷	3306	879	26.59
怀柔	5325	1904	35.76
密云	4198	948	22.58
延庆	2680	637	23.77
天津中心城区	124001	15249	12.30
塘沽	13762	5530	40.18
汉沽	2550	349	13.69
东丽	9830	3719	37.83
西青	9656	3384	35.05
津南	4707	2725	57.89
北辰	9870	2200	22.29
武清	5474	1495	27.31
宁河	1935	379	19.59
静海	4288	1867	43.54
宝坻	3615	594	16.43
蓟县	4898	890	18.17
区域总计	918966	263939	28.72

资料来源：北京市、天津市、河北省2000年的人口普查资料。

(3)京津冀都市圈的人口迁移趋势与特点

通过选取迁入人口占总人口的比例、京津冀都市圈内部其他区域迁入人口占总迁移人口的比例、外省迁入人口占总迁移人口的比例等3个指标,运用多元统计分析软件SPSS,对1995—2000年间京津冀都市圈44个地区的迁移人口数据进行聚类分析(Cluster Analysis),将京津冀都市圈中的地市按照人口迁移的指标分成五类,以便更好地说明京津冀都市圈迁移人口的聚集趋势。

聚类分析显示,第一类地区迁入人口占总人口的比重达20%以上,迁移距离以远程迁移为主,其中,外省迁移人口占总迁移人口的35%以上;第二类地区迁入人口占总人口的比重达15%以上,人口流动以近距离流动为主,其中,外省迁移人口占总迁移人口的30%以上;第三类地区迁入人口占总人口的比重在10%以上,外省迁移人口占总流动人口20%以上;第四类地区的流动人口占总人口的比重在5%以上,其中,外省流动人口占15%以上;第五类地区的迁入人口占总人口的比重在5%以下,其中,外省迁移人口占15%以下。

表1—4:京津冀都市圈的人口聚类分析结果

类型	地　　区
第一类	朝阳区、丰台区、石景山区、海淀区、昌平区、大兴区
第二类	东城区、西城区、崇文区、宣武区、通州区、顺义区、怀柔区;塘沽区、大港区、东丽区、西青区、津南区
第三类	门头沟区、房山区;南开区、河西区、河东区、北辰区、红桥区
第四类	平谷区、密云县、延庆县;和平区、河北区、静海县、石家庄市、秦皇岛市
第五类	其余各市区县

16　税收竞争与区域城镇化

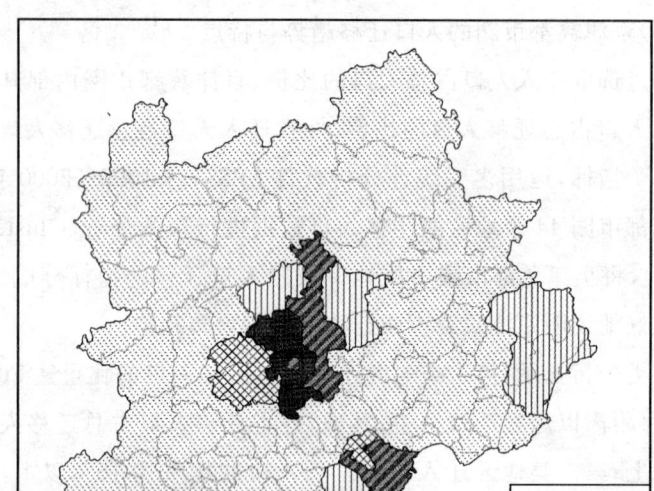

图1—2:京津冀都市圈的人口聚类分析结果

1.2.3　京津冀都市圈的人口迁移影响因素假说

　　因为可能受到对生活环境的体验、对改善社会关系的心理满足感、对公共设施便利的需求、对故乡或出生地的感情依赖等个人主观偏好和非货币因素的影响,人口迁移与流动的动机是非常复杂的。出于研究的需要,我们将人口迁移简化为一个经济过程。仅从可以被货币化和市场化影响因素,对决定京津冀都市圈的区域人口迁移特征的影响因素做如下的假说。

　　第一,对1995—2000年京津冀都市圈内部与外部的区域人口迁移特征分析显示,无论在规模还是流向上,京津冀都市圈的人口迁移均呈现出向北京、天津两个区域经济中心城市聚集的显著趋势,河北省则是人口的净迁出地。这种人口非均衡迁移的区域空间格局是由京津冀都市圈的历史基础和现实条件共同导致的。其根本原因是,在京津冀都市圈的内部经济发展水平差距导致的二元结构非常明显。在生产要素边际报酬机制的引导下,北京、天津两个经济中心城市成为京津冀区域劳动力就业和民间资本投资的主要集中地,遂在京津冀大都市区域形成了"地理上的二元经济结构"[①]。然而,由于区域内经济发展水平的绝对差异过大,加之行政分割的影响,生产要素无法跨域行政区划向相对贫困落后的河北省自由流动,导致两个经济中心城市对河北省地市的"扩散效应"远逊于"回波效应"的反哺作用。而且,随着经济发展的不断积累,地区差距最终形成了"累积性因果循环",使得不利于困难地区发展的因素越积累越多,地区经济发展差距更加难以弥合。

第二,1995—2000 年京津冀都市圈内部的人口迁移中,之所以出现区域的外部迁入人口主要流向北京市的首都功能拓展区(朝阳区、海淀区、丰台区、石景山区)和城市发展新区(通州、顺义、大兴、昌平),以及天津市的南开区、河西区、河东区等中心城区与塘沽、东丽、西清、北辰等近郊区县的现象,主要是人口在进行迁移决策时对迁入地可能带给他们的成本与收益进行理性评判的结果。在北京市,迁移至中心城区虽然可以在就业机会、收入水平和人均财政支出等方面享受到较高的收益,但迁移人口将在地租、房价和税费等方面,面

[①] Myrdal G., *Economic Theory and Undeveloped Regions*, London: Duckworth, 1957.

临着居高不下的成本刚性。因此，迁移人口将根据迁移所产生的净收益进行决策。此外，需要指出的是，由于不同人群的个人支付能力与支付意愿存在较大的层次差别，所以在迁移净收益既定的情况下，一些高技术人才、企业经营者、知识精英等高收入者，为获得某些地区在基础设施、生活环境与公共福利等方面特有的高品质服务，也情愿支付较高的迁移成本。

第三，区域内某个局部地区的人口迁入率是迁入人口在该地区实际获得的净收益的函数。一般情况下，两者之间存在显著的正相关。由于迁移是一个人口基于消费者理性而在复杂环境中进行多次多因素排比的技术决策过程，涉及诸多方面的权衡比较，因此，应科学地构建影响人口迁移的指标体系。我们认为：其一，在当前阶段，人均收入水平、失业率、产业结构、人均财政收入、人均教育年限和税收水平等因素，将对中国人口区域迁移的原因和动机具有显著影响；其二，人口迁移的规模与流向是迁移地区净福利收入（迁移总收益减去迁移总成本的剩余值）的函数。其中，收益项中主要包括人均收入水平、非农产业占 GDP 比重、人均财政收入和人均教育年限等，它们与人口迁移数量显著正相关；成本项主要有失业率、房地产价格、税收水平等，它们与人口迁移数量显著负相关。

1.3 中国地方税收竞争的表现与影响作用

1.3.1 地方分权：中国税收竞争的组织基础

这是一个在研究中国地方政府税收竞争时经常被忽略的问题。事实上，如果没有改革以来经济管理权和投资决策自主权被作为一项制度激励的纵向下移,中国地方政府断然不会成为中国持续高速经济增长的核心贡献者,同时也就不会成为中国地方政府恶性税收竞争的参与者。因此,我们认为,改革30年来,中国地方政府分权实践的不断深入,是税收竞争研究的前提条件和组织基础。

1978年改革开放以来,中国地方政府的行政体制改革重在政府机构精简与职能规范、中央与地方权限划分与规范运行关系以及构建规范的地方横向合作关系三个方面。此后,由于政治稳定,地方政府的改革重心逐渐向提高管理效率和推进经济建设转移。在此,依据时间顺序,我们把对中国地方政府的行政改革和经济功能建设具有深刻影响作用的政策和举措归纳为表1—5所示。

表1—5:改革开放以来中国地方经济的分权化实践

时间	改革内容与实施重点
1977年	江苏实行金融体制改革试点
1978年	以农村联产承包责任制为标志的地方经济体制改革路线初步确立
1979年	修订《中华人民共和国各级人民代表大会和地方各级人民政府组织法》
1979年	建立深圳、珠海等四个经济特区
1980年	财政执行"分灶吃饭"模式的收入分成制
1982年	修宪激励地方政府创造性
1982年	改革市级行政体制,中等规模城市对周围县乡享有管理权和监督权
1983年	精简政府规模
1983年	实行市管县政策,辽宁、江苏、广东完成撤地建市和撤县建市
1983年	武汉、沈阳等城市为计划单列市,享有省级政府经济事务特权
1985年	开放大连、秦皇岛等14个沿海开放城市
1985年	直辖市执行与中央政府税收分成制

(续表)

1988 年	党政部门分离
1995 年	转换县级政府职能,调整市县与镇区间关系,向乡镇分散权力
1998 年	优化政府结构与政府与企业脱钩
2005 年	尝试"省管县"行政管理体制改革,成为地方分权化改革的合法
2009 年	稳步推进"扩权强县"改革试点,鼓励有条件的省份减少行政层次

资料来源:作者根据相关文件、资料整理而成。

总体上,1978年启动的地方分权改革取得了丰硕成果。在政治上,省级政府的立法权、省级以下政府的行政、税收和司法等各项权利不断加强;在经济方面,以经济特区、开发区、沿海开放城市为先导享有较高优惠政策的各个改革开放示范区,物资调配、利用外资和投资项目审批等经济管理的权限大为提升。之后,上述的定点优惠模式逐步变为普惠制在全国推广。迄今,地方政府已经成为推动中国经济快速增长的中流砥柱。经过 30 年的发展与经济建设,中国 50%的工业总产值、70%的 GDP、80%的政府收入、85%的服务行业附加值,以及 90%的高等教育和研究资源均来自于市级地方政府;同时,地方政府还成为公共支出的主要承担者,地方政府的公共费用支出占政府总收入的比重大为提高。

从城市与区域经济的角度,对中国地方税收竞争起重要作用的两项地方分权改革分别是:

第一,改革开放之初,为缓解工农之间、城乡之间和地区之间的三大差别所导致的非均衡发展格局,中国开始推进城乡一体化建设,以统筹区域协调发展。20 世纪 80 年代起,中央以行政机构和地区体制改革为先导,全面推行"市管县"体制。1983 年,中央发布《关于地市州党政机关机构改革若干问题的通知》,将城市确立为新一轮行政改革的目标。在撤销地区行政公署建制和地市合并过程中,对尚未设市或者仅设县级市的原地区行政公署驻地直升建市,还将原地区行署统辖城市分立升级为地级市等。之后,市管县体制覆盖到西部地区和部分欠发达省份。至 2001 年年末,全国共设地级行政建制 332 个,其中地级市 265 个,占到 80%。地级市管县的数量占全国总数的 70%。2003 年年末,全国 27 个省、自治区普遍施行"市管县"体制。

第二,推进"省管县"改革以解决市管县的体制问题。迄今,包括 4 个直辖市和 18 个省份在内的、占全国 2/3 的省、市、地区开始实施省直管县的财政改革,"省直管县"已成为国家"十一五"的规划目标之一。2009 年中央一号文件再次指出:鼓励有条件的省份率先减少行政层次,依法探索省直接管理县(市)体制。2009 年 6 月 22 日,财政部下发《关于推进省直接管理县财政改革的意见》,提出 2012 年年末前,在民族自治地区以外的全国其他地区全面推进财政"省管县"改革。2009 年 8 月 1 日,中国首部省级"扩权强县"的政府规章——《浙江省加强县级人民政府行政管理职能若干规定》颁布实施,443 项审批权限被一次性下放给县级政府。在实践操作上,中国当前采取的是财政直管方案,即在财政预算编制上,由省直接对县编制预算;在收入划分上由省直接对县进行划分,同时将转移支付、专项资金补助、资金调度、债务管理等经济权限下放到县。从财政管理角度,省直管县财政改革是指在政府间收支划分、转移支付、资金往来、预决算、年终结算等方面,建立省、县之间的直接财政业务关系。

1.3.2 地方税收竞争的机制、问题与趋向

(一)中国地方政府税收竞争的机制与表现

从中国的财税竞争实践来看,改革开放前,中国实行高度集权的

财政制度,根本不可能出现税收竞争的情况。改革开放以来,随着财政分权程度的不断提高,地方政府事实上成为具有强烈利益诉求的相对独立的经济主体,由此国内税收竞争才逐渐展开[①]。20世纪80年代初期,中国推行"划分收支,分级包干"的财政体制改革,"分灶吃饭"的财政模式极大地调动了地方政府参与体制改革和发展地方经济的热情,积极扩充财政收入的来源渠道成为地方政府间竞争的核心内容。当时,在吸引资源流入的目标导向下,税收优惠普遍受到地方政府的极度追捧;各地方政府竞相出台降低税率、减免税、税收返还等税收优惠工具和财政补贴、提高公共品服务水平等支出工具的政策优惠措施,吸引外国资本到本地投资设厂、开展生产经营活动。由此,以减免税为主要手段的横向税收、竞争税收成为地方政府在经济竞争中制胜的手段,被频繁使用,最终成为保障地区经济高速发展的常备工具。

由于在中国的财政税收体制中,地方政府不具备设置税种和制定税率优惠政策的决策权,因此中国地方政府间的税收竞争大都是以隐性优惠方式进行的。对被竞争的对象而言,各地区的名义税率都是相同的,真实税率的差别取决于地方政府在暗地里提供的各种变相的优惠措施。直至1994年的税收体制改革,受中央政府逐步统一税权的限制,地方政府的减免税竞争受到遏制。然而,由于没有从体制上根本消除地方竞争的体制激励,一方面地区间针对外商投资以及其他各类流动性资源的争夺愈演愈烈,另一方面,严峻的经济压力迫使地方政府加紧寻求更为有效的竞争手段,导致地方竞争不断加剧,而且竞争的方式更加多样化。现实中,中国各地方政府为了吸

---

① 杨志勇:"国内税收竞争理论:结合我国现实的分析",《税务研究》2003年第6期。

引异地的投资者、增加当地的税基和保护已有的税源,所采用的竞争形式和优惠措施五花八门,如地方财政返还、对纳税大户给予物质奖励和税收优惠、减低土地出让价格、增加地方政府公共支出、包揽配套设施建设、提供银行贷款担保等。还有的学者将土地廉价转让、对企业提供信用担保、支持技术研究、违规设立经济区或工业园区等政府扶持归纳为非财税优惠政策工具[①]。随着中国地方政府投资饥渴症的不断加深,各地区之间的竞争手段呈现出相互攀比的趋势,并直接导致税收优惠程度大幅提升而"实际税率"迅速降低格局的出现;甚至出现了在同一个政府规划设立的特定政策区域内不同企业享有不同额度的优惠政策的情形,这主要是由地方政府执行"一企一议"的引资优惠供给策略以及经济实力或税收贡献不同的企业的谈判和索惠能力不同导致的。此外,还有地方政府为了吸引资本和劳动力,转向使用财政返还的竞争方式,把从分税制财政体制中获得的税收收入通过财政返还的形式直接或间接地给予投资者[②]。随着地方城镇化的不断推进,税收竞争范围遂扩展至争夺内资、人才、技术,最终几乎所有的流动性资源都成为税收竞争的对象。税收优惠政策的扁平化,不仅使中国地方政府间的竞争程度进一步加剧,也使地方政府税收竞争的范围不断扩张。例如,受到中央政府对特定地区和专门产业政策支持力度不断加大的诱导,地方政府在最初的外资竞争之后,又相继陷入了开发区竞争、产业竞争、CBD竞争、总部经济竞争等一轮又一轮的竞争热潮。从此,各种财税竞争工具与手段相互融合,成为地方政府提高地方竞争力的主要趋势。

---

① 王丽娅:"地方政府招商引资竞争的经济学分析及对策建议",《辽宁大学学报》2005年第6期。

② 葛夕良:《国内税收竞争研究》,中国财政经济出版社2005年版,第161页。

除了上述的常规竞争手段之外,制度外的财税竞争手段也被不断使用。一些地方政府为吸引内外资、劳动力和优质产业,纷纷采用不规范的变通措施,擅自扩大减免税的优惠范围,自行制定各种优惠政策,甚至采取放任企业偷漏税、调整企业收费、执行不规范的财政补贴等方式;更有甚者通过"先征后返"或缓税(应收不收)、买税(采取非法手段将别人的税收窃为己有)、改变税种级次(将中央税种变为地方税种缴入地方金库)、混库(把中央税收强行缴入地方金库)[①]、"引税"(通过非法手段把其他地区税收引至本地)等办法,提高本地的财税竞争力和对经济资源的吸引力。此后,随着市场经济和城镇化的推进,一方面地方主义的狭隘发展理念逐渐被强化,另一方面财税竞争方式多样化趋势不断加强。在竞争手段上,制度内竞争与制度外竞争经常交叉出现,竞争秩序也更加混乱,不同地区的财税竞争效率也参差不齐,财税竞争导致的问题也日益严重,尽快实施有效的地方税收竞争治理迫在眉睫。

(二)中国地方税收竞争的危害与发展趋向

除了直接导致地方税收流失、竞争秩序紊乱之外,中国地方政府间激烈的税收竞争还给地区发展埋下了一系列严重的隐患。第一,地区间差别性的税收优惠措施打破了沿海与内地、东部与中西部、中心城市与城乡、内资企业与外资企业之间均衡竞争的格局,客观上拉大了地区之间的经济差距和税负差距。例如,中国东部沿海的部分省份借助改革先发地区的政策优势以及产业门类齐全、经济基础良好、区位条件优越等绝对优势,占据了中国输入性资本的绝大部分。2000年东部地区实际利用外商直接投资及其他投资达3 702 825万

[①] 李佳明:"地方政府间税收竞争的规制分析",《税务研究》2006年第9期。

美元,占全部投资 4 204 386 万美元的 88.07%[①]。第二,各地方政府争夺原材料和生产资源的竞争也逐渐升级。在某些地区,控制了原材料渠道就等于占据了"领跑位置",在未来的地区竞争中胜出就有了绝对的保证。因此,在全国统一的大市场以及规范的市场秩序都尚未发育成熟的情况下,构筑贸易壁垒、抬高市场进入门坎等必然成为经济欠发达地区自我保护的重要手段之一。于是,从 20 世纪 80 年代开始,中国地区之间相继爆发大规模的"生猪大战"、"羊毛大战"、"蚕茧大战"等(Young,2000),就是明证。第三,中国地方政府针对区域分工利益的争夺也呈现白热化,产业同质性严重。为了在经济竞争中占据龙头位置和获得垄断利润,几乎所有的中国地方政府都将投资重点集中到高附加值或者贴有"高新技术"标签的产业上,结果导致在全国范围内出现了经济发展方式与产业分工体系严重同构化的现象。例如,地方政府为了扩展优势产业的发展规模,提高产业集中度,大都将微电子、生物医药、新材料等高新技术产业以及汽车、装备制造业等重化工业作为地方主导产业,并设定很强的财税优惠政策,最终造成地方政府间的产业竞争[②]。据原国家计委的测算,中国中部和东部地区的工业结构相似系数为 93.5%,西部和中部地区的工业结构相似系数甚至达到 97.9%[③]。由此,不仅区域经济的一体化进程被人为割裂了,区域间的资源整合、产业结构优化和地区间分工协作网络建设也将无从谈起。

在历经长期、强烈的税收竞争之后,中国地方政府之间的税收合

[①] 根据中经网数据中心相关数据整理(2001 年 10 月 30 日)。
[②] 陈耀:"构建我国新型的区域竞争模式",《中州学刊》2005 年第 3 期。
[③] 周维富:"我国地区产业结构同构化及其调整",《江淮论坛》1997 年第 6 期。

作初现端倪。近年来,在我国代表性区域内,地区之间的税收合作越来越频繁。从连续举行的苏、皖、赣3省的地方税收协作会议,到"泛珠江三角洲"地区9省《泛珠三角区域地方税务合作协议》的达成以及"泛珠地税合作论坛"联席会议的成功召开,不难发现在我国经济相对发达的沿海开放区域内,地区之间的税收合作已经在税收法治合作、税收征管协作、税务稽查协作、纳税服务协作、建立税收利益协调机制和税收科研协作等多个领域积极展开。新兴的税收竞争与税收合作行为,已经成为现阶段中国地方政府对外经济关系的核心纽带。关于中国地区间的税收竞争理论与实践研究虽然刚刚起步,但已经成为实现中国地区社会和谐、经济进步、产业发展等目标的重要内容,亟待汲取国外近半个世纪的税收竞争研究成果与实践经验,并结合中国地区发展的特色,形成完整的理论体系,为实践提供行之有效的应用对策。

1.4 研究的逻辑关系与内容体系

1.4.1 对本书研究对象的几点说明

本书在系统梳理学术文献的基础上,汲取税收竞争理论与实践研究的国际最新前沿成果,以京津冀大都市区为案例,通过建构理论模型和实证研究等方法,对影响中国区域城镇化的税收竞争机制进行深入研究,并结合中国的发展特点和现实需求,就矫治恶性税收竞争与实施区域治理,促进中国区域城镇化的健康有序发展,提出针对性的政策建议和治理措施。在此,对本书的研究对象及选题视角作如下几点简要的说明:

(一)从劳动力流动和人口迁移视角研究区域城镇化的理由。

城镇化是农村人口、劳动力、资本和农业经济活动向城镇转移集聚,并演化成为城市生产要素的一个动态过程。从所涉及的对象与空间范围来看,城镇化进程可以划分为城市—乡村关系、城市—城市关系,以及跨越不同行政辖区的城乡关系和城城关系三个发展阶段。其中,后面的两个阶段属于区域城镇化的范畴。在国民经济持续快速增长的支撑下,中国区域分工和协作网络日益扩展,并逐渐呈现出以城市密集区为基本单元的区域开发格局。2009年以来,中央先后批复了九个区域发展规划,由此可见一斑。

区域城镇化过程所涉及的领域和内容众多,关于区域城镇化的进程阶段、组织模式、路径选择与政策调控的决定和影响因素也非常庞杂。出于不同的需要,区域城镇化的研究角度、基本理论、描述指标、分析方法和分析工具也大相径庭。从既有的区域城镇化研究文献来看,大致包括城镇集群组织系统、城市规划与土地利用、人口与劳动力流动、产业集聚与产业关联、技术进步与创新、社会管理与公共经济、城乡一体化和统筹发展等研究角度。本书最终选择从人口迁移和劳动力流动作为研究区域城镇化的切入点。这主要是因为:(1)城市化率指标本身就是通过城市人口对全部人口的比值来反映的,因此人口指标是反映城市化水平和城市化阶段的最佳工具;(2)劳动力是一种流动性很强的生产要素,其对流动收益与成本变动非常敏感,因此是研究税收竞争对城镇化影响的重要途径;(3)中国是二元经济结构十分显著的发展中国家,劳动力流动是体现中国经济主要矛盾特征的研究视角,具有极强的理论意义;(4)当前中国正处于快速城市化的阶段,劳动力的区域流动与转移的趋向非常明显,研究区域劳动力流动对中国区域发展具有极其重要的现实意义。

(二)以税收竞争逻辑研究区域城镇化机理与治理的现实意义

选择以税收竞争作为中国区域城镇化研究逻辑主线的主要原因有:(1)中国的地方税收竞争有两方面的特色:一是税收竞争涉及的地区面十分广泛,具有普遍性,不仅限于沿海发达地区,经济相对落后的中西部内陆地区同样存在税收竞争现象,而且愈演愈烈;二是税收竞争在中国是一种涵盖劳动力、资本生产要素和其他资源的综合竞争形式,而且已经拓展到产业、总部经济、开发区、城市功能和发展定位等更多方面,基本全面地覆盖了中国区域发展的各个领域,具有全面性。因此,税收竞争是中国区域城镇化进程研究的理想对象,其理论发展的逻辑主线是对中国区域发展环境演化的很好概括。(2)关于中国区域经济的特征描述,我们与有些学者具有很强的共识。例如,中国区域经济发展以自成体系为特色,各地区之间的经济分割化(economic fragmentation)现象很明显。而且中国经济改革导致了"零碎分割的内部市场和受地方政权控制的封地"[①];各级政府实行层层财政包干割裂了市场的完整性并导致地方竞争不断增强。澳大利亚学者奥德丽·唐尼索恩(Audrey Donnithorne)将这种模式称之为"蜂窝状经济"(cellular economy),香港大学陈振光教授称之为"细胞式的中国经济"。内地学者则称其为"诸侯经济",意即封闭的地区经济以地方自我保护、市场分割为特征,物流、资金流、信息流等主要在行政区的内部流动;基础设施建设"各自为战",协调性差;产业结构均质化,低水平重复建设,恶性竞争;资源利用效率

---

① Young, Alwyn, "The Razor's Edge:Distortions and Incremental Reform in the People's Republic of China", *Quarterly Journal of Economics*, 2000, 115: 1091 - 1135.

低，宏观经济效益差。随着地方经济自主权的扩大和开放度的提升，地方政府间的税收竞争在所难免。因此，税收竞争研究既体现中国地区经济的基本特征，还能契合地方发展即将面临的新趋势和新问题。(3)在任何国家，税收都具有强制性，一方面其在执行过程中税收竞争类型多种多样，另一方面财税竞争工具对流动性生产要素的影响最为显著，有助于对区域城镇化进行比较深入的机制分析，是一个非常重要的研究视角。

（三）选择京津冀都市圈为经验分析和实证研究案例的理由。

本书的实证分析选择以京津冀都市圈为研究对象，其选择依据在于：(1)环渤海经济区以及天津滨海新区是新一轮国家发展战略的空间载体，案例地区具有重要性；(2)京津冀地区在我国属于典型的基于"双核心"城市的都市经济区类型，案例具有示范性；(3)京津冀核心城市肩负首都职能，区域分工协作兼具社会、经济与行政因素，非常复杂，案例地区具有特殊性；(4)京津冀地区地跨沿海与内陆，发展是非均衡的，其人口流动现象及影响因素具有重要的理论价值。需强调的是，由于本书重点关注的是机理分析，因此没有对空间单元的概念及其外延、内涵进行严格的区分或限定。在本书中，京津冀都市圈与京津冀大都市区是指同一个空间单元，具体是指由北京市、天津市和河北省的8个地级市联合组成的经济区，既具有一定的自发性，也体现出区域统筹规划的引导性。具体地，本书中京津冀都市圈的统计范围包括44个组成地区（北京、天津的市辖区县和河北省的地级市）。

1.4.2 本书的框架与内容体系

本书的研究框架如图1—3所示。

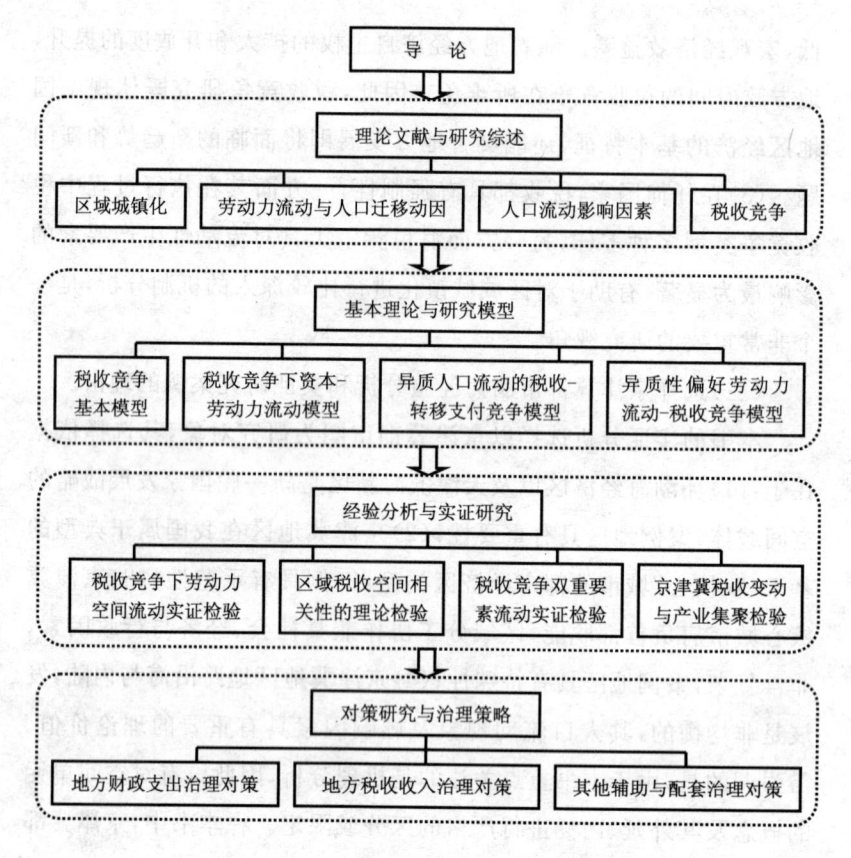

```
                    ┌─────────┐
                    │ 导  论  │
                    └────┬────┘
                         │
            ┌────────────┴────────────┐
            │     理论文献与研究综述    │
            └────┬────┬────┬────┬─────┘
      ┌─────────┬┴────┴────┴────┴──────────┐
   区域城镇化  劳动力流动与人口迁移动因  人口流动影响因素  税收竞争
                         │
            ┌────────────┴────────────┐
            │     基本理论与研究模型    │
            └─┬──────┬──────┬──────┬──┘
     税收竞争   税收竞争下资本-  异质人口流动的税收-  异质性偏好劳动力
     基本模型   劳动力流动模型   转移支付竞争模型     流动-税收竞争模型
                         │
            ┌────────────┴────────────┐
            │     经验分析与实证研究    │
            └─┬──────┬──────┬──────┬──┘
   税收竞争下劳动力  区域税收空间相  税收竞争双重要  京津冀税收变动
   空间流动实证检验  关性的理论检验  素流动实证检验  与产业集聚检验
                         │
            ┌────────────┴────────────┐
            │     对策研究与治理策略    │
            └─────┬──────┬──────┬─────┘
         地方财政支出治理对策  地方税收收入治理对策  其他辅助与配套治理对策
```

图1—3：全书的研究框架与内容结构

按照内容划分,全书包括四个部分。

第一部分是导论。主要对本书的研究内容与背景进行概述。一是从基本特征、现实问题和发展趋向的角度,对中国区域城镇化的研究主题及其发展现状进行综述;二是对本书的案例与实证分析对象——京津冀都市圈的概括及其区域内部的人口流动的规模、结构与空间特征进行总结;三是对中国地方税收竞争的机制、问题表现与趋向进行描述与归纳。

第二部分是理论文献与研究综述部分,包括两章内容,一是基于基本理论与前沿研究文献,分别从概念内涵、理论基础、动力机制、决定和影响因素等角度,对区域城镇化进行系统综述;二是对税收竞争的类型、内涵、性质、理论源流、治理思路等内容进行系统的综述。

第三部分是基本理论与研究模型,包括三章内容。其一,主要对蒂伯特税收竞争模型、基本税收竞争模型(BTCM模型)、区域税收竞争博弈模型、多阶段的资本税收竞争模型等四个经典的税收竞争基础模型进行了归纳,并对税收竞争与资本、产业和劳动力等生产要素流动之间的关系进行了理论总结。其二,主要分析了税收竞争下的资本和劳动力生产要素的流动模型。尤其用较多的篇幅对异质人口流动模型下的税收竞争和转移支付竞争的理论模型与偏好分布问题进行了详尽的阐释。其三,在亨德里克斯(Hindriks)、罗挈特(Rochet)和斯杜勒(Stole)研究的基础上,通过异质性偏好的劳动力空间流动决策分析以及劳动力流动性对税收竞争的一般均衡影响,构建了税收竞争影响区域劳动力流动的研究模型,并指出了模型进一步拓展的方向。

第四部分是经验分析与实证研究。在这一章中,主要目标是对税收竞争大背景下劳动力的区域空间流动进行实证检验。其中包括区域税收空间相关性的理论检验、税收竞争双重要素流动实证检验和京津冀大都市区税收变动与产业集聚检验三个计量分析。其一考察不同层级和不同特征的地区间税收政策的互补性与协同性问题;其二,验证各种税收政策以及财政支出的政策对于劳动力流动性的影响;其三,主要考察税收竞争对地区产业集聚的影响效应。实证部分基本证实了本书理论部分模型结论的准确性和有效性。

第五部分是对策研究与治理策略。主要是基于现代治理的基本理念,从现状、问题、思路、原则和对策等角度,对地方财政支出治理、地方税收收入治理和其他辅助与配套治理进行了重点论述。其一,在财政支出治理分析中,重点分析如何对基本建设支出、转移性支出,以及教育和医疗卫生进行治理;其二,地方税收收入治理的策略大致包括规范企业所得税优惠、简化个人所得税制、增强营业税主体地位、改革财产税制等内容,文中进行了细致分析;其三,从财政分权、区域规划、政府职能转变和改革城市户籍制度等方面,对当前阶段能够对中国区域城镇化产生决定和影响作用的其他配套治理对策进行了比较深入的分析。

2 区域城镇化的理论文献与研究综述

2.1 区域城镇化的内涵及研究视角

2.1.1 区域城镇化的概念与内涵

区域城镇化,或称区域城市化,是对城市化进程中区域发展环境、区域组织模式和区域影响效应的概称。由于区域城市化本身的地域性、综合性、复杂性和渐进性特征,目前不同学者对区域城镇化的概念与内涵的界定莫衷一是,大都基于特定的研究对象和实际需要进行适意性的规定,显得众说纷纭。例如,汉德森(J. Vernon Henderson)在1974年的研究指出,区域城市化是将城市的发展放置在多城市的区域框架之下进行分析;同时认为,区域城市规模的差异是由不同城市类型之间的差异决定的,城市之间的贸易会使得城市的发展更加趋于专业化。加拿大地理学家麦吉(J. C. McGee)对亚洲地区城乡一体化发展所作的研究表明,区域城市化是以区域为基础考察城市化现象(Region-based urbanization)的一种视角和分析方法。1997年,徐学强等认为,区域城市化是指某区域农村人口转变为城市人口、农村地域转变为城市地域的过程。路明(2000)认为,区域城市化是指城市化进程的区域发展状况,包括区域内和区际间经济联系、空间组织结构的动态演变过程[①]。2002年,罗静在结构转变的框架下,依据城市化的时间特征将城市化阶段划为城市城市化、人口城市化、区域城市化和逆城市化四个阶段;并将区域城市化概括为农村城市化的过程,特指广大农村地区改变原有农村社会结构,向新的农村社会过渡的过程。而且,区域城市化呈现出农村劳动向社会化结构转变、小城镇的繁荣与发展和城市体系的层次和等级不断加深3个显著特征。杨晓娜、曾菊新(2004)则从城乡关系的视角认为,区域城市化是城乡空间系统内人口、文化和生产生活等方面向具有城市特点的表现形态变迁的系统的、动态的过程,即城乡经济实现有序互动,城乡居民共享现代文明[②]。还有学者的研究将农村劳动力转移归纳为内外部转移模式、就地转移模式、城市化模式、中间技术发展模式、劳务输出模式、农田集中经营模式、深分工模式、区域经济持续发展模式、复合转移模式、私营经济模式等具体模式。胡彬(2008)认为,"区域城市化是指当经济发展到一定阶段时,基于产业结构与就业结构的相互作用,在空间上出现的以城市(镇)为节点的、城镇体系的关系网络为依托的区域经济充分发展的产物。它作为特定区域范围的空间组织的高级形式,是区域内城市(镇)组织功能及功能联系发展到一定阶段和城市化作用于区空间联系界面并使其出现同质化的结果"[③]。

由上述研究可以发现,中外学者都将区域城市化视为城市化发展的一个高级阶段,是通过一系列的空间演变和动力机制决定的一种新型的泛城市化的现象。这种现象有的以城乡为尺度,有的则落

[①] 路明:《中国区域城市化研究》,中央党校博士学位论文,2000年5月。
[②] 杨晓娜、曾菊新:"城乡要素互动与区域城市化的发展",《开发研究》2004年第1期。
[③] 胡彬:《区域城市化的演进机制与组织模式》,上海财经大学出版社2008年版。

脚于多个区域,甚至有的以整个国家作为衡量对象。也因此,区域城市化与以往的一般城市化理论不同,其更偏重于从特定区域的层次来把握城市化发展的脉络,尤其重视区域发展理论和城市化理论的相互结合,以探寻兼具一般规律性和区域特殊性的区域城镇化的发展与运行模式。但无论测量的层次如何,无论是对原因的探讨还是对现象的分析,人口的流动都是区域城市化过程中非常重要的一个因素,具体则体现在就业结构转变即劳动力迁移上。因此,本书也将人口迁移作为分析区域城市化的主要切入点之一,并提出区域城市化是指当经济发展到一定阶段后,城市化突破城乡体系而作用于区域空间的一种持续、动态的泛城市化过程,其集中表现为就业结构与财政、福利政策双向作用而发生的人口变动现象。

2.1.2 区域城镇化的人口研究内容

人口研究是社会学、地理学、人口学、经济学、管理学,以及文化保护、城市规划、环境工程、资源开发等不同学科共同关注的核心理论命题之一。在经济学领域,对区域人口流动的问题研究,受到发展经济学、城市与区域经济学、人口经济学、经济地理学、产业经济学、土地与住宅经济学、公共经济学等众多分支学科的高度关注。中国社会经济整体上正处于工业化中前期的发展阶段,因此,当前有很多研究大都偏重于采用发展经济学的理论模型与应用方法,对区域人口迁移和劳动力转移进行研究。

在区域人口迁移研究经典的范式中,人口迁移量是工资、预期就业机会和空间距离阻碍三大变量的函数。相应地,区域人口迁移动力机制主要集中在工资、就业和距离三个方面,其中区域人口迁移规模与工资差和预期就业概率正相关,与空间距离负相关。从20世纪

表 2—1：区域城镇化的理论体系和内容框架

项目	内　　容
区域人口要素的基本功能	(1)人口规模是劳动力要素禀赋的基数，是资本、消费形成的物质载体，是社会经济循环的要素投入保障； (2)人口结构是社会文化延续、生产要素结合、市场关系形成； (3)人口分布空间经济成长的重要前提。
区域人口流动的动力机制	(1)"二元经济结构"导致的城乡实际收入差距； (2)人口迁移是一种人力资本投资形式，流向由地区或行业收入水平决定； (3)体制导致的工资率差异、产业兴衰转化引起的消费需求变动、制造业的集聚程度引发人口流动； (4)工资增长额、财产税负和人均支出水平等变量对人口迁移的作用显著。
区域人口分布的空间演变	(1)不同人群的迁移活动将影响迁入地和迁出地的消费效应； (2)劳动力的城乡迁移降低农村家庭非生产性的预防储蓄； (3)人口区域流动改变地区需求结构、使地区间劳动力竞争不可避免、降低政府支出效率、引起地区就业结构变化； (4)在地域条件、城乡发展和社会人群结构存在较大差异的情况下，区域人口演变的社会经济评价问题。
区域人口转移的经济效应	(1)增加农村地区自我投资、非农化和城镇建设； (2)缩小地区差距； (3)缩小各地区要素报酬的差异； (4)劳动力流动对国内生产总值增长率贡献份额较大； (5)劳动力跨地区流动改善省份间的资源配置效率； (6)技术劳动力流动推动迁入地的经济增长和产业优化升级。
区域人口调控的公共政策	(1)财政和税收政策通过影响实际工资收入和生活成本调控人口流动； (2)现代城市管理和区域公共治理是区域人口调控的重要工具； (3)社会保险覆盖面、个人所得税税率累进额度、财产税收执行情况、地方政府公共支出的规模与结构，以及地方公共产品供给模式是调节人口空间分布的主要政策工具。

80年代中期开始,区域人口迁移研究出现了一些新趋向:一方面,除了工资收入、就业概率和流动成本等传统因素之外,人力资本发展环境、地方福利支出、地区公共产品和服务的组合模式、地方劳动力市场政策、税收负担、城市生活成本等新的变量,作为区域人口演变的重要影响要素被引入人口流动理论与模型的研究之中;另一方面,区域人口迁移的研究对象与实施主体已经由个人主体逐步演变为以家庭为迁移决策单位。

2.1.3 区域人口研究的空间层次

在明确了本书以人口运动作为区域城镇化研究的切入点之后,随之而来的问题是在哪一个具体的空间层次上进行区域人口现象的研究。由于城镇化是分散的农村人口、劳动力和非农经济活动通过持续的空间集聚和空间演变逐渐转变为城市经济要素的动态过程,所以城市化必然是决定和影响区域空间结构形态和空间社会经济关系的重要因素。同时,前一节的概念解析表明,区域城市化是一个动态演变的过程,因此完全可以将区域人口运动的研究纳入到区域空间组织结构的动态演化框架之下。

在此,我们依据欧洲和北美地区发达国家的城市化进程及空间组织演化的客观规律,将区域城镇化进程中的空间系统演进大致划分为如下的三个空间结构层次。三者之间相互依托,范围依次扩大,职能不断提升。

(一)单体城市或以中心城市为空间载体的城镇化阶段。这个阶段也是区域城市化的起始期。它的时间顺序依次分为城市化(Urbanization)、郊区化(Sub-urbanization)、逆城市化(Counter-urbanization)和再城市化(Re-urbanization)4个阶段。它的空间表现是,分散在乡村或者中心城市远郊区县的农村人口、劳动力向城市中心区快速集聚；农村经济功能和农业生产方式不断向非农业经济形态转化，在空间上推动了城乡一体化的形成。最终使得高度化的产业结构、快捷的交通运输体系、现代化的市政基础设施、统一的生产要素市场，以及消费模式、高尚文化和现代生活方式等在市域范围内全面实现。

（二）都市圈或以大都市区为空间载体的城镇化阶段。随着中心城市对外辐射影响的范围扩展，以城市内部空间为载体的城市化将会向着城市集群(City cluster)和设有卫星城镇(Satellite city)的大都市区模式演变。以大都市区(metropolitan area)为例，它是一个由大型的地区人口中心与之具有社会经济高度整合程度的腹地共同构成的地区组织复合系统(J. Gottmann, 1957, 1987；McGee, 1987；Peirce and Johnson, 1993)。它是政治、经济、金融、技术创新和商业贸易的中心，更倾向于多样化的发展模式。区域的组织结构具有一定的规律性，通常在城市体系中，专业化与多样化城市共存。当大都市区中的城市数量足够多时，城市的规模体系以及城市之间的空间距离会出现稳态(Duranton and Puga, 2000；Fujita and Mori, 1997)。其由中心城市、边缘城镇、城乡结合地带和农村农业区四个部分构成，有单核心(Monocentric systems)和多核心(Polycentric systems)两种类型。这个阶段是进入区域城镇化的空间形态的重要标志期。

（三）以城镇密集区和城市群为载体的城镇化阶段。城市群是指，依托一个特定的空间范围和区域自然环境，以1至2个人口规模在200万以上的巨型或超大型城市为核心，由众多不同性质、功能和规模等级的城镇共同组成的一个经济结构、职能结构和规模结构都达到均衡状态的区域城镇综合体。城镇集群的出现是一个国家或地区进入区域城市化成熟阶段的重要标志。从空间结构角度,以中心城市为核心的、体现"大集中,小分散"原则的较大规模复合型城市群组织是区域城市化的必然结果,也是在全国范围内实现国民经济稳定与空间结构均衡的重要基础。

城市群的结构特征主要取决于中心城市与关联城镇间的产业贸易活动和区域市场的组织模式。通常,享有政治、经济、贸易、金融、技术和商业优势的核心城市,倾向于选择对外服务指向的多元化综合发展模式;其他城市则选择专业化发展模式。当城市群中的城市数量足够多时,城镇间的分工协作体系不断深化,最终实现规模、等级和功能的一般均衡。均衡时,城市群的中心城市、功能节点、关联通道、边界范围和影响地区等空间组织单元间处于结构稳定的状态。

2.2 人口或劳动力迁移动因的基本理论

2.2.1 人口迁移的成本—收益动力机制

人口迁移是工业化、城市化进程中的历史现象,也是优化资源配置的重要手段。人口迁移是一定时期内人口在不同地区居住地的变动,是受社会、经济、政治、环境、资源以及个人素质综合影响的一种复杂的社会现象。联合国国际人口学会的《人口学词典》①将人口迁移定义为"人口在两个地理单元之间的空间移动,通常涉及居住地的

---

① 联合国国际人口学会:《人口学词典》,商务印书馆1992年版。

永久性的变化"。可见,人口迁移是以永久性定居为特征的;而人口移动是指不改变定居地址的流动行为,例如季节性或周期性的外出务工、旅游、探亲访友等。在中国,迁移人口既包括户籍发生变动的迁移人口,也包括户籍未发生变动的暂住人口。依据传统的统计定义,迁移现象有两种说法:一是将其称为"人口迁移",一是将其称为"人口流动",即把户籍变动的居住地变化叫做"迁移",而将没有户籍变动的居住地变化叫做"流动"。

在经济学意义上,人口迁移是一项个人实现利益最大化的决策行为。在正常的社会经济条件下,人口迁移的流量、流向以及对迁入地的选择均是人口流动收益和成本的函数。历史上许多学者对人口迁移的问题进行过研究。古典经济学的创始人威廉·配第(William Petty)最早从经济角度揭示人口迁移的原因,他指出由于比较经济利益的驱使,人口会从农业部门流向工业部门和商业部门[①]。19世纪80年代,雷文斯坦(E. G. Ravenstein)系统地提出了有关人口迁移的基本法则[②]。之后,刘易斯(Lewis)、费景汉(J. Fei)和拉尼斯(C. Ranis)等也对人口迁移现象及其迁移动因做了经济学的理论阐释。舒尔茨(T. Z. Schultz)也认为,迁移本身是一种投资,个体选择迁移是期望在将来可以获得一定的收益,而且只有在收益大于成本时个体才会迁移[③]。达凡佐(Da Vanzo)在分析迁移发生的成本及收益时,认为迁移成本不仅包括迁移的直接费用(直接成本),还包括流动和寻找工作花费的时间成本(机会成本),甚至还有对特定地点

---

① 〔英〕威廉·配第:《政治算术》,商务印书馆1978年版。
② Ravenstein E., "The Laws of Migration", *Journal of the Royal Statistical Society*, 1989(52):241-301.
③ 〔美〕西奥多·舒尔茨著,蒋斌、张蘅译:《人力资本投资》,商务印书馆1990年版。

资产的放弃(客户、离别亲朋及熟悉的环境所付出的心理成本)[1]。根据现代经济词典的定义,人们从生活状况的改善和提高中所获得利益称之为"福利"[2]。因此,人口迁移是受到福利水平驱动的。

综合理论的发展与现实情况,影响人口迁移的成本和收益要素可以归纳为两类:第一,人口迁移的成本。人口的迁移成本包括货币成本和非货币成本。其中,货币成本主要包括住宅成本、交通成本及税收等;非货币成本主要包括劳动力转移的成本(交通成本和实现就业过程中花费的时间与各项费用支出)、对特定地点资产的放弃(放弃客户、固定资产等)以及心理成本(离别熟悉环境的孤独感、社会地位降低的失落感等)。第二,人口迁移的收益。人口迁移的收益包括货币收入(如收入提高和公共福利增长等)和非货币收入(如宜人的环境、更完善的文化设施、技能和知识的增长、社会关系的改善和心理的满足等)。

当迁移带来的收益超过迁移成本时,人口流动自然就会发生。从迁入地和迁出地的成本—收益比较的角度,可以将人口迁移划分为3个阶段:在第一阶段,迁移者通过对迁出地和迁入地的进行成本—收益的综合比较,决定是否迁移以及向何处迁移。第二阶段主要是指迁移者从迁出地至迁入地所经历的具体过程,其间迁移者将支付大量的时间成本和交通费用等,而此阶段的迁移收益近乎为零。第三阶段是指迁移者历经一个适应和稳定的过程,在工资收入、福利待遇和就业机会上开始收获迁移收益,此阶段的迁移成本主要体现

---

[1] Davamzo, Julie, "Microeconomic approaches to studying migration decisions", in *Migration Decision Making*, New York: Pargamen Press, 1981. 转引自曹问昀:"西方人口迁移研究的主要流派及观点综述",《中国人口科学》,1995(1):47。

[2] 刘树成主编:《现代经济词典》,江苏人民出版社2005年版,第251页。

为非货币收益方面。

2.2.2 区域劳动力迁移的动力机制

人口和劳动力迁移的影响因素一直以来备受国内外研究者的高度重视,本节着重介绍国外研究人口迁移动因的几个经典理论。

在分析劳动力迁移的经济动因与迁移成本关系的同时,西方经济学家也分析了经济原因和成本与劳动力迁移趋势的关系。在工业化国家经济发展的初期,人口迁移和流动的一个重要特征是从农村流向城镇、从落后地区流向较发达地区。在中国以及大多数的发展中国家均存在类似的趋势。刘易斯指出,只要非农生产部门能够支付高于从事农业生产的实际工资、劳动力转移前后个人收入的差额可以补偿城市中较高的生活费用和脱离原来生活环境与社会关系的心理成本,农业劳动力就会大量流入城镇中的非农业部门。美国经济学家迈克尔·斯克罗(Michael Scolow)认为,对未来收益最大化的目标追求以及预期在城市找到工作的概率和城市文化生活的吸引,而非当前的城乡收入差距,才是造成农业人口迁入城市的动因。上述分析大多是以社会保障体系完善为前提的。然而,中国的社会保障制度不健全,户籍制度严格,人们无法准确预期未来收益能否实现最大化,只能依据当前地区间福利差异的对比来决定是否进行人口迁移。以下是国外研究人口迁移动因的一些经典理论。

(一)唐纳德·博格(D. J. Bogue)的"推—拉"理论

20世纪50年代末,唐纳德·博格提出了人口迁移的"推—拉"理论。其主要观点为:人口迁移是促进和阻碍人口迁移的两种不同方向的力互相作用的结果。在某地,受自然资源枯竭、生产成本增加、劳动力过剩导致失业和就业不足、经济收入水平较低等因素的决定,在该地逐渐积累形成一种促使人口迁出的"推力"。然而,即使在迁出地也存在着诸如希望与家人团聚、熟悉社区环境、在出生和成长地形成紧密的社交网络等向内拉的力量。只是比较来看,迁出地的"推力"比"拉力"更强大。相反,由于某些地区在就业机会、工资收入、生活水平、受教育机会、完善的文化设施和交通条件、较好的气候环境等方面具有绝对优势,形成"拉力"吸引一些外地人口向这些地方流动,这些更具有吸引力的地方则成为人口迁入地区。同样,即使在人口的迁入地,也存在着由家庭分离、陌生的生产生活环境、激烈的竞争、生态环境质量下降等因素形成的外推力量[1]。然而"推—拉理论"在诠释城市化动力模式时显得过于简化,因此,现代劳动力的空间吸聚理论更多地采用了地理学者马卜贡杰(A. L. Mabagunje)的"双系统"分析范式。该理论认为,人口向城市空间吸聚的原因不仅在于移民本身,更为重要的是在于农村和城市的双重控制性系统及整个社会经济文化的调节机能[2]。

(二)托达罗(M. P. Todaro)的人口迁移模型

1969年,托达罗在《发展中国家的劳动力迁移和产生发展模型》中提出农村—城市的二元人口迁移模型,对发展中国家的城市在失业率居高不下情况下大量农村人口仍然向城市迁移的现象做出新的解释。托达罗认为:(1)城乡劳动力的迁移是理性的,引发劳动力迁移的真正动力是对城市—农村收入差别的预期,而非两者间即期的绝对收入差别。预期收入取决于城乡实际工资差别和在城市实现就

---

[1] Bogue, D. J., "An Exploratory Analysis of Migration and Labor Mobility Using Social Security Data", *Studies in Population Distribution*, No. 2, Oxford, OH: Scripps Foundation, Miami University, 1950.

[2] 许学强、周一星、宁越敏:《城市地理学》,高等教育出版社1997年版。

业的概率;就业的可能性与城市就业率成正比,与失业率成反比。(2)个体的迁移决策是综合权衡个人素质、进城务工的概率和收入、迁移的实际成本和机会成本(包括心理成本)等因素的结果。当预期收入大于迁移成本时进行迁移,否则将选择不迁移。由于存在个体差异,不同的人在城市就业的概率和预期收入是不同的,因此在同一个时间或地点,人们的迁移倾向也不同。(3)人们进行迁移决策时,除了权衡短期的成本与预期收入,还要考虑长期的预期收入和成本;如果在整个生命周期内,长期收益能弥补短期的损失,个体也会选择迁移。(4)若城乡之间的预期收入差别巨大,那么向城市的迁移率超过城市的就业机会则也是合理的。这也是在发展中国家中,即使城市存在较高的失业率但是仍然有大批农村人口向城市迁移的根本原因。当然这是城乡经济发展严重失衡的结果。托达罗的表达式为:

$$\Delta = \int_0^T e^{\delta t}[p_u(t)y_u - y_r(t)]dt - c$$

其中 Δ 为城乡预期收入差额,若 $\Delta>0$,就决定迁移,否则留在原地;$p_u(t)$ 是 t 时间内的城市就业概率;y_u 是在城市就业后的收入;$y_r(t)$ 是指 t 时间内在农村可能的收入;c 是迁移成本,包括交通费、在城市找工作的费用、生活费用、心理成本等;δ 是贴现折旧率。之后,有些学者从城市劳动力市场的作用、工资率水平、就业与失业概率、农村发展政策等对迁移影响的角度,通过实证研究验证了托达罗模型的有效性[1]。

然而,托达罗模型也存在一些缺陷。例如,模型假定迁移人群都是风险厌恶型的,且具有相同信息,在城市中按照一个相当的概率寻

---

[1] Todaro M. P.,"A Model of Labor Migration and Urban Unemloyment in Less Developed Countries", *American Economic Review*,1969(21):157-170.

找工作,而未考虑就业对劳动力也是有选择性的。模型没有重视非正规部门对城市就业的积极作用,仅假定现代工业部门是决定城市劳动力市场及工资率的基础。事实上,在发展中国家,城市非正规部门不仅容纳了大量劳动力就业,而且非正规部门的工资水平才是农村迁移劳动力计算预期收入的真正依据。再者,模型没有关注特定制度环境下劳动力的就业选择问题,仅强调劳动力流动对城市发展的负面影响,忽视了劳动力流动对农村发展的积极影响。

(三)舒尔茨的成本—收益理论

关于人口迁移的原因,舒尔茨(1990)在《人力资本投资》中,将"个人和家庭适应于就业机会变换的迁移"视同为人力资本投资的一种途径,从微观的层面上提出成本—收益理论(Cost-Benefit Theory),并认为个人迁移的行为决策取决于迁移成本和收益比较的结果。迁移成本是指为了实现迁移而支出的各类直接成本和机会成本。直接成本包括迁移、信息搜寻以及决策和迁移过程中支出的各种费用;机会成本包括整个迁移过程中和实现就业过程中损失的工资收入以及迁往新居住地后适应新环境、新工作的心理成本。迁移收益是指迁移者在拥有更好的工作机会和改变环境后增加的收入。本质上,迁移也是一种投资行为,个体进行迁移决策时必须权衡迁移成本与迁移收益的比较。迁入地与迁出地的收入差距是否高于迁移成本才是迁移行为的决策依据[1]。

---

[1] 〔美〕西奥多·W.舒尔茨,《人力资本投资》,商务印书馆1990年版。

2.3 区域人口流动的决定和影响因素

2.3.1 工资收入影响区域人口流动

收入是导致人口迁移的主要动力。刘易斯(1954)认为,导致人口迁移现象产生的根本原因是农业部门与工业部门的边际回报率不同[1]。他从城乡二元经济结构出发,假定农村存在大量剩余劳动力,城市现代部门通过固定工资获得无限的劳动供给,由此促进资本积累和工业发展不断吸收农村剩余劳动力,最终变二元经济为一元经济。在托达罗(1969)的劳动力流动模型中,获胜者得到城市的高薪水工作,失败者成为城市的失业者,在均衡条件下,移民的期望工资等于农村的工资水平[2]。该理论强调城乡期望收入差距决定了移民的基本流向,只要移民是一种"正常的消费品",迁移目的地收入的增加就会导致劳动力流动增加。盖洛威(Gallaway)与韦德(Vedder,1971)利用美国历次人口普查数据,检验了收入差别对州际人口流动的效应,发现一个州的迁入移民随着人均收入的提高而上升,随着人口密度和迁移距离的增加而下降[3]。随着时间的延续,所估计的移民收入弹性在上升,而移民的距离弹性在下降,即移民决策受到地区收入差距的影响在逐年加大,而与迁移距离的联系逐渐减小。有的

---

[1] Lewis,W. A., "Economic Development with Unlimitited Supplies of Labor", *Manchester School of Eonomics and Social Studies*, 1954, 22(5):139-191.

[2] Todaro. M., "A Model of Labor Migration and Urban Unemployment in Less Developed Countries", *American Economic Review*, 1969(59):138-148.

[3] Gallaway, L. and Vedder, R., "Mobility of Native Americans", *Journal Economic History*, 1971, 31(3):613-649.

学者采用移民引力模型考察人口迁移的动因。例如,布加斯(G. Borjas,1994)发现迁移倾向不仅依赖于平均工资,还取决于工资的离差,技术工人大都希望迁移到技术酬劳更高的地区[1]。有些学者引入其他一些经济因素来修正人口迁移的引力模型。卢卡斯(Lucas,2004)指出移民之所以来到城市,是因为城市可以更好地积累人力资本,并且城市的技术水平越高、迁移者的技术积累越快,投资回报也越高[2]。因此,人口迁移不仅受当期工资水平差异的影响,还与迁入地的发展机会有关。

在国内学者中,赵树凯(1995)对劳动力迁移的个人成本和风险进行了描述性分析,提出个人迁移成本包括交通费用、生活费用和税费开支等。其中,风险是指失业、就业过程中的权益损失和意外伤害,认为"由于成本和风险的客观存在,迁移就业对于迁移者本人是一种沉重、富有理性的经济行为。劳动力迁移的目标是寻找新的就业机会,开辟新的收入来源,以收入最大化为目标"。[3] 高国力(1995)将托达罗的预期收入具体化为区域收入差异,认为区域经济结构差异是研究区域间劳动力转移的一个重要变量,而经济区域发展的不平衡是农村劳动力转移的重要因素;认为经济发展水平越高劳动力的转移水平也越高[4]。沈卫平(1995)从城乡预期收入差异的

---

[1] Borjas,G.,"The Economics of Immigration",*Journal of Economic Literature*,1994(32):1667-1717.

[2] Lucas,R.,"Life Earnings and Rural-UrbanMigration",*Journal of Political Economy*,2004,112(1):29-59.

[3] 赵树凯:"农村劳动力迁移:成本与风险的初步考察",《农业经济问题》,1995(3):46-49。

[4] 高国力:"区域经济发展过程中的人口迁移研究",《经济地理》,1995,15(2):76-81。

角度,对劳动力转移的机会成本进行考察,认为劳动力流动的机会成本主要包括工资率、制度成本、专业培训成本、风险成本、迁移成本、放弃与获得闲暇、增加收益的较多机会、非经济因素(如社会地位、个人价值实现、生活质量)等[①]。蔡昉(1996)研究了本地农村人均收入与全国农村人均收入的比率对于迁移的影响,发现该比例的增加可以减少迁移[②]。朱农(2002)使用 probit 模型的结构方程(structural equation)证实了城乡收入差距在中国农村向城市迁移过程中的正向作用[③]。张洪林和宋顺峰(2003)利用时间序列和横截面分析,指出收入差距是省内迁移和省际迁移的巨大推动力。他们认为,省际迁移主要是从内地农村迁往沿海城市,任何减少内地与沿海收入差距的方法不仅可以减少这种迁移,还为广大内陆省份提供了大量的发展机会[④]。吴忠民和姚树洁(2003)在人口无限供给的条件假设下,运用需求导向模型,对中国的省际迁移与省内迁移进行了研究。指出,城乡收入差距是迁移产生的根本原因,但此外,还存在着其他决定劳动力流动的因素[⑤]。孟凡友(2003)利用深圳市的调查资料,以个体和政府的视角分析农村劳动力流动,分别以货币成本—收益和非货币成本—收益来分析农村富余劳动力流动的经济效益和社会

[①] 沈卫平:"劳动力要素流动的机会成本分析",《江淮论坛》,1995(6):19-24。

[②] 蔡昉:"劳动力迁移和流动的经济学分析",《中国社会科学季刊》,1996(33):120-135。

[③] Nong Zhu,"The Impacts of Income Gaps on Migration Decisions in China", *China Economic Review*,2002(13):213-230.

[④] Kevin Honglin Zhang, Shunfeng Song,"Rural-urban Migration and Urbanization in China:Evidence from Time-series and Cross-section Analyses", *China Economic Review*,2003(14):386-400。

[⑤] Zhongmin Wu,Shujie Yao,"Intermigration and Intramigration in China:A Theoretical and Empirical Analysis", *China Economic Review*,2003(14):371-385。

效益以及流动中存在的问题①。赖小琼(2004)基于托达罗模型分析农村劳动力转移的成本—收益,认为存在经济成本和非经济成本两类务工的成本,务工的收益则包括货币性收益、技能性收益和文化性收益②。林毅夫等(Lin,et al.,2004)利用人口普查数据分析了地区收入差距与人口流动之间的关系,认为在20世纪90年代末,迁移对地区收入差距的反应显著提高③。钱雪飞(2008)对农民工城乡迁移的机会成本构成进行了定量分析,认为机会成本包括经济性、社会性和政治性等方面的因素④。

2.3.2 就业机会影响区域人口流动

就业率是衡量人口迁移福利水平的重要指标,托达罗(1969)认为,劳动力的迁移决策是根据预期收入最大化的目标做出的。其决策依据包括迁入地与迁出地的实际工资差距和人口在迁入地找到就业岗位的概率两个要素。即使一个地区的工资水平很高,但失业率也比较高,那么该地区的预期工资将下降;相反,即使工资水平不很高,但是能够比较容易就业,即失业率较低,那么该地区人口迁入的可能性将大幅增加。

国内学者关于就业与人口迁移的实证研究表明,就业率与人口

---

① 孟凡友:"农村劳动力流动的成本效益分析",《济南市社会主义学院学报》,2003(1):73-80。

② 赖小琼:"成本收益视线下的农村劳动力转移",《当代经济研究》,2004(2):22-26。

③ Lin, Justin, Gewei Wang and Yaohui Zhao, "Regional Inequality and Labor Transfers in China", *Economic Development and Cultural Change*, 2004, 52(3):587-603.

④ 钱雪飞:"农民工城乡迁移个人机会成本的构成及定量分析",《乡镇经济》,2008(8):24-28。

迁移有显著的相关性。严善平(2007)对中国省际人口流动的机制研究证实,城镇登记失业率对迁移率具有显著的影响作用,有较多的人口从失业率相对较高的地区迁入失业率较低的地区,但反向的人口流入则很少[①]。李培(2007)分析了京津冀地区的人口迁移特征及影响因素,指出人口迁移对新增就业岗位表现敏感。他认为由于正规部门的劳动力市场受到政府保护,才使非正规部门的劳动力市场柔性更强,在一定程度上缓和了失业问题。流入城市的农村劳动力之所以接受较低的工资水平,主要是他们预期将来可以从城市正规部门工作机会中获得补偿[②]。

2.3.3 空间距离影响区域人口流动

在影响人口迁移的各因素,交通成本也不可忽略。迁移距离是衡量交通成本的最直接的指标。最早对此进行研究的是英国人口学家雷文斯坦,在他提出的人口"迁移法则(Ravenstein's Law of Migration)"中,第一项就是人口迁移的距离。此外,吉普夫(G. K. Zipf)在借鉴社会物理学牛顿重力公式的基础上,提出了关于迁移的重力模型,其对迁移的模拟为:$F_{ij} = g * \dfrac{P_i * P_j}{D_{ij}^2}$。在此模型中,$F_{ij}$是地理要素从$i$地到$j$地的迁移量,$p_i$、$p_j$分别是$i$、$j$两地的人口规模,$D_{ij}$为$i$、$j$两地之间的距离,$g$是模型系数,该模型表明人口迁移量与两地的人口乘积成正比,与两地的距离成反比[③]。斯

---

① 严善平:"中国省际人口流动的机制研究",《中国人口科学》,2007(1):71-77。
② 李培:"京津冀地区人口迁移特征及其影响因素分析",《人口与经济》,2007(6):59-63。
③ Zipf, G. K., *Human Behavior and the Principle of Least Effort*, New York: Hafner,1949.

托福(S. A. Stouffer,1940)认为距离、搬家的费用等都会最终影响迁居的决策[1]。

国内的实证研究也表明,迁移距离与迁移数量基本上成负相关关系。曾智超、林逢春(2005)通过分析上海市轨道交通1号线沿线主要地区近10年人口数量的变动情况研究城市人口的内部迁移,发现轨道交通沿线中心城区是人口的主要迁出地区,沿线的近郊和郊区是主要的人口迁入地区。城市轨道交通有引导城市人口从高密度地区向低密度地区迁移分布的作用[2]。李培、邓慧慧(2007)研究京津冀地区的人口迁移发现以公路网密度表示基础设施指标、基础设施水平与人口迁移数量相关[3]。王桂新探讨了我国省际人口迁移与距离的关系,认为距离是影响我国省际人口迁移的一个基本地理要素,但影响的大小存在着明显的省际差异;距离还会影响不同迁移类型(迁出与迁入)以及不同迁移指标(数量与强度)的省际差异的大小。顾朝林(1999)[4]、段成荣(2001)[5]、严善平(2007)[6]等的研究也都表明,空间距离与迁移量之间存在着统计上高度显著的负相关关系。

---

[1] Stouffer, S. A., "Intervening Opportunities: A theory relating mobility and distance", *American Sociological Reviews*, 1940(5):845-867.

[2] 曾智超、林逢春:"城市轨道交通对城市人口迁移的作用",《城市轨道交通研究》,2005,8(2)。

[3] 李培、邓慧慧:"京津冀地区人口迁移特征及其影响因素分析",《人口与经济》,2007,(6)。

[4] 顾朝林:"中国大中城市流动人口迁移规律研究",《地理学报》,1999,54(3):205-212。

[5] 段成荣:"省际人口迁移迁入地选择的影响因素分析",《人口研究》,2001,25(1):56-61。

[6] 严善平:"中国省际人口流动的机制研究",《中国人口科学》,2007(1):71-77。

2.3.4 公共财政支出影响区域人口流动

从福利的角度考虑,人口迁移的动力绝非仅限于直接的货币性收益,迁入地与迁出地在公共福利支出方面的差异对居民的生活质量具有极大影响。一些研究将迁移与地区公共支出联系在一起。在蒂伯特(C. Tiebout,1956)"用脚投票"的理论中,居民被认为是根据地区间的支出—收益组合来选择居住地区,他认为地区公共产品和服务的数量组合会影响人口流动的模式。只要居民能够在社区间自由移动,就可以实现公共产品的有效供给[1]。奥茨(W. Oates,1969)针对美国新泽西东北部53个城镇的样本,对地方财产税和公共支出对地方财产价值的影响进行了考察,发现地方财产价值与实际税率间呈显著的负相关关系,而与公立学校的生均教育费之间呈显著的正相关关系[2]。凯瑟琳·戴(Kathleen Day,1992)对加拿大公共支出如何影响人口迁移进行了分析,认为人们会选择使自身效用最大化的地区,并且政府的转移支付、个人所得税率以及失业保险等都对移民有显著影响。付文林(2007)认为由中国地方公共支出引致的公共服务水平的提高会引起户籍人口增加[3]。他采用1994—2003年文教卫生支出、社会保障补助支出、抚恤和社会福利救济性支出以及政策补贴性支出等四项指标的省际面板数据,对公共财政支出的人

---

[1] Tiebout,C.,"A Pure Theory of Local Expenditures",*Journal of Political Economy*,1956(64):416-424.

[2] Oates,W.,"The Effect of Property Taxes and Local Public Spending on Property Values:An Empirical Study of Tax Capitalization and the Tiebout Hypothesis",*Journal of Political Economy*,1969(77):957-971.

[3] 付文林:"人口流动的结构性障碍:基于公共支出竞争的经验分析",《世界经济》,2007(12):32-40。

口迁移影响效应做了实证分析,发现地方的实际公共支出水平对人口的跨省流动具有促进作用,并且对不同人群的作用强度不同,对高学历人口和企事业单位负责人的移民有较显著影响。余红艳(2008)选用财政补贴与出口退税额作为财政支出和收入的量化依据,运用脉冲响应函数和预测方差分解的方法,对 1978—2006 年中国城镇化水平进行分析发现,财政收入、财政支出和城镇化之间存在长期的协整关系,说明城镇化与财政收入支出的增长具有一致性[①]。

值得注意的是,为了控制人口迁入带来的拥挤效应,很多的地方政府都倾向于设置一定的迁入障碍。维达辛(D. E. Wildasin,1988、1991)[②]、卫里施(D. Wellisch,1996、2000)[③]等的分析都表明,为了控制人口迁入带来的负外部性,地方政府将设置一定的流动障碍,限制人口流入,保护本地居民的利益。在中国,这种障碍突出地表现为对低学历、低收入迁移人口的公共福利歧视。王晓毅(2001)通过对 4 个不同省份 4 个实现工业化的村庄调查发现,流动到发达农村地区打工的外来人口受到正式制度和非正式制度的双重限制[④]。中国城镇人口迁移课题组(2002)在对北京、无锡和珠海三城市的调查中发现,流动人口在工作上受到不公正的待遇[⑤]。刘黎明(2002)认为,市场调节可能导致地区发展差距扩大,必须发挥中央政府转移支付对

---

① 余红艳:"城镇化发展与财政政策相关关系的实证分析",《统计教育》,2008(11)。

② Wildasin, D. E., "Income Redistribution in a Common Labor Market", *American Economic Review*, 1991(81)。

③ Wellisch, D., *Theory of Public Finance in A Federal State*, London: Cambridge University Press 2000。

④ 王晓毅:"本村人、本地人与外来人——经济发达村庄的封闭与开放",《北京行政学院学报》,2001(1)。

⑤ 中国城镇劳动力迁移课题组:"中国劳动力市场建设与劳动力流动",《管理世界》,2002(3)。

缩小地区发展差距的作用,以引导人口正向迁移[1]。段小梅(2003)认为政府应通过农田基本建设、水利设施建设、生态环境建设、农产品存储和营销设施建设以及采取以工代赈等形式为农村剩余劳动力创造就业机会[2]。在研究农村劳动力流动的问题与对策时,赖小琼(2004)[3]、余玉平(2004)[4]、李秉龙(2004)[5]等认为,中国人口迁移的外部问题包括缺乏完善的公共信息服务、政策性收费较多以及行政干预过大等。因此,应打破二元社会结构、整合劳动力市场;加大农村教育投入,建立农村劳动力培训体系;降低农民进城就业的制度成本。夏纪军(2004)认为为了获得优质税基,各地区对于高收入者都持欢迎态度,但对低收入者都试图拒之门外,而且目前各国也仍然对享受政府补贴的低收入者的流动进行较多的限制[6]。虞小迪(2005)认为不同规模的城镇应具有不同的财政职能,城市财政职能除提供城镇基础设施外,还必须要解决好经济运行中的自然垄断、外部性和地方公共产品的提供问题;而小城镇财政应致力于降低城镇化进程中的风险和成本[7]。付文林(2007)认为知识、技术水平较低的劳动

---

[1] 刘黎明:"转移支付对人口迁移的作用",《北京工业大学学报》(社会科学版),2002(1)。

[2] 段小梅:"人口流动模型与我国农村剩余劳动力转移研究",《农村经济》,2003(3)。

[3] 赖小琼:"二元经济结构条件下农村剩余劳动力的形成与转移",《财政研究》,2004(1)。

[4] 余玉平:"农村劳动力转移的成本收益分析及政策建议",《农村经济》,2004(6):76-77。

[5] 李秉龙:"农民进城就业的成本收益与行为特征分析",《农业经济问题》,2004(10):37-40。

[6] 夏纪军:"人口流动性、公共收入与支出——户籍制度变迁动因分析",《经济研究》,2004(10):56-65。

[7] 虞小迪:"地方财政运行与城镇化机理探讨",《经济与管理》,2005,19(10)。

者在迁移中面临着明显的公共福利歧视,意味着中国目前人口迁移中存在着典型的结构性障碍[1]。何一峰、付海京(2007)运用1998—2003年中国31个省市自治区的面板数据对中国人口迁移的影响因素进行实证分析发现,医疗设施因素对人口迁移决策的影响较小,而且医疗设施越好的地方人口的净迁入率反而越低。作者认为出现这种情况可能是由过高的医疗收费导致的[2]。肖严华(2007)研究发现,社会保障的多级分割,包括城乡分割、区域分割和社会人群分割等,严重阻碍了中国劳动力城乡、区域和职业间的流动[3]。薛虹、孙建华(2007)[4],阎坤、鄢晓发、张立承等(2008)[5],温来成(2005)[6],刘明慧(2007)[7],付志宇、徐明睿(2008)[8]等认为,区域城镇化需要重视增加县财政的可自主支配财力,拓展其他市场融资渠道,积极建设城镇基础设施,提高城镇公共服务的辐射与带动能力;还要开征社会保障税,统筹城乡社会保障体系,使进城农民享受到与城镇居民同等的工商、医疗保险、养老保险等服务;要加快农村道路、电网、通信等基础设施建设,改善农民的生产生活条件,为农村劳动力快速转移提供物质基础;完善农村劳动力就业信息服务网络,建立和完善农村劳动

---

[1] 付文林:"人口流动的结构性障碍:基于公共支出竞争的经验分析",《世界经济》,2007(12):32-40。
[2] 何一峰、付海京:"影响我国人口迁移因素的实证分析",《浙江社会科学》,2007(2)。
[3] 肖严华:"中国社会保障制度的多重分割及对人口流动的影响",《江淮论坛》,2007(5)。
[4] 薛虹、孙建华:"城镇化进程中的财政制度创新",《财政研究》,2007(11)。
[5] 阎坤、鄢晓发、张立承:"促进城镇化健康发展的财税政策",《税务研究》,2007(6)。
[6] 温来成:"城镇化税收政策与城乡区域经济协调发展",《税务研究》,2007(4)。
[7] 刘明慧:"促进农村劳动力转移的公共财政机制建构",《财政研究》,2007(6)。
[8] 付志宇、徐明睿:"加快农村劳动力转移的财政政策思考——以贵州省为例",《农村经济》,2008(12)。

力中介组织。

2.3.5 产业结构影响区域人口流动

配第一克拉克定律指出,产业之间的劳动力流动是有规律的,劳动力首先由第一产业向第二产业流动,当经济发展到一定程度,劳动力再向更高的第三产业流动。地区间产业结构的差异必然会引起就业结构的差异,从而产生人口迁移。由此,产业结构差异与地区间的人口迁移之间通过就业机会连接起来。各国的经济发展史表明,随着第三产业的发展,它的就业吸纳力依次超过第一、第二产业,成为就业份额最大的产业。

另一些学者的实证分析也验证了产业结构与人口迁移之间的相关性。王新华(2006)[1]对人口流动与产业结构升级相关性的研究表明,农业产值增长率和人口流入呈现负相关关系。而非农产业的就业弹性高于农业,意味着预期有更多的就业机会产生,所以呈现反向的关系。第三产业的增长率与人口流动规模的相关性相对较高,显著性水平也较高。李培(2007)的分析也表明第三产业的就业能力不断提高,是吸纳人口迁移的主要部门。

2.3.6 人力资本环境影响区域人口流动

理论上,高学历人口进行迁移决策时,不仅关注即期的货币收益,更重视迁入地对其知识、技能和人力资本积累的促进作用。人力资本流动的一个显著特征就是向拥有较多人力资本的地区集聚[2]。

---

[1] 王新华:"人口流动与产业结构升级的相关性分析",《南京人口管理干部学院学报》,2006,22(4):57—61。

[2] 〔美〕加里·贝克尔:《人力资本》,北京大学出版社1987年版。

因此,一地的教育水平、科技水平越高,对人口产生的吸引力就越大。教育水平是衡量地区人力资本水平的重要指标,很多研究都证实了地区教育水平与人口迁移存在显著的正相关关系。王海燕(2006)研究长三角地区的就业迁移时,发现就业人口向平均受教育年限高的区域迁移,就业迁移将对长三角地区的人力资本产生提升效应。何一峰(2007)的实证分析表明,在我国人口迁移影响因素中,人力资本环境对人口迁移的影响非常显著,氛围越好,地区的人口迁入率越高,人口迁出率越低。值得注意的是,不同学历的迁移人口对迁入地的知识技能水平的关注程度可能不同。付文林(2007)研究教育支出与人口迁入率的关系时发现,教育支出对不同劳动者群体的弹性系数存在差别,学历越高的劳动者越重视整个职业生涯的人力资本积累和发展前景。王虹圆(2007)对中部地区一些行政村的调查分析表明,县城的师资水平高,并且农村家长预期城里的教育效果更好,是造成农村人口向县城流动的主要原因[①]。

2.3.7 税收负担影响区域人口流动

税收是影响人口迁移的重要成本因素。国内外的实证研究大多验证了税收水平与人口迁入率的相关性。现实中,很多地方政府也是采用降低税率的手段来吸引人口迁入。柯朗(Curran,1978)对1960—1970年美国美国标准大都市统计区(Standard Metropolitan Statistical Areas,SMSAs)的研究发现,白人更偏好向财产税税负较低的地区迁移[②]。基利(Keeley,1980)基于西雅图(Seattle)和丹佛

[①] 王虹圆:"教育资源城乡配置不公对农村人口流动的影响",《甘肃农业》,2007(8)。

[②] Curran,R.J.C.C.,"Property Taxation and Human Migration",*American Journal of Economics and Sociology*,1978,37(1)。

(Denver)收入维持试验(Income Maintenance Experiments)数据的研究表明,负所得税(negative income tax)可以增加人口迁移量,引起人口向拥有更好环境条件和工资较低的目的地迁移并使人们减少工作量[1]。威尔森(Wilson,1986)[2]、霍伊特(Hoyt,1993)[3]、基恩和马夏德(Keen and Marchand,1997)[4]等学者的分析表明,当人口具有流动性时,地区之间将为了获得优质的税基而展开税收竞争,这种税收竞争的结果是各地区下调税率。之所以世界上的很多国家和地区都在设法吸引拥有高禀赋(富裕、高能力)的人口,是因为人口迁移不仅会影响公共品的消费,还会通过影响一个地区税基而影响政府的税收收入。地区政府都在设法留住并吸引更多的优质税基,于是就需要设置流动成本阻止居民的跨区套利,以便执行地区差别政策,实现区域利益最大化。比奈(Binet,2003)对法国27个市政府1987—1996年财政竞争面板数据的研究发现,在12个地区中,降低税率的方式对吸引外来移民有显著作用[5]。郭驰(2005)等认为,应完善财税分税体制,增强地方在城镇化进程中的自我发展能力,使事权财权相适应,统一城乡税制,改革个人所得税,改革完善房产税、印

---

[1] Keeley,M.C.,"The effect of a negative income tax on migration", *The Journal of Human Resources*,1980,15(4).

[2] Wilson,J.D.,"A theory of Interregional Tax Competition", *Journal of Urban Economics*,1986.

[3] Hoyt,W.H.,"Tax Competition, Nash Equilibria, and Residential Mobility", *Journal of Urban Economics*,1993,3:358-379.

[4] Keen, M. and M. Marchand,"Fiscal Competition and the Pattern of Public Spending", *Journal of Public Economics*,1987(66):33—53.

[5] Binet M.E.,"Testing Fiscal Competition among French Municipalities:Granger Causality Evidence in a Dynamic Panel Data Model", *Regional Science*,2003(82):277-289.

花税、城建税等地方税种,研究开征物业税税种,制定有利于就业的税收优惠政策,鼓励新型、高技术含量的劳动密集型企业发展,研究推动县域经济、民营经济和中小企业发展的税收政策[1]。

2.3.8 住宅成本影响区域人口流动

生活成本也是人口进行迁移决策时考虑的重要因素。作为生活成本中最主要的一项开支,住宅成本和房价对人口迁移将产生显著的影响。何一峰(2007)对中国人口迁移因素的实证研究表明,房价的地区差异对迁移决策有显著的影响,房价越高的地区,人口的迁入率和迁出率都越低,但净人口迁入率较高[2]。由此表明,高房价水平在阻碍了外来人口流入的同时,更多的是减少了本地人口的流出。高房价导致外来人口照常进入,但本地人口不愿离开,使得人口变得更为集中。但需要注意的是,虽然房价对人口迁移具有较强的影响,但对于不同的群体,影响程度存在较大差异。刘金华(2008)以成都为例,分析了房价波动对不同群体人口流动的影响效应[3]。他认为对于高端服务业和房产投资者,房价上涨意味着投资机会增多,因此房价上涨对他们产生了更强的迁入的吸引力;但对小商业、餐饮业、娱乐业等低端服务业者以及刚就业的大学生和其他外来青年劳动者而言,房价上涨意味着经营成本上升,成为限制他们迁入该地区的不利因素。

---

[1] 郭驰:"城镇化进程中的财税对策",《税务研究》,2005(12)。
[2] 何一峰、付海京:"影响我国人口迁移因素的实证分析",《浙江社会科学》,2007(2):47-51。
[3] 刘金华、史学斌:"成都市房价上涨所带来的人口效应分析",《西北人口》,2008,1(29):68-71。

3 税收竞争的理论文献与研究综述

现代经济学的开篇讲述了一条基本规律,当任何一种资源处于稀缺的状态时,针对这种资源的争夺将不可避免。这也是我们进行税收竞争及其影响效应问题研究的出发点。所谓的"税收竞争",原非一个新的经济学命题,只是伴随着经济全球化、区域一体化进程的不断深入,税收竞争的发生背景、作用机制、表现形式变得愈发的复杂,其影响效应愈发深广,才越来越引起了各个国家和地区政府以及政策制定者和理论研究者的高度关注。

地理大发现开启了最初的全球化进程,随之,世界各国之间的联系日益紧密,彼此之间的影响也不断加深。最初,全球经济一体化的主要表现只是全球市场逐步形成,国家主导的国际贸易活动和商品进出口的跨国流动成为推动全球化的核心力量,也因此,各个主权国家的关税政策成为调节国际经济关系的重要工具。此时期,国家间的税收竞争重点围绕关税来展开,而国内的税收竞争在实行财政联邦主义的西方国家内部则表现为中央政府和地方政府之间对财权的争夺。直至第二次世界大战之后,全球化的发展进入到一个完全不同的新阶段,主要表现为投资和金融活动的全球化以及生产要素空间流动的全球化,跨国公司最终成为了推动全球化的主体力量[①]。

---

① 在托马斯·弗里德曼的著作《世界是平的》对全球化的论述中,分别把这两个阶段叫做全球化1.0版本和全球化2.0版本。

在经济民主化运动促使地方财政分权成为一个世界性趋势的大背景下,各国的地方政府不同程度地获得了经济发展的自主权,开始以强烈的利益动机直接参与到了争夺国际流动性资源的行列中。于是,"税收竞争"作为一种发展机制突破了国内和国际的界限得到更加广泛的应用,竞争手法更加激烈,表现形式也更加的复杂多样。

3.1 税收竞争的概念与类型

3.1.1 不同学者对税收竞争的界定

通过研读相关的理论文献,我们认为国内外对税收竞争的界定,大致可以归纳为"目的与手段论"和"影响与效果论"两种角度和途径。

(一)有很多研究从政策影响的角度界定税收竞争。此类文献将是否具有外部效应作为判别税收竞争的标准。明茨和塔尔肯(Mintz and Tulkens,1986)在《联邦各州的商品税竞争:均衡与效率》中,对税收竞争(tax competition)做出了比较权威的阐述。他们指出,"在地方政府有权开征自己税收的联邦制国家中,通常会产生这样的情况,一个政府的税收政策会影响到其他政府的税收收入。典型的做法是,通过改变自己和其他政府的相对税率,每个政府都能够在有损于或有利于其相邻政府的情况下改变其税基的规模"[1]。

---

[1] Mintz et Tulkens,"Commodity Tax Competition between Member States of a Federation:Equibrium and Efficiency",*Journal of Public Economics*,1986(29):133-172.

佐德罗和米茨科夫斯基(Zodrow and Mieszkowski,1986)提出,地方政府间的"税收竞争"就是降低税率和公共服务水平的政府行为。威尔森(Wilson,1986)认为广义的税收竞争是政府独立设定非合作性税制的一种行为。只要不同的政府主体基于相对独立的利益需求和政策行为能力,进行非合作的税制安排都可以称作税收竞争。对于狭义的税收竞争,威尔森增加了一个限定条件,要求任何一个政府的税收政策都必须具有影响流动性税基和政府间税收收入分配的能力。若一地设定某种税制不能影响政府间的税收收入分配,则不构成政府间税收竞争。威尔森(1986)同时定义,税收竞争是"一种公共服务产出和税率都过低的状态,联邦政府可以通过要求每一个地区增加其公共服务产出而提高国家福利"。邓力平(2006)认为,财政政策的外部性是国内外税收竞争研究的出发点。当一地以降低税率、提供各种税收优惠等手段吸引外地的流动性要素时,势必不同程度地侵蚀其他地区的税基;若其他地区也通过提供相应的政策争夺税基,则税收竞争不可避免。

(二)另有一些定义较为凸显税收竞争的目的和实施手段。阿尔方诺和萨尔扎诺指出,税收竞争是"有关国家为应对税基(流动性的商品和资本)流向其他国家的可能性,而调整自身税基的行动"。谷口和繁(1999)指出,"税收竞争是各国通过资本减税的措施,把国际间的流动性资本吸引到本国,而引发的减税竞争"。郑雯(2002)认为,"国际税收竞争是指在经济全球化的作用下,各国(地区)政府以降低税率、增加税收优惠、实行避税制模式减轻纳税人的税收负担,来吸引国际流动资本,促进本国经济增长的经济行为"。邱丽萍(2000)、谭祖铎(2000)、陈晓(2003)、郭馨娜(2002)、周克清(2003)等国内学者的研究,相对注重税收竞争的目标和实施手段。有些学者认为,凡是地方政府为增进本辖区经济实力,提高社会福利,而以税收手段争夺各种经济资源及税收资源的活动都是税收竞争[①]。例如颜晓玲(2003)认为,税收竞争是"各辖区政府(各级政府)以税收为手段或以税收为目的进行的政府间竞争"。由于中国地方政府没有税收立法权,所以地方政府竞争除税收手段之外,还需要采取其他的竞争方式。因此我们认为,在中国,凡是地方政府运用竞争手段影响当地税基的行为也应属于税收竞争行为的范畴,如土地优惠、财政返还、各种奖励等。邓力平(2009)认为,"国际税收竞争是主权国家或地区通过减税、降低税负、制定税收优惠政策、提供避税港等政策性行为,来吸引别国具有较强流动性的税基"。此时,税收竞争不仅限于资本方面,争夺的税基还包括商品和人口等要素。

3.1.2 税收竞争的类型与表现形式

税收竞争的实质是处于不断变化演进中的地区间竞争关系的反映。伴随经济全球化和区域一体化进程的深入,地区间的税收竞争越来越成为普遍存在的现象。在现实中,税收竞争的表现形式多种多样,有些甚至是不合法的或是隐形的。

(一)国际税收竞争和国内税收竞争

税收竞争的主体包括不同的国家政府和同一个国家内部的不同地方政府[②]。按照主体的不同,税收竞争分为国际税收竞争和国内税收竞争。随着跨国公司在全球范围内成为统筹资源配置的主体,生产性资本的流动性迅速增强,国内税收竞争和国际税收竞争的界

---

① 参见周克清(2002,2003)、黄春蕾(2004)、王志刚(2001)等。
② 本文的研究范围仅限于一国内的不同地方政府。

限有一些模糊。例如,较低层级的地方政府也开始直接参与对国际资本的区位选择的争夺。但两者在有些方面还存在区分。首先,按照竞争参与者的国别区分,国际税收竞争的参与者是不同国家的政府,或是拥有独立税收主权的地区政府;而国内税收竞争则发生在一国之内,是中央政府和地方政府,或是不同地方政府之间的竞争。其次,从竞争手段来看,国际税收竞争最大的特点是可以运用关税和国际避税的手段(邓力平,2009),而国内税收竞争则无法运用此类手段。再次,从税收的协调来看,国家间的竞争比较难以协调,国际组织在解决税收竞争协调方面的成绩仍不能令人满意;但国内税收竞争则容易协调,中央政府可以依靠高于地方政府的某些税收管理权限,对恶性竞争进行抑制,相应的管理效果也会更佳。

(二)横向税收竞争和纵向税收竞争

按照参与竞争的政府层级,税收竞争可以划分为横向税收竞争和纵向税收竞争。横向税收竞争发生于不同辖区内的同级政府之间,甚至可以在同一政府的不同部门之间发生。横向的税收竞争行为可能导致一地政府的财政政策对周边产生外部性,当地的收益和成本超出了本地居民的范围,而当地的公共服务也可以被周边居民无偿享用或是额外付费了。纵向税收竞争则发生在同一辖区内的上、下级政府之间。在联邦制国家中,纵向税收竞争表现为联邦政府、州政府和地方政府之间的竞争。在我国,纵向税收竞争仅表现为在中央政府与地方政府之间展开的税收竞争。在纵向税收竞争中,由于税基是相同的,所以,此类竞争的重点在于财税体制中对它们规定不同的权限。葛夕良(2005)把中国改革开放后不同阶段的纵向税收竞争,总结为讨价还价式竞争、地方政府违规式竞争、突击性纵向税收竞争与其他变相的竞争(如收费竞争)等。

(三)制度内竞争和制度外竞争

如果地方政府的财政税收职能划分不清晰,则很容易出现游离于制度之外的竞争形式。这种情况在发展国家或是在转型国家中非常多见。在我国,制度内的竞争通常被称为税收优惠的竞争。我国制度内的税收竞争形式主要有2种:一种是由国家制定的区域性税收优惠政策引起的大区域之间的税收竞争;另一种是各地根据自身情况,在国家税法规定的地方税权范围内,为招商引资和加快发展而制定差别税收政策引发的税收竞争,主要包括差别税率(额)、减免税、不同的起征点、个别税种是否开征、差别税目、不同的纳税期限等。中国的制度外税收竞争十分复杂,有学者归纳出以下9种:擅自减免税、有意放松税收征管力度、包税、买税、税收"先征后返"、税收奖励、减免费、开设自立经济园区或各类市场对区内企业和个人制定整套税费优惠政策、提高办税效率与服务水平吸引投资(黄春蕾,2004)。一般说来,制度内的税收竞争具有明确性、可控性与稳定性的特征,而制度外的税收竞争行为往往比较隐蔽,由此也可以区分为显性的税收竞争和隐性的税收竞争。

(四)税种竞争、税率竞争和税收征管竞争

税种设置、税率高低和征管情况都会影响税基大小。根据税收的基本要素,可以将税收竞争划分为税种竞争、税率竞争和税收征管竞争。西方学者已经针对资本税、商品税、所得税等某些重点税种的竞争情况进行了大量的专项研究。如明茨和塔尔肯(1986)从理论上考察了商品税竞争上的纳什均衡问题,认为国内辖区间的商品税竞争基本上是无效的。这方面的实证分析也很多。如1985年,美国政府间关系指导委员会(ACIR)考察了美国各州之间烟草税和服装税的竞争情况。由于降低整体税负是吸引流动性的各类资源时最常用

的方法,因此税率竞争可以被视为税收竞争最基本的表现。在这方面,研究公司资本税的税负问题最为集中,例如政府间关系咨询委员会(ACIR,Advisory Commisson on Intergovernmental Ralations)的研究等。税收征管竞争是指在现有的税收法律框架下,以税收的自由裁量权为基础对税收资源展开争夺(周克清,2005)。

(五)税收竞争、财政竞争与政府间竞争

财政竞争是政府间竞争(intergovernmental competition)的表现形式之一。钟晓敏(2004)提出,财政竞争(fiscal competition)包括税收竞争(tax competition)和支出竞争(expenditure competition)。并且,税收竞争和支出竞争之间具有紧密的影响关系。理论上,只要生产要素是稀缺的,政府间就会开展争夺资源的竞争。一方面,政府通过降低税率、提供政策优惠等方式,吸引资本、资源和人口由区外流入,推动地方经济增长;另一方面,经济条件的好转,为改善辖区政府的社会福利和提升公共产品的规模、种类和质量提供了融资保障。财政竞争即使在税收立法权高度集中的国家也照样存在。

(六)按照其他标准进行的类型划分

依据竞争税种的不同,税收竞争分为资本税收竞争、商品税收竞争。按照竞争所产生的后果和危害性,税收竞争分为良性税收竞争和恶性税收竞争。正当的、良性的税收竞争有助于经济资源的合理配置,促进税制优化,未发生任何扭曲变形的损失;反之,就是不正当的或恶性的税收竞争。根据目标与形式上的差别,葛夕良(2005)认为税收竞争包括整体税负竞争、经济发展型的税收激励政策、税种竞争和税收输出竞争4种典型形式。韩霖(2006)则将税收竞争划分为包括宏观税负水平、税制结构(直接税和间接税的比例)、税种结构以及个别税种的税率结构设计的整体税制竞争,以及针对特定行为或特定地区的特殊税收政策安排等两种类型。

3.2 税收竞争的内涵与性质

本节从性质、主体、目的、手段等角度,概括税收竞争的内涵与性质。

竞争是稀缺资源分配的一种常态。《新帕尔格雷夫经济学大辞典》将竞争解释为"两方或多方,针对各方无法同时获得的某些东西的角逐"。竞争本身并不含有任何的价值判断,对竞争的评价必须取决于竞争参与者是否采取了带有破坏性的手段以及竞争对社会福利是否造成了损害。古典经济学崇尚自发的力量,认为市场竞争是有效率的;政府干预论的支持者则认为竞争会加剧市场机制的缺陷。

第一,税收竞争的本质是竞争行为

关于税收竞争有益抑或有害的争议也长期存在。支持者认为,地方政府间的竞争可以增强地方经济的开放性,提高信息的透明程度,抑制官员腐败。但是政府税收竞争到何种程度就成为有害的,还没有一致的标准。对此,OECD(1998)的研究报告《恶性税收竞争:一个正在兴起的全球性议题》提出,零税率、税制设计缺乏透明度、对外国投资者和本国企业不加区分的差异对待等行为存在着有害税收竞争的潜在倾向。还有学者认为,单纯的降低税率会使政府无法获取足够的收入,从而无法为居民提供足够多的公共服务,导致福利下降(奥茨,1972;威尔森,1986)。

第二,税收竞争是一种政府行为

税收竞争在本质上是政府主体影响资源分配的一种政策行为。

从参与税收竞争的政府层级看,税收竞争可以区分为不同辖区内同级政府进行的横向税收竞争和同一辖区内上下级政府之间的纵向税收竞争。布雷顿(A. Breton,1996)引入"竞争性政府"的分析工具,提出了政府间竞争的问题。政府间竞争则与税收竞争紧密相连。冯兴元(2001)指出,"政府间竞争是指政府之间围绕有形资源和无形资源的竞争,包括直接竞争和间接竞争、横向竞争和纵向竞争。政府间竞争在很大程度上表现为制度竞争或体制竞争"。现实中,政府间的竞争手段复杂多样。计划经济体制下通过游说和威权来竞争;在民主国家则通过提高本地公共物品种类和生态环境质量,靠吸引居民"用脚投票"来竞争等。因此,税收竞争只是政府间竞争的一种表现形式。

第三,税收竞争的目的是多方面的

政府参与税收竞争的目的,涉及对政府行为的政治经济学分析。爱德华和基恩(Edwards and Keen,1996)就对此进行了研究。若假设政府是善意的,那么税收竞争可以提高居民福利,促进当地经济发展,改善环境质量,提高当地的综合竞争力。但是税收竞争的目的也可能是为满足政府官员自身的利益要求,以达到争取连任和应付政绩考核的要求。然而,现实情况不会像政府的单一假设那样简单,通常都是多种倾向的组合。所以,我们仅从经济利益等角度,认为作为竞争参与者的政府是经济理性的,它们开展税收竞争的目的,是为了获取得到企业、资本、消费者、游客、商品和服务要素等各类稀缺的生产资源。

第四,税收竞争的途径主要是财税手段

根据对前面定义的差别,对广义与狭义税收竞争的区别在于政府所采取的手段和方法。我们认为,在狭义税收竞争中,政府仅通过整体税负竞争、税种竞争、税收激励竞争、税收输出竞争等税收手段参与竞争;而在广义的税收竞争中,政府参与税收竞争的手段除了以上各类税收手段之外,还包括收费竞争、公债竞争等其他类型的政府收入竞争、提高公共服务质量等政府支出竞争,以及财政返还、土地降价等一些制度外的竞争手段。当然,竞争手段的差别还取决于竞争对象的不同。由于税收竞争的对象包括经济资源和税收资源两个层次(周克清,2005),所以,当以税收资源作为竞争的直接对象时,则可以采取吸引收入转移(income shifting)、买卖税款、吸引购物者等增加税收的措施。

3.3 国内外税收竞争理论的源流与观点

20世纪80年代中后期以来,税收竞争成为国际经济、财政学界的重要课题。及至今日,西方学术界围绕国际、国内的税收竞争已形成相对完整的理论体系。当前,政府间税收竞争研究主要集中在如下几个核心问题:(1)税收竞争对地方公共产品和公共服务提供的影响;(2)不同政府的税收博弈行为是否存在稳定均衡;(3)税收竞争对国际直接投资流向的影响效果;(4)不同的税收竞争行为对生产要素间税负公平的影响;(5)政府间税收竞争的成本分摊与税收归宿;(6)税收竞争的矫治工具与公共治理的措施等。基于不断丰富的学术成果,本节对税收竞争研究的几个重要流派的理论观点作简要的介绍或评价。

有关税收竞争的研究最早是从地方政府间的资本竞争所造成的潜在效率问题展开的。之后,在基础性的研究成果上,学者们逐渐将不完全竞争、不完全信息、劳动力的流动、消费者的偏好改变等,引入地方税收竞争模型研究;还有学者将政治经济学、经济地理学、产业集群理论等引入税收竞争研究,获得了众多有启发性的研究成果[①]。在此,首先按照不同学者关于地方政府间资本竞争有效性问题的争论,对国外税收竞争的理论文献进行综述。

3.3.1 支持税收竞争有效性的理论观点

(一)蒂伯特的理论观点

1956年,蒂伯特发表的《地方支出纯理论》,是最早承认地方竞争的有效性并对地方竞争的机理和结果做出理论解释的标志性文献。尽管蒂伯特的论文中没有直接出现"税收竞争"的概念,也没有提及税收竞争的效率问题,但是地方政府间的竞争很大一部分都属于税收竞争的范畴。因此我们认为,蒂伯特通过对地方政府提供公共产品的效率分析,最早给出了税收竞争有效性的基本论述。蒂伯特指出,如果现实中存在足够多的地方政府可供选择,居民将在这些地方之间通过"用脚投票"的自由迁移机制,来搜寻能够满足自身偏好的税收和公共支出组合。另一方面,作为公共产品的"生产者",地方政府能够通过市场竞争更有效率地为居民提供地区性公共品。如果某个地区的公共产品消费和税收(价格)的组合不能符合居民的偏好,那么,居民将以"以脚投票"的方式流向其他更令人满意的地区。而且在均衡时,公共产品的提供将是最有效率的。因此,为了满足不同人群的消费偏好,地方政府必须最大限度地提高财政收支效率,在尽可能少的课征税收的条件下提供最优的公共服务。在蒂伯特假设

---

① 本部分可参考邓力平(2006)对于税收竞争文献做的整理。

(Tiebout Hypothesis)下的税收竞争是一种完全竞争,均衡是最优的。

蒂伯特的研究以一系列的严格假定条件为前提,包括辖区的居民具有同质性,偏好一致,禀赋相同;居民享有充分的人身和选择决策的自由;信息对称,而且居民具有很强的信息鉴别和比较能力;地方辖区的规模不影响其对居民的竞争力;地区之间不存在外部性等。蒂伯特的理论核心是居民"以脚投票"(Voting by Feet)的自由流动机制。他认为,只要保证居民享有自由迁徙的流动机制,同时允许各地方政府在财政分权的基础上引入市场竞争机制,由地方政府来提供辖区内的公共产品和服务,那么,地方政府将通过不同的税收组合来吸引不同偏好的群体,最终所有理性的居民一定会流动到最能满足其自身偏好和个人需求的地方去居住。蒂伯特在其1956年的文章中已明确提出,"竞争性、分权化的财政联邦制度可以达到资源配置的帕累托最优状态"。也就是说,在生产要素自由流动的条件下,国内地方政府采取类似市场竞争的手段吸引流动性生产要素的行动,将有利于提高辖区范围内公共产品或服务的规模、种类与质量。

尽管由于假设条件过于严苛,有些甚至不能在现实中成立,这一观点遭到了一些学者的质疑(贾尼巴 Janeba,2002)。但蒂伯特将国内地方政府与居民之间的关系类比为生产者与消费者的市场关系的研究视角,以及强调地方政府间同样存在市场竞争的论点极具创新意义,极大地启发了该领域的相关研究。然而,我们也应清楚,地方政府—居民与生产者—消费者的两类关系之间存在很大的差别。消费者向生产者购买的产品和服务属于"私人产品",而居民从政府获得的产品和服务属于"公共产品",具有非竞争性和非排他性。然而,消费者的流动性和选择性都很强,加之生产者的数量很多,所以消费者可以很容易地进入或者退出某个生产者的服务范围。但是对于居民,虽然理论上是自由流动的,但在实际生活中会受到工作机会、家庭、社会人际关系、流动成本、适应成本等主客观条件的限制,而且供其选择的地方政府数量也是有限的,因此,居民的流动存在很大的困难。

(二)公共选择学派的理论观点

20世纪70年代中期,西方公共选择学派采用"经济人"的假设,通过将市场竞争中的人类行为分析范式引入政府行为分析,提出了公共选择(Collective Choice or Social Choice)理论。公共选择理论认为政府是巨兽(Leviathan),政府未必以社会成员的福利最大化为己任,政府决策者可能更关心连任、扩大政府规模、提高权威性、改善政府办公条件等目标,以及个人利益的最大化,最终导致政府预算的最大化。因此,为了预防权力寻租等腐败活动,避免政府失灵产生严重的社会问题,必须对制度尤其是国家宪法进行变革,以限制自利政府与官员的政治行为。公共选择理论的代表人物布坎南等提出,应在公共部门引入竞争机制和激励机制,使各部门为提供公共产品和提高服务工作效率展开竞争,以避免因低效率扩大政府规模,造成机构臃肿、人浮于事,形成恶性循环。为此,"税收竞争应该被看成是一种有用的、旨在对高税率的内在压力的制约、对不充分的制度性约束的补充,这种高税率是追求自身利益的政策制定者主观需要的"(爱德华与基恩,1996)。此外,布雷南、布坎南(Brennan and Buchanan,1980)提出,税收竞争导致政府的规模相对较小。威尔森、哥顿(Wilson and Gorden,1998)认为,政府官员为了从预算中获益,会增加公共物品的支出竞争(expenditure competition),以吸引资本,扩大税基,由此提高了预算的效率水平。政府间税收竞争会减少官员的浪费行为,限制政府预算消费,提高社会福利水平。

公共选择理论运用"经济人"的假设来分析地方政府税收竞争与公共产品提供行为的方法具有创新意义。但该理论是美国联邦制模式下的产物,不能代表在任何情况下税收竞争都可以遏制自利政府。甚至有学者研究发现,发展中国家盲目的税收竞争反而会加剧政府官员的寻租行为。

(三)演化经济学派的理论观点

演化经济分析的基本思路有别于经济学的均衡分析。演化分析在解释经济系统的运行时,更加强调无数个体的自主决策对社会经济系统的共同决定作用,并认为每一个决策主体时都可能是有限理性而非完全理性的。按照这样的研究逻辑,演化经济学认为,政府间税收竞争行为的前提条件是财政分权形成了相对独立的地方经济利益和竞争能力;税收竞争的大背景是税收市场,而且必须遵循公共选择的非市场决策模式;税收竞争的内容是通过税收政策工具及其他工具调控经济行为,争夺经济资源和税收资源;税收竞争将促进公共政治制度和财税制度的演化。演化经济学还认为,国内地方政府间竞争尤其是税收竞争,能够催生更有效率的税收制度和知识、信息的发现机制,在一定程度上有助于克服信息的非对称性,促进制度进步。

(四)其他研究者的理论观点

通过对蒂伯特模型进行改进和推广,菲谢尔(Fischer,1975)和怀特(White,1975)的研究试图将蒂伯特模型的有效均衡扩展到多个方面。他们提出,蒂伯特的理论可以涵盖流动的公司,通过假设公司像居民一样的自由流动从而将公司纳入到模型中。对于每个区域,公司的供给是完全弹性的。地方政府在争取流动性企业时,同样可以采用税收手段,这也将有利于地方公共产品的提供。在均衡时,每一个公司支付的税收与提供的公共产品服务成本相等,因而均衡是有效的。1996年,里克特和卫里施(Richter and Wellisch,1996)提出,对于流动性的劳动力和资本,政府间的(税收)竞争同样是有效的,同样会激励地方更好地提供公共产品和服务[1](里克特和卫里施,1996)。布雷德(Braid,1996)放宽了税收竞争模型中劳动力不可流动的假设,允许资本和劳动力都可以自由的流动。在布雷德的模型中,由于存在公共物品的规模经济而使税收竞争变得更有效。另有学者从土地所有者最大化税收收益的角度,来分析受到土地所有者控制的地方政府的政策行为逻辑,其结论基本认同蒂伯特地方公共物品供给理论关于税收竞争有效性的说法。

3.3.2 否认税收竞争有效性的理论观点

(一)奥茨的理论观点

作为该领域的著名学者,奥茨1972年对蒂伯特理论中有关地方政府间税收竞争不存在外部性的假设提出了质疑。奥茨认为"地区间税收竞争不存在外部性"的假设并不恰当,实际上地方辖区政府间的资本税收竞争非但不能提高地方公共产品和服务的生产效率,甚至会对地方公共产品的质量与社会福利的提升产生危害[2]。这是因为,辖区政府间的税收竞争会产生外部性,从而导致税收价格(tax prices)与社会边际成本相背离,可能造成地方服务的产出低于有效率的产出水平,从而造成资源配置的无效率;同时,为了吸引企业前

---

[1] 郭庆旺:《公共经济学大辞典》,经济科学出版社1999年版,第1201—1202页。
[2] Timothy J.,"Goodspeed:tax competition,benefit taxes,and fiscal federalism",*National Tax Journal*,1998:579.

来投资而尽量压低税率、提供更多的税收优惠制度,会导致政府面临财政收入的压力,最终是流动性的企业和投资获益,而地方福利受到损害。此外,在一些公益开支和社会福利项目上,地方政府可能维持一个低于边际收益与边际成本相等时的支出水平,从而降低了当地住民的就业水平、工资收入和公共福利水平[①]。但是,奥茨后来的研究也发现,在资本可以在辖区间流动而劳动力不能流动的条件下,各辖区通过降低税收和提高公共服务来吸引流动性的资本存量的竞争行为,实际上是可以实现帕累托效率的,甚至可以使得地方税收转变为受益税。但是,他认为,这是一种条件均衡,辖区间竞争是否有效的关键是在于政府能否履行充分的再分配职能。

奥茨的理论贡献是高度强调国内地方政府横向税收竞争的"外部性"问题。他指出,一个地方政府实行的公共政策必然对周边另一个或者几个地方政府的政策选择、财税收入和居民福利等产生影响。当然,这种财政的外部性影响包括正外部性和负外部性两种情况。奥茨理论的不足之处在于,它尤其强调要在国内地方政府完全竞争的条件假设下研究税收政策;同时,他先验地在"善良政府"的假定下,分析地方政府的税收竞争效率。

(二)佐德罗等的代表性理论观点

之后,佐德罗和米茨科夫斯基(Zodrow and Mieszkowski,1986)、威尔森(1986,1991)、布科韦茨基(Bucovetsky,1991)等学者也对税收竞争的效率问题进行了深入探讨,而且他们的理论模型的假设具有一定的相似性。以佐德罗—米茨科夫斯基(1986)分析资本

[①] Oates,Wallace E., *Fiscal Federalism*, New York: Harcourt Brace Jovanovich,1972:143.

税收竞争效率问题的模型为例,该模型的一个关键假设是,每个地方辖区的公共产品仅依靠辖区内征收的资本税来融资,而不依靠其他的融资手段。此外,还假设政府的数量众多,竞争是完全竞争,任一个辖区都不足以改变整个地区的均衡;资金是完全流动的但是劳动力不流动;区域是同质的;居民的偏好和禀赋都一致;每个辖区的劳动力仅由本地居民提供,但数量有限供给弹性很小;每个辖区内完全竞争的企业仅生产一种同质产品,然后销往国内居民(作为个人消费品)和国内政府(转换为公共产品和服务);居民可以不受任何限制地将个人的固定资本投入到能够使其获利最大的辖区。对单个地方政府而言,要想提高本地区公共产品的供给水平就必须提高资本税税率,但是提高资本税率将不可避免地影响到资本流入,甚至导致资本净流出。所以,地方辖区之间税率竞争的结果是税收竞争的无效率,公共产品提供不足,无法达到最优的公共产品供给水平。此外,在上述假设的前提下,这些经典税收竞争模型还引申出了其他几个重要结论:第一,由于各辖区无法改变整个地区的经济均衡,那么,对称的税收竞争将导致各国都征收一个较低的税率水平,并维持一个缺乏效率的低水平公共支出。第二,劳动力不能流动、供给缺乏弹性时,税收竞争将导致对资本课征低税率,税收负担被转移给劳动力。税收竞争引起了要素税负分布的变化。第三,政府间的税收协调将会提高地方福利。

威尔森(1999)对佐德罗—米茨科夫斯基模型做了进一步的拓展,他更加重视整体的税收竞争效率问题。他意识到,各地方政府通常仅关心本地区居民的福利水平,并不关注本地区税率提高对其他辖区产生的正外部性。因此,税收竞争的有效性问题必须要从整体上来考察。他指出,各地区之间税收竞争最终的博弈结果是,所有地方辖区的资本税率都很低,税收收入锐减,公共产品供给不足,从而造成整个经济体的福利水平下降[1]。

(三)其他研究者的理论观点

在奥茨的理论中,地方政府在考虑边际成本的同时,还必须要考虑税收对投资、税基的负面影响。如果所有的地方政府都试图通过降低税率吸引投资,那么所有的参与者都不具有竞争优势。此时,税收竞争非但不能发挥吸引资源的作用,反而会导致全社会公共品供给的下降。奥茨的观点得到了佐德罗和米茨科夫斯基(1986)研究的支持。他们指出,一个地区提高税率会使资本流向其他的低税率地区,资本流动最终将形成非最优化的低资本税率,导致无效的低税率,使公共支出水平和公共产品的供应严重不足。因此,税收竞争将导致无效的均衡。之后,佐德罗、米茨科夫斯基建立的税收竞争模型成为大量拓展研究的基础,由此也被称作税收竞争的标准模型[2]。

布科韦茨基(Bucovertsky,1991)、威尔森(1991)等研究了区域非同质情况下的税收竞争。他们在标准税收竞争模型中,假设每个区域都是同质的,而且地区都很小,资本在区域间的流入流出不会影响总的资本净收益。但如果竞争中有地区足够大时,资本的流入流出将影响整个经济中的资本收益率。布科韦茨基和威尔森通过分析大区域与小区域之间的"非均衡税收竞争",表明大区域并不热衷于降低税率来竞争资本,大区域的税率会更高一些。在威尔森(1995)放松劳动力不可流动假设的"通勤模型"(commuting model)中,即使

---

[1] John Douglas Wilson,"Theories of Tax Competition", *National Tax Journal*, 1999.

[2] 本文以下部分将 Zodrow - Mieszkowski 模型称为税收竞争标准模型,这一模型的简化形式在文章下一部分的综合税收竞争模型的第一期中有详细的介绍。

允许居民选择"职住分离",税收竞争仍将导致公共品的供给不足。奥斯蒙德松、哈根、谢尔德鲁普(Osmundsen,Hagen,Schjelderup,1998)和梅泽蒂(Mezzetti,1997)从"委托—代理问题[①]"的角度阐述了税收竞争的无效性,指出当两个以上的政府竞争企业时,可能存在对征税企业的信息不完全,出现"委托—代理问题",从而导致地方政府间税收竞争的效率损失[②]。在委托—代理问题进入税收竞争模型后,政府官员最大化地方福利而非从事利己行为的假设广受质疑,政府制定政策的相机抉择问题随之引起注意。贾尼巴(Janeba,1998)建立了不完全竞争市场中的税收竞争模型,认为不完全竞争和厂商流动性不会产生相互增强效应,以至于加剧税收补贴竞争;相反,当政府无法对企业实行差别待遇时,政府会采取不干预的态度。休伯(Huber,1999)分析指出,不论是否运用多种税收手段,只要政府为争夺资本进行税收竞争,就一定会导致无效率的低税率。

3.3.3 关于税收竞争有效性的中立观点

也另有部分学者对税收竞争的影响效应做出了模糊的诠释。辛恩(Sinn,1997)指出,在私人无法有效提供某些特定的产品和服务时,即使在政府间引入竞争,也未必能完全消除产品供给方面的全部问题。因此,基于政治的税收竞争是否有效是无法确定的,税收竞争也无法达到最优的均衡。古德斯皮德(Goodspeed,1998)综合既往

[①] 委托—代理问题是由委托人和代理人之间信息的不对称造成委托人不能确知代理人的行为所产生的问题。

[②] 此时,将出现解释税收竞争效率的新参数:"信息租",正是因为企业拥有了信息租,使非合作的地方政府间税收竞争导致福利损失。

的研究[①],对税收竞争"是好的还是坏的"(good or bad)以及税收竞争将导致"较高的还是较低的均衡税率"(too little or too much taxation)的问题进行了探讨。他认为,横向税收竞争是否有效的问题,将最终取决于使用的税收是否为受益税(benefit taxes),如果是受益税,那么横向税收竞争就会实现资源的优化配置。否则,税收竞争就是无效的,而且还可能导致非最优税制的出现,从而形成破坏性的税收竞争(destructive tax competition)[②]。此外,约翰·道格拉斯·威尔森和大卫·E.维达辛(2004)的研究对支持和否认税收竞争有效性的观点进行了综合分析,并指出税收竞争既有危害性但也有一定的好处。

3.3.4 中国税收竞争研究的理论与观点

在中国,始于20世纪80年代初期的地方分权改革,逐渐突破了各地之间的隔绝,统一的商品市场和要素市场已经初步形成,计划体制下中国中央与地方政府之间的关系格局已然松动。与集权经济相比,地方政府的利益导向日渐显著。各地方政府进行税收决策时,更加关注其他地区的税收决策,地区间争夺资源、争夺税源的竞争不断显现。此外,我国的分税制改革和以经济绩效为主要考核标准的官员考核制度存在缺陷,共同导致我国税收竞争形式多样、规范性差,地方保护主义和重复建设盛行,甚至出现锦标赛式的竞争及至恶性

---

① 主要包括 Tiebout(1956),Oates 和 Schwab(1988),Oates(1972),Hamilton(1976),McGuire(1991),Zodrow 和 Mieszkowski(1986),Wildasin(1989),Weiner(1996),Grubert(1997)等经典文献。

② J. Goodspeed,"Tax Competition,Benefit Taxes,and Fiscal Federalism",*National Tax Journal*,1998:579。

竞争,严重地影响了地方经济的健康发展(周业安,2003;周黎安,2004)。

国内学者在介绍、研究西方先进学术思想的基础上,不断结合中国财税体制的特点和地方经济发展的现状进行了诸多研究。迄今,关于中国地方政府间税收竞争研究的代表性文献有:中国社会科学院财贸经济研究所的《中国地方政府间竞争》,它指出地方政府竞争主要是对非流动要素的争夺[①]。周克清、杨志勇、黄春蕾、王志刚等国内学者大都强调了体制改革和制度变迁对财税竞争的作用,将中国地区间税收竞争归因于分权化经济体制改革所导致的地区经济竞争。张维迎、栗树和(1998)指出,政府之间的税收竞争推动了中国的民营化浪潮,地方政府的税收份额越大,就越可能出现民营化。周克清(2002)论述了政府间税收竞争必须满足的条件。何毅(2003)比较强调政治因素的作用,将干部政绩考核及任用体制归结为地方税收竞争的政治动力。俏陈晓、肖星、王永胜(2003)分析上市公司1996年至1999年各年度分地区实际所得税税率的统计和方差发现,各地区开展税收竞争的目的是在资本市场上争夺流动性资金。张晏、龚六堂(2004)在多级政府框架下,考虑两个不对称的地方经济,引入不完全人口流动、内生劳动供给选择、综合税收竞争与服务竞争等因素,进行了公共财政政策和个人决策的分析。钟晓敏(2004)通过考察各地区的公共收入负担和公共产品提供水平,认为中国的地方财政竞争已经从单纯的税收竞争,发展到税收竞争和支出竞争并存的新阶段。卢宇燕、王韬(2005)分析了税收竞争对劳动力流动的影响。葛夕良(2005)分析了国内的纵向税收竞争与征税程度,认为,在生产

[①] "中国地方政府竞争也公共物品的融资",《财贸经济》,2002(10):7。

要素流动困难、上下级政府只顾最大化自身利益的情况下,国内的纵向税收竞争会导致征税过度,因此,一国的税收分权不宜过度,否则,会增加纳税人的税收负担,阻碍地方经济的健康发展。

3.4 地方税收竞争的对策与治理

根据目标与形式上的差别,葛夕良(2005)认为税收竞争包括整体税负竞争、经济发展型的税收激励政策、税种竞争和税收输出竞争4种典型形式。韩霖(2006)则将税收竞争划分为包括宏观税负水平、税制结构(直接税和间接税的比例)、税种结构以及个别税种的税率结构设计的整体税制竞争,以及针对特定行为或特定地区的特殊税收政策安排两种类型。

上文分析表明,适度的税收竞争能够增加一国或地区的吸引力和竞争力,但过度地依赖税收的竞争手段,则很容易导致恶性税收竞争、有害税收竞争的出现。为此,学者们高度强调税收协调措施的必要性。在国际税收竞争的"税收协调"方面,经合组织(OECD)和欧盟(EU)已经做出了很多有益的尝试。

国际税收协调的外延随着国家间关系的变化而不断变化。一般的,国际税收协调是指2个或2个以上的主权国家(或地区)对跨国(或地区)纳税人行使各自税收管辖权所导致的冲突进行协调的行为(邓子基等,1988)。国际税收协调是和不同层级的国际合作组织相联系的,按照合作水平与国家间的一体化程度,由低渐高依次是关税同盟、自由贸易区、共同市场、货币联盟、经济同盟。然而,税收主权是体现国家主权的重要途径,各成员都很难放弃。欧盟作为当今世界区域一体化程度最高的地区,也只能将努力的重点集中在调节各国税种和税率的差异上,以减少对国家间商品和要素流动的障碍,而无法实现完全的税收协调。詹姆斯(W.E.James,2000)分析认为,所有国家实现完全的税制均等化,在相同的税种上实现相同的税率,并将税收的征管完全标准化,仅是一种极端情况或是一种理想状态。他同时将税收协调划分为无协调状态的缓和模式、部分协调模式、名义协调模式和类似于"财政联邦主义"的协调模式4个层次。还有学者研究认为,无论是基于市场竞争力量还是国家间主动谋求税收政策协调的结果,国家间的税制有趋同的趋势,主要表现在税制结构的趋同和税率水平的趋同(刘军等,2001)。有学者将主权国家或地区之间税收协调的方式,概括为国际税收协定模式、区域税收协调模式、财政联邦协调模式等(邓立平、陈涛,2004)。OECD的相关研究对有害税收竞争和避税港国家的条件进行了界定,例如税制征管信息的不透明,缺乏有效的情报交换、避税港没有实质性的经济活动等。OECD(1998)也从一国内部税制立法、国际间的税收协调,以及多国合作等多方面,对抵制有害的税收竞争提出了相应的建议。为推动实施进程,OECD还多次组织召开税收竞争国际会议,定期公布避税港的国家名单,促使被列入名单的国家承诺实行税法透明并交换税收情报。

与国际税收协调相比,不同国家的国内税收协调的表现形式差别很大,这主要取决于各国的税制及其中央政府与地方政府的相互关系。有学者认为,在中国,中央地方之间不稳定的关系、财政分权以及地方保护主义的存在等因素,直接影响了中央和地方政府间的纵向税收竞争以及地方政府之间的横向税收竞争(冯兴元,2001;周克清,2005)。伴随国内市场竞争制度的逐步确立,商品和要素的流动性逐步加大,税收竞争的手段和形式也亟待规范。学者们建议,要建立相对稳定的税收竞争规则和政治经济运行体制,建立良好的财政分权秩序,抑制地方保护主义,并加强政府间税收协调和财税制度的建设。还有学者提出,国内政府间的税收协调主要涉及两个方面:一是中央政府的定位及其对地方性税收竞争活动的协调,二是高层次政府对低层次政府的转移支付与财政均等化。还有学者提出,市场经济的竞争性已经超越了国内和国际的限制,必须在经济全球化的背景下处理国内税收竞争问题,要加紧构建开放经济下的中国税收新体系,实现"国家税收、公共税收、发展税收"的统一(邓力平,2008)。

4 税收竞争研究的基本模型

4.1 传统的税收竞争模型

本章第一节将归纳几个最具代表性的经典税收竞争研究模型,主要包括蒂伯特的"用脚投票"模型、税收竞争标准模型和地区间税收博弈模型。这些模型都属于静态模型。由于目的仅限于阐明不同税收竞争理论的基本观点,因此文中对上述模型做了技术的简化。其中,蒂伯特模型提供了税收竞争的基本思路,并证明了税收竞争是有效的;然而,标准税收竞争模型却得出大相径庭的结论,认为税收竞争是福利损失的;地区税收博弈模型则将博弈论运用于地区之间的税收竞争分析,并说明了税收竞争的存在性。第二节中,我们在前述三个模型的基础上进行拓展,建立一个多阶段的资本税收竞争模型,以描述税收竞争对地区间企业转移和产业集聚的影响机理。

4.1.1 蒂伯特税收竞争模型

1956年蒂伯特(Tiebout)发表的《一个关于地方支出的纯理论》,从理论上探讨了地区间税收竞争和地方政府支出效率的关系问题,因此被认为是税收竞争模型的起源①。蒂伯特模型又被称为"用脚投票"模型。之所以被称为"用脚投票"模型,是因为模型规定:个人可以对任何一个辖区地方政府的收支和公共产品组合"用脚投票",最终可以根据自己的偏好选择迁移到最适合自己居住的辖区;同时,地方政府迫于居民个人选择"用脚投票"造成给地方财政收入减少的压力,而要最大限度地提高财政收支效率,以保证在尽可能少的课征税收的条件下提供最优的公共服务。通过吸引外来居民不断迁入,一方面可以增加地方公共产品投入,提高利用效率,另一方面还降低了居民享受公共服务的平均税收价格,从而形成一种地方公共产品生产的良性循环机制②。

为了保证排他性公共物品供给的最优,蒂伯特给模型做出了如下的严格假定:(1)居民可以在各辖区间自由流动,且没有迁移成本;(2)居民拥有关于各辖区之间税收和服务组合差异的完全信息;(3)存在着数量众多的、能够提供不同收支组合的地方辖区政府供消费者选择;(4)不同辖区的公共产品或服务之间不存在外部性;(5)居民在不同辖区之间的就业机会与收入不存在地理性约束。存在众多的"获取效用"(utility-taking)型的地方辖区政府是蒂伯特模型的一个关键假设。在此假设之下,蒂伯特关于公共产品配置的分析模型与私人商品竞争的市场模型非常类似,没有任何一个区域有能力单独改变效用。"将消费者看作像走到一个私人市场地点上购买其物品一样……走向一个社区,辖区服务的价格(税收)在这种社区中是

---

① 张薇薇:"税收竞争理论文献综述",《浙江社会科学》,2008(2)。
② 葛夕良,《国内税收竞争研究》,中国财政经济出版社2005年版,第42页。

确定的。消费者无法回避显示其在一个空间经济中的偏好"。[①] 由此,在均衡时蒂伯特模型将达到帕累托最优。蒂伯特的模型验证了地区间的税收竞争对提高地方公共产品供给是有效的,而且有助于实现居民在地区间的合理流动,实现公共资源配置的最大效率。

蒂伯特模型还表明,在提供的公共物品和服务一定的情况下,一个辖区的税收价格必须足够低,否则将无法吸引居民迁移到该地区定居。由于在模型中居民能够完全按照自己的偏好对辖区进行选择,因此住在同一辖区的居民应该具有相同的公共产品需求曲线或边际收益曲线。此外,辖区的税收收入是以居民"人头税"(head taxes)的形式来收缴的,每一个居民的税收支付必然等于居民所选择

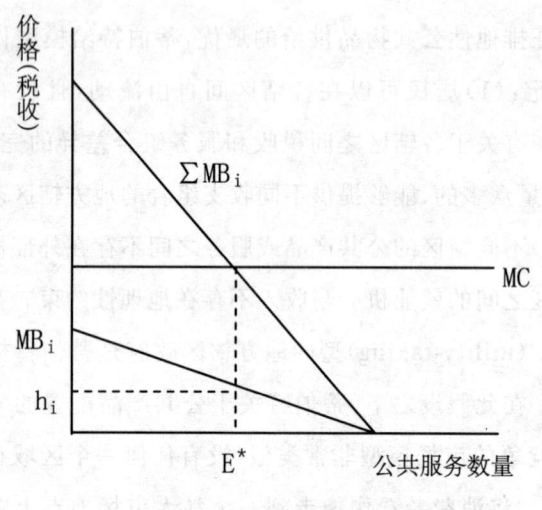

图 4—1　蒂伯特模型的图解

---

① A.阿特金森,J.斯蒂格里茨:《公共经济学》,上海三联书店、上海人民出版社1998年版,第660页。

公共产品服务水平的供给成本。这个边际成本的定价原则(marginal-cost-pricing)将最终导致居民迁移决定的有效性,事实上也证明了蒂伯特均衡的最优性。在下图中,MBi 代表任一消费者的边际收益线,∑MBi 代表总需求线,其通过将所有个人的需求曲线垂直相加来得到。由于每一个消费者的需求曲线都相同,所以∑MBi = nMBi,n 是消费者的人数,MC 是边际成本,hi 表示任一个消费者所分摊的成本。在完全竞争的条件下,边际收益与边际成本相交处的公共服务数量 E^* 便是公共产品和服务的最优规模。

4.1.2 资本税收竞争模型[①]

继奥茨(1972)提出政府间税收竞争损害经济效率的观点之后,20 世纪 80 年代中期,佐德罗和米茨科夫斯基(1986)和威尔森(1986)等学者在奥茨的思想基础上,开始建立规范的税收竞争模型。其中,佐德罗和米茨科夫斯基(1986)建立的资本税收竞争模型,主要分析特定条件下资本流动对均衡税率的影响。佐德罗和米茨科夫斯基的模型也被称为基本税收竞争模型(BTCM 模型)或标准税收竞争模型。与蒂伯特模型的结论相反,资本税收竞争模型分析认为,税收竞争结果是无效率的。

该模型假定:可供的资本量固定不变;有众多同质区域参与税收竞争,并且各地区在人口、经济规模、人均资本量方面完全相同;各地区仅对本地区的资本课税,除资本税之外,政府并无其他收入来源用于提供公共产品;政府税率决策的目标是居民福利最大化。因此,对

[①] 这里的模型是对 Zodrow-Mieszkowski(1986)及 Wilson(1986)模型的简化,参见 Wilson John Douglas(2004)。

政府而言,将选择适当的资本税率 t,以使典型消费者的效用最大化 $U(x,g)$(其中,x 代表典型消费者全部私人物品的消费;g 代表消费者公共物品的消费),约束条件是政府的税收收入等于公共产品支出:

$$tK(r+t) = g$$

其中,r 代表税后资本收益,由于资本可完全流动,所以 r 对任何一个区域都是相等的;$K(r+t)$ 是一区域在资本成本 $r+t$ 下的资本需求函数,公司投资直到资本边际产出等于 $r+t$ 为止。

现在考虑政府公共支出 g 的最优选择:为增加一单位的 g,政府必须提高税率 t。如果 t 提高 $\triangle t$,将带来两方面的效应:一是资本成本上升后的工资下降补偿。由于 r 在每个区域都相同,所以提高税率不会减少居民的资本收益,而是在工资中扣除一个税负。同样,公司为了不使利润为负必须降低工资,工资的降低量应该等于资本成本的上升量 $k\triangle t$;另一方面,资本成本上升将导致该地区资本外流从而引起损失。假设资本外流 $\triangle k$,那么税收收入将因此减少 $t\triangle k$。最终,居民工资收入减少的总量为 $MC + (-t\triangle K)$。此时,区域内居民为新增的一单位 g 的意愿支付为 $MB = MC - t\triangle k$,其中,MB 为新增的一单位 g 的边际收益(marginal benefit)。由上式可以得出结论,g 的边际收益超过了边际资源成本,以补偿税收引起的资本外流。

就单个区域而言,税率 t 是额外一单位资本的社会价值与其社会机会成本之间的差额。其中,社会价值用资本的边际产品 MP_k 来表示,等于 $r+t$;相反,因为税收为政府提供收入不属于社会成本,社会机会成本仅为 r,因此 $t = MP_k - r$。这个差额的存在暗含着区域将从资本流入中受益而从资本流出中受损。因为,在资本存量固定的情况下,特定地区的税率提升将产生一个正的外部性,导致资本流入其他地区,例如,j 地区的资本流入量为 $t_j \triangle K_j$[①]。

资本税收竞争模型关于税收竞争无效的结论,主要源于模型对存在"区域外部性"的条件假设,即一个地区的公共政策将对另一个地区的地方政府收支产生影响,或者一个地区政府增加本地居民福利的行为将对其他地区的居民福利造成负面影响。

此后,很多学者陆续通过不断放松假设条件,对基本税收竞争模型进行了拓展。例如,布科韦茨基和威尔森(1991)放松了"资本课税是政府唯一收入来源"的假设,将劳动力作为第二个税基引入模型,以考察税负分布的变化,并指出随着资本流动性的增强,税负将会被转移到劳动力身上。维达辛(1998)的模型考察了有限数量的国家可以通过税收政策影响世界资本税后报酬率的情况,并研究了非对称税收竞争模型。安虎森(2006)在 BTCM 模型的基础上,探讨了集聚情形下和对称情形下的税收竞争,认为流动要素聚集和相对税率之间呈负相关关系;同时,当贸易自由度很高时,既定的税收差异将导致税基出现更大的转移[②]。

4.1.3 区域税收竞争博弈模型

区域税收优惠政策博弈模型主要用于说明地方政府之间采取税收竞争措施的内在激励。模型假设一个经济体内仅有地区 1 和地区 2。两个地区分别面向另一个地区以及经济体之外的其他区域吸引资本。由于资本是趋利的,对投资地区的税收政策有高度的敏感性。

---

① 但是,如果政府能够有效地对资本征税来弥补为吸引投资而提供的公共产品和服务,资本的流入和流出对区域而言没有意义,公式中的 t 也不存在了。

② 安虎森:《空间经济学教程》,经济科学出版社 2006 年版,第 265 页。

由此存在以下两种情况。

情况1：当投资旺盛时，采取税收优惠政策吸引税源增加所带来的税收上升效应足以弥补税率减少带来的税收下降效应。

此时，当两个地区都不采取税收优惠时，收益分别为 A 和 B。如果地区1采取税收优惠政策，而地区2没有采取，外资都将流向地区1，同时地区2的一部分资本也将流入地区1，从而使得地区2的税收减少。反之亦同。

如果两个地区都不参加税收竞争，则对整个经济体来讲，经济体外的资本将会转而投向其他的经济体，经济体的总税收为 A+B。

因此，对于地区1和地区2而言，税收优惠分别是他们的占优战略。并且此时，经济体的总税收为 A+B+a+b，大于两个地区都不采取税收优惠时的税收总收入 A+B。在这种均衡下，两个地区以及整个经济体的税收利益都得到了增加（参见表4—1）。

表4—1：地区1和地区2同时行动博弈战略表达式

A B	税收优惠	税收不优惠
税收优惠	A+a, B+b	A+2a, B−b
税收不优惠	A−a, B+2b	A, B

情况2：当投资不旺盛时，因实施优惠政策而减少的税收收入无法弥补由此引起的税源增加带来的税收上升效应。

此时，地方1和地方2将陷入"囚徒困境"（见表4—2）。

两个地区都采取税收优惠政策所带来的收益 A−a、B−b 低于两个地区都不采取税收优惠政策的收益 A 和 B，总体收益 A+B−a−b 也低于后者的总体收益 A+B，两个地区的税收总体收入都下降了，经济体的总税收收入也受到损失。

如果地区1选择税收优惠,那么对于地区2的决策者来说,选择税收优惠的收益为A-a,选择不优惠时的收益为A-2a,因此税收优惠比不实施优惠好;地区2同样也是实施税收优惠比不优惠好。因此,税收优惠是地区1的占优战略,税收优惠也是地区2的占优战略。相应地,(税收优惠,税收优惠)是占优战略均衡,占优均衡只要求每个参与者是理性的,并不要求每个参与者都知道其他参与者是理性的,因此每个地区的决策者都知道不论其他地区的决策者是否理性,他采取税收优惠总是最优的(参见表4—2)。

表4—2:投资需求不旺盛时城市A和B同时行动博弈战略表达式

A B	税收优惠	税收不优惠
税收优惠	A-a,B-b	A+a,B-2b
税收不优惠	A-2a,B+b	A,B

区域税收竞争的博弈模型对现实中地方政府决策者的内在激励和政策导向进行了很好的描述。模型表明,对地方政府而言,不论外来投资是否旺盛,每个地方政府的政策制定者都将倾向于采取税收优惠政策。

4.2 多阶段的资本税收竞争模型

本节中,我们在综合标准税收竞争模型、蒂伯特模型和区域税收竞争博弈模型的基础上进行拓展,建立一个多阶段的资本税收竞争模型,以描述税收竞争对地区间企业转移与产业集聚的影响机理。

模型基本沿用标准税收竞争模型的条件假设,主要包括:(1)经济系统中存在许多相互竞争的同质区域;(2)资本要素完全流动,并且资本的供给总量固定;(3)劳动力完全来源于地区内部,劳动供给无弹性;(4)区域使用资本和劳动两种生产要素生产一种商品;(5)消费者全部收入来源于工资和自有资本带来的收入;(6)公共产品投资来源于对本地区的资本征税。

地方政府将根据社会总福利水平最大化设置最优税率,目标是使效应函数 $U(x,g)$ 最大化。其中,X 为消费者的全部收入,x 来源于劳动工资及资本收益;g 为地方政府部门的财政收入,由对劳动征税和对资本征税两部分构成,税率分别为 t_K 和 t_L。由税收到公共产品的转换成本为零。假设生产函数为标准的柯布—道格拉斯生产函数 $f(K,L) = AK^\alpha L^{1-\alpha}$。

(一)经济初始阶段的资本税收竞争模型[①]

根据柯布—道格拉斯函数的性质,资本报酬为 f_K,劳动报酬为 f_L;相应地,该地区资本所有者的报酬为 $K \cdot f_k(K,L)$,劳动所有者的报酬为 $L \cdot f_L(K,L)$。由于该地区消费者提供全部劳动和全部资本,因此,该地区典型消费者的全部收入为:

$$x(K,L) = f(K,L) - K \cdot f_K + r \cdot K - L \cdot t_L$$

其中,r 为税后的资本收益率,该地区资本所有者所获得的全部报酬税后收益应该为 $(f_k - r) \cdot K$。该地区政府的全部收入为 $g(K,L) = K \cdot t_K + L \cdot t_L$。将上述关系分别写为人均量的形式,

---

① 参考 Zodrow,G.R., and P, Mieszkowski,"Pigou,Tiebout,PropertyTaxation, and the Underprovision of Local Public Goods",*Journal of Urban Economics*,1986,19(3):356-70,以及 Signe Krogstrup,"What Do Theories Of Tax CompetitionPredict For Capital Taxes In Europe Union Countries? A Review Of The Tax Competition Literature", HEI Working Paper, The Graduate Institute Of International Studies, Geneva 2002。

令 $\frac{K}{L} = k$,有 $x(k) = f(k) - k \cdot f_K + r \cdot k - t_L$;$g(k) = k \cdot t_K + t_L$。因为是同质区域,因此每个区域的税后回报率是外生的,外生的税后资本回报率为 r,我们可以得到 $r = f_k - t_k$,对上述等式两边求全导数有:$f_{kk}\frac{\partial k}{\partial t_k} - 1 = 0$,可以得到 $\frac{\partial k}{\partial t_k} = \frac{1}{f_{kk}}$,$\varepsilon = -\frac{\partial k/k}{\partial t_k/t_k} = -\frac{t_k}{k \cdot f_{kk}}$;考虑政府税收政策的目标函数 $U(x,g)$,有 $U'_x(x,g) > 0$,$U'_g(x,g) > 0$,$U''_{xx}(x,g) < 0$,$U''_{xg}(x,g) = 0$。

社会总福利对典型消费者收入的导数为正,对政府收入的导数为正,但二阶导数为负数;典型消费者的收入和政府收入不相关;

$$U(x,g) = U(x(k,t_k),g(k,t_k))$$
$$= U(f(k) - k \cdot f_k + r \cdot k - t_l, t_k \cdot k + t_l)$$
$$= U(t_k, k)$$

我们考虑一个区域资本量以及资本收益的税率对该地区社会总福利水平的影响:

$$U'_k(t_k, k) = \frac{\partial U}{\partial x}(f'(k) - t_k) + \frac{\partial U}{\partial g} \cdot t_k$$

由于 $r = f_k - t_k > 0$,$U'_x(x,g) > 0$,$U'_g(x,g) > 0$,所以,$U(t_k, k) > 0$。因此,增加对一个区域的投资能够提升该地区的福利水平。

$$U'_{t_k}(t_k, k) = \frac{\partial U}{\partial k} \cdot \frac{dk}{dt_k} + \frac{\partial U}{\partial t_k}$$

$$= [\frac{\partial U}{\partial x}(f'(k) - t) + \frac{\partial U}{\partial g} \cdot t_k] \cdot \frac{dk}{dt_k} + \frac{\partial U}{\partial x}(-k) + \frac{\partial U}{\partial g} \cdot k$$

在此分别考察如下情况:

(A)若资本完全不流动,则 k 和 t_k 没有相关关系,$\frac{dk}{dt_k} = 0$,因此,

$$U'_{t_k}(t_k,k) = (\frac{\partial U}{\partial g} - \frac{\partial U}{\partial x}) \cdot k。$$

提高税率是否有利于提高全社会的福利将取决于社会资源在私有部门和公共部门的边际生产力的比较,最优的征税方式是使得公共部门的边际生产力等于私营部门的边际生产力,即 $\frac{\partial U}{\partial x} = \frac{\partial U}{\partial g}$。如果税收竞争不会导致跨区资本流动,提高一地的资本收益税率将不会对本国社会总福利产生负面影响,即 $U'_{t_k}(t_k,k) = 0$。

(B)若考虑税收竞争对跨区域资本流动的影响,此时 $\frac{dk}{dt_k} \neq 0$,将有以下结果:

$$U'_{t_k}(t_k,k) = [\frac{\partial U}{\partial x}(f'(k)-t) + \frac{\partial U}{\partial g} \cdot t_k] \cdot \frac{dk}{dt_k} + \frac{\partial U}{\partial x}(-k) + \frac{\partial U}{\partial g} \cdot k$$

$$= [\frac{\partial U}{\partial x}(f'(k)-t) + \frac{\partial U}{\partial g} \cdot t_k] \cdot \frac{1}{f_{kk}} + \frac{\partial U}{\partial x}(-k) + \frac{\partial U}{\partial g} \cdot k$$

(a)如果不存在规模经济或聚集效应等情况,标准的生产函数二次导数小于零,从而有 $\frac{\partial f}{\partial t_k} = \frac{1}{f_{kk}} < 0$,可以推出方程前一部分,即 $[\frac{\partial U}{\partial x}(f'(k)-t) + \frac{\partial U}{\partial g} \cdot t_k] \cdot \frac{1}{f_{kk}} < 0$

此时,对税收竞争过程中本地区社会总福利随税收变化的研究,重点在于社会资源在私有部门和公共部门的边际生产力大小的比较。将设定的柯布—道格拉斯生产函数带入 $\frac{\partial U}{\partial x}(-k) + \frac{\partial U}{\partial g} \cdot k$ 中,进一步讨论社会资源在私有部门和公共部门的分配对税收竞争中地区福利的影响效应。

$$\frac{\partial U}{\partial x}(-k) + \frac{\partial U}{\partial g} \cdot k = (\frac{\partial U}{\partial g} - \frac{\partial U}{\partial x}) \cdot k$$

$$= \left(\frac{1}{t_k + \frac{\partial t_k}{\partial k}} - \frac{1}{r - k \cdot f_{kk}}\right) \cdot \frac{\partial U}{\partial k} \cdot k$$

$$= \left(\frac{1}{t_k + f_{kk} \cdot k} - \frac{1}{f_k - t_k - f_{kk} \cdot k}\right) \cdot \frac{\partial U}{\partial k} \cdot k$$

给定生产函数 $f(K,L) = AK^\alpha L^{1-\alpha}$,可以得到生产函数关于资本的一阶导数以及二阶导数的表达式:

$$f_k = A\alpha \left(\frac{K}{L}\right)^{\alpha-1}$$

$$f_{kk} \cdot k = A\alpha(\alpha-1)\left(\frac{K}{L}\right)^{\alpha-1}$$

同时,根据 $\frac{\partial k}{\partial t_k} = \frac{1}{f_{kk}}$,可以得到 $t_k = A\alpha\left(\frac{K}{L}\right)^{\alpha-1} + t_0$ (其中,t_0 是一个常数)。将以上三个式子代入,计算 $\dfrac{1}{t_k + f_{kk} \cdot k}$ 与 $\dfrac{1}{f_k - t_k - f_{kk} \cdot k}$ 两个分式的大小关系,

$$f_k - 2f_{kk} \cdot k - 2t_k = A\alpha(3-2\alpha)\left(\frac{K}{L}\right)^{\alpha-1} - 2t_k$$

$$= A\alpha(1-2\alpha)\left(\frac{K}{L}\right)^{\alpha-1}$$

当 $\alpha > 1/2$ 时,生产函数对应的是资本密集型生产,$f_k - t_k - f_{kk} \cdot k < t_k + f_{kk} \cdot k$,我们可以得到 $\frac{\partial U}{\partial x}(-k) + \frac{\partial U}{\partial g} \cdot k < 0$,此时得出,$U'_{t_k}(t_k, k) < 0$;

当 $\alpha = 1/2$ 时,生产函数对应着资本劳动均衡生产,$f_k - t_k - f_{kk} \cdot k < t_k + f_{kk} \cdot k$,我们可以得到 $\frac{\partial U}{\partial x}(-k) + \frac{\partial U}{\partial g} \cdot k = 0$,此时仍然有 $U'_{t_k}(t_k, k) < 0$;

当 $\alpha < 1/2$ 时,生产函数对应的是劳动密集型生产,$f_k - t_k - f_{kk} \cdot k > t_k + f_{kk} \cdot k$,可以得到 $\frac{\partial U}{\partial x}(-k) + \frac{\partial U}{\partial g} \cdot k > 0$,此时计算 $U'_{t_k}(t_k, k)$,仍然可以得到 $U'_{t_k}(t_k, k) < 0$。

可见,当资本自由流动且不存在规模经济或聚集效应等情况时,由于存在税收竞争,一个地区提高资本税率将导致资本流出该地区,进而导致整个地区福利水平下降(见图 4—2)。在图中,假设平均回报率为 r,如果一个地区采取更低的税率 $t_{新}$,则可以吸引到比初始禀赋 K_0 更高的资本量 $K_{新}$。

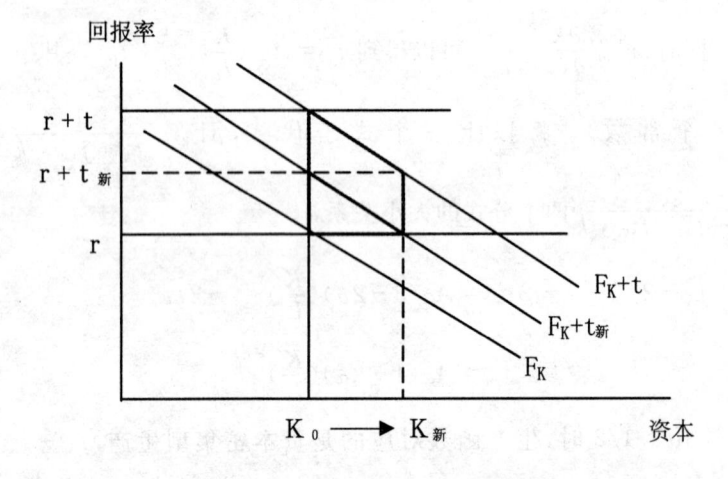

图 4—2 税率对资本流动的影响效应

(b)现在来考虑存在规模经济以及集聚效应等情况时,税收竞争提高资本税率对于地区福利的影响。此时,对应的生产函数的二阶导数存在 $f_{kk} > 0$ 的情况,对应的可以推导出式子前一部分,即 $\left[\frac{\partial U}{\partial x}(f'(k) - t) + \frac{\partial U}{\partial g} \cdot t_k\right] \cdot \frac{1}{f_{kk}} > 0$;我们具体考查到式子的后一部分,即关于社会资源在私有部门和公共部门的分配上面。对于 $\frac{\partial U}{\partial x}$

$(-k) + \frac{\partial U}{\partial g} \cdot k = (\frac{1}{t_k + f_{kk} \cdot k} - \frac{1}{f_k - t_k - f_{kk} \cdot k}) \cdot \frac{\partial U}{\partial k} \cdot k$,我们考虑 α 的不同,即本地区内生产模式的不同对 $U'_{t_k}(t_k,k)$ 的影响。具体地,

当 $\alpha > 1/2$ 时,生产函数对应的是资本密集型生产,$f_k - t_k - f_{kk} \cdot k < t_k + f_{kk} \cdot k$,可以得到 $\frac{\partial U}{\partial x}(-k) + \frac{\partial U}{\partial g} \cdot k < 0$,计算 $U'_{t_k}(t_k,k)$ 得出,$U'_{t_k}(t_k,k) < 0$;

当 $\alpha = 1/2$ 时,生产函数对应资本和劳动力均衡生产,$f_k - t_k - f_{kk} \cdot k < t_k + f_{kk} \cdot k$,可以得到 $\frac{\partial U}{\partial x}(-k) + \frac{\partial U}{\partial g} \cdot k = 0$,此时有 $U'_{t_k}(t_k,k) > 0$;

当 $\alpha < 1/2$ 时,生产函数对应的是劳动密集型生产,$f_k - t_k - f_{kk} \cdot k > t_k + f_{kk} \cdot k$,可以得到 $\frac{\partial U}{\partial x}(-k) + \frac{\partial U}{\partial g} \cdot k > 0$,此时仍然可以得到,存在 $U'_{t_k}(t_k,k) \geq 0$。

初始阶段的资本税收模型表明:(1)在存在规模经济与空间集聚效应的情况下,给定生产模式为劳动密集型时,资本税率提高使资本的获得成本提高,劳动的获得成本相对降低,有利于促进本地区的经济发展,地区福利由于劳动密集型产业的集聚而获得提升;(2)当给定生产模式为资本密集型时,提高资本税率将不利于本地区的经济发展,因为资本获得成本升高,资本密集型产业的集聚效应对地区福利的贡献将被高税率所抵冲,从而造成地区福利损失;(3)生产模式相对均衡的地区受到的冲击较小,尽管劳动密集型产业会弱化本地的资本密集型产业发展,劳动密集型产业的集聚效应可以抵

消这种损失,使得在该地区的发展过程中,劳动密集型产业开始集聚。

(二)经济加速阶段的资本税收竞争模型

伴随经济的加速,新的地区不断参与区域发展,地方竞争步入白热化的阶段。在该阶段,假设新加入的地区 2 非常清楚地区 1 依靠优惠税率来吸引资本的策略。这个时期,地方政府之所以更加借助税收手段展开激烈竞争,可能有如下的动机:(1)可以通过"关门打狗"和"秋后算账"的方式,对落户企业进行事后的补偿征税;(2)地方基础产业和市政基础设施的投资支出需求递增,融资压力过大;(3)地方政府打算增加机构和扩充编制;(4)区域经济的一体化进程之后,为地区政府的恶性竞争提供了一定的空间;等等。

在这个阶段中,已经超过"税收优惠期"的上个时期的落户企业开始面临一个增加的额外成本 C_1^f。令 C_{ij} 表示企业由地区 i 迁往地区 j 的搬迁成本,当 $C_1^f > C_{12} + C_{2预期}^f - (t_{k2} - t_{k1}) \cdot K$ 时,企业将有选择地搬迁到地区 2。一部分预期 $C_1^f > C_{2预期}^f - (t_{k2} - t_{k1}) \cdot K$ 的新企业将落户地区 2;但是,预期 $C_1^f > C_{2预期}^f - (t_{k2} - t_{k1}) \cdot K$ 的新企业将落户地区 1。如果第一期落户到地区 1 的企业对地区 1 未来政策改变风险的预测为 $C_{1预期}^f$,那么,只要满足条件 $C_{1预期}^f < (t_{不优惠} - t_{k1}) \cdot K$,这些企业仍然会选择落户在地区 1。

如果考虑规模经济与集聚效应的影响,那么,大量企业的外迁会导致区内产业集聚效应的下降,生产成本会相应提高,加之产业关联机制的影响,很可能出现"羊群效应",致使更多的企业效仿,搬迁到税收更为优惠的地区。对提供税收优惠政策的地区而言,无论是吸引企业入驻还是主动承接先进地区的产业转移,都会提高本地区的产业集聚规模,从而可以降低拟迁入企业的对新进入时成本的预期。

(三)经济成熟阶段的资本税收竞争模型

在这个阶段,一方面如地区 3 的新竞争主体继续加入到区域竞争的大背景之中,但是在经历几败俱伤的残酷竞争洗礼之后,各企业都渴望获得共赢的和谐发展环境;另一方面,随着经济逐步成熟,各地区已经具备规范发展秩序、改善公共服务水平的经济实力。

在这个阶段,新加入竞争的企业将面临着参与竞争的区位选择问题,此时,新企业有 3 个潜在的投资地区可供选择。对地区 3 而言,降低税率仍是其参与竞争的方式之一,这与之前两个阶段内的地区策略基本类似。但不同的是,地区 3 与之前的地区之间的优惠税率之差必须更大,即 $t_{k3} < t_{k2}$。这是因为,此时企业对地区 3 的风险预期比地区 2 更高。地区 3 参与竞争的方式之二是不提供比其他地区更为优惠的税率政策,来满足优惠税率 $t_{k3} \geqslant t_{k1} \geqslant t_{k2}$ 的要求,它可以转而依靠提供完善的公共服务,改善企业发展环境,规范政府收费行为等措施,以保障地区 3 内部的企业能够获得一个保障性的最低收益 R,以此降低拟进入企业对地区 3 的风险成本预期 $C^f_{3预期}$。这等于让新加入的地区 3 通过规范政府行为,节约开支等实际行动向企业承诺,可以保证 $C^f_{3预期} \leqslant min(C^f_1, C^f_2)$。由此,进驻地区 3 的企业成本为 $t_{k3}K + C^f_{3预期} - R$;而选择地区 1、地区 2 的成本为:$t_{ki}K + C^f_i (i=1,2)$,由于 $t_{k3} \geqslant t_{k1} \geqslant t_{k2}$,$C^f_{3预期} \leqslant min(C^f_1, C^f_2)$,且 $R > 0$,由此 $t_{k3}K + C^f_{3预期} - R < t_{ki}K + C^f_i$ 一定存在。若此,新增的企业会将全部资本投资到地区 3。在此情况下,当且仅当由税收竞争带来的收益大于搜索成本和迁移成本时,原落户地区 1、地区 2 的企业才会迁移。即当 $t_{k3}K + C^f_{3预期} + C_{i3} - R < C^f_i + t_{ki}K (i=1,2)$ 时,企业才会迁往地区 3。

此时，地区1、地区2面临资本外流、企业外迁，且没有新资本愿意进入的局面，所以其政府必须做出如下选择：(1)继续降低税率吸引资本，直至 t_{ki} 满足 $t_{k3}K + C^f_{3预期} + C_{i3} - R \geqslant C^f_i + t_{ki}K$ 时，才能留住原落户企业；(2)仅在满足 $t_{3k}K + C^f_{3预期} - R \geqslant t_{ki}K + C^f_i$ 时才会有新资本进入。但是，由于地区1、地区2再次降低税率的行为，会提高企业对地区1、地区2的风险预期，即 $C^f_{i预期} > C^f_i$，因此并不能完全阻止企业外迁；(3)不再考虑降低税率，而是通过增加地方基础设施投资、规范费用收取、提高政府办事效率等措施为入驻企业保证一个保底收益R；同时通过有关承诺降低企业的预期风险成本 $C^f_{i预期}$ 来吸引新资本投资。

(四)多阶段的资本税收竞争模型的结论与启示

我们构建的多阶段资本税收竞争模型，对地方政府利用税收竞争吸引企业入驻和产业集聚的策略，有如下的结论和启示：(1)若不存在跨地区资本流动，则提高某地资本收益税率不会对本国社会总福利产生负面影响。但是，当资本自由流动且不存在规模经济或聚集效应等情况时，由于税收竞争的影响，一个地区提高资本税率将导致资本流出该地区，从而整个地区的福利水平下降；受规模经济和集聚效应的影响，预期成本的下降，会吸引企业迁向资本成本更低的地区，而预期成本的降低主要来源于预期的集聚效应。(2)当资本自由流动且存在集聚效应时，资本税率的提高对于采用劳动密集型生产模式的地区是福利改进的，对采用资本密集型生产模式以及均衡生产模式的地区是福利恶化的。(3)地区之间为提升自身福利而竞相降低资本税率的策略将产生恶性的税收竞争，导致地区整体福利水平下降。从趋势上看，地方间税收竞争的加剧，使得地区内企业税负最小化的手段失效，未来的税收竞争手段将转而依靠保障公共产品和公共服务极大化的支出竞争[①]。(4)地区间税收竞争可以推动地方政府相互学习、提高行政效率。地方竞争将不断走向理性化,区域竞争开始注重双赢或多赢,区域竞争将走向区域竞合。因此从长期看,税收竞争是有效竞争。在严格的假定之下,税收竞争是帕累托最优的,只要向假设条件逼近,税收竞争也将是福利改进的。

[①] 相关分析参见 Wilson, John D., and Roger H. Gordon: "Expenditure Competition", Department of Economics, Michigan State University. Mimeo, 1998。

5 税收竞争下的生产要素流动模型

5.1 税收竞争与生产要素流动

税收竞争的初衷是吸引流动性资源,因此,生产要素流动的规模与质量是考察税收竞争有效性的最佳标准。然而,不同生产要素的流动属性存在差异,对税收变动的反应也都不同,因此税收竞争对不同生产要素流动的影响渠道和影响程度各不相同。在流动性上,资本的流动性最强,对税收变动最敏感;企业、产业的流动性稍弱。由于受到户籍制度、社会保障制度以及社会心理等方面的影响,人口和劳动力要素的流动具有特殊性,较为复杂。但国外经验研究发现,个人所得税对人口流动具有较强的影响作用。本节简要概述税收竞争对核心生产要素流动性的影响关系。

5.1.1 税收竞争与资本流动

从理论上讲,实施税收竞争会降低资本税率,在一定程度上降低资金成本,由此提高资本回报率,引致资本在不同地区间的流动。国际流动资本分为外国直接投资(FDI)和外国证券投资。由于FDI具有长期性、稳定性和生产性的特点而备受关注。那么,税收竞争是否是影响着FDI的国际流动的一个关键因素呢?较早期的实证研究显示,税率并非决定外国直接投资是否流入的关键因素。例如,格雷厄姆和克罗格曼(Graham and Krugman,1992)的研究表明,美国20世纪90年代早期公司税的变化对外国直接投资流动没有影响。莫迪和斯里尼瓦桑(Mody and Srinicasan,1990)研究也表明,税率和制造业的外国直接投资之间没有显著关联。然而,随着全球化进程的加速,最近10年的理论与经验研究已经表明,税收对资本流动的影响作用日益增强了。盖尔莱夫斯基(Gerlowski,1994)等研究发现,加拿大、英国和日本的对外投资者具有避开高税率国家的强烈动机。随着经济全球化进程的深入,各国都在致力于消除对外国直接投资流动的阻碍,放松对资本跨国流动的管制。联合国贸发会议(UNCTAD)的统计显示,1991—1999年间,在世界各国所做出的1035个政策变化中,有94%是为了有利于投资。

我们认为,税收对资金流动的作用很直接,而且税收政策对不同类型的FDI影响也不同。迪肯在《全球性转移》中提到:资金分为两类,一是出口导向的FDI,主要是将该地当作出口第三国的平台,利用其廉价的资源和劳动力;二是市场导向的FDI,主要的任务是开拓东道国的市场(迪肯,2007)。这种分类有助于反映税收竞争的作用机制。由于市场导向的FDI倾向于长期投资,不太注重短期的经营成本,经济和政治环境的稳定性才是它主要的关注因素,所以税收优惠对其影响效果很小。出口导向的FDI的目标是利用东道国的人力资源或自然资源,税收作为资金成本的重要组成部分,对此种类型的资本流动将具有的更重要的影响。

一般情况下,公司所得税是影响FDI流动的主要税种,而决定FDI税负的主要因素有税率、税基、税收优惠政策和税收征管等。因此,我们从税率、税基、税收优惠政策等方面来说明税收竞争对资本流动的影响。第一,在税率方面,我们主要考察法定税率(制度外的非法竞争则有很大的不同)。理论上,法定税率不仅对吸引外国直接投资起到信号作用,而且法定税率直接影响着外国直接投资实际税负的高低,影响外国投资者的税后利润,因此,法定税率与外国直接投资呈反比。格罗普和科斯蒂尔(Gropp and Kostial,2000)运用OECD国家1988—1997年的数据,对外国直接投资流动和法定税率进行了回归分析,研究结果表明,法定税率平均每上升1%,外国投资的内流会减少0.3%,而外国直接投资的外流将增加0.2%[①]。第二,应纳税的税基直接关系到跨国公司需要承担的实际税负,因此,利息支出扣除以及折旧方法、折旧年限和折旧率等税收折旧政策优惠,会冲抵税基,实现税收递延,降低公司税负。第三,税收优惠政策主要是为增加投资回报率、降低成本和风险等。2001年联合国发表《税收激励和外国直接投资》指出,财政优惠政策主要就是针对税收的政策。大量的实证研究,例如,山田(Yamada)对日本跨国公司的研究等,都表明税收优惠政策的有效性。第四,在税收监管和税法执行方面,体现较强法制性的税收征管将使投资环境变得稳定和透明,有利于投资流入;反之,立法的不确定、复杂的纳税程序、过度的惩罚措施等都会造成抑制投资的结果。

综合上述税收竞争对资本流动的影响分析,我们认为,税收对资本流动具有非常直接的影响作用,在全球化和区域经济一体化的时代,税收竞争对资本的吸引力将会不断增强。

5.1.2 税收竞争与产业流动

阐释税收竞争与产业流动之间关系的依据主要是考察税收竞争

[①] 邓力平:"经济全球化下的国际税收竞争框架",《税务研究》,2003(1)。

是否在以下三个方面发挥了积极的影响效应:第一,税收竞争对区际(国际)产业流动与产业转移的影响;第二,税收竞争对跨国公司或生产经营性企业区位选址的影响;第三,税收竞争对开发区和各类生产园区的数量、规模和区位的影响。在此,我们分别作简要的论述:

(一)税收竞争对产业转移有积极的影响作用。

在以跨国公司为主体建构的全球性生产网络中,之所以呈现出在广大发展中国家设置生产工厂的发展趋向,主要基于两个方面的原因:一是发达国家和跨国企业已经不满足于仅仅通过贸易和流通领域获取收益的利润增长方式,它们要集中精力,心无旁骛地通过在新行业、新产品和新技术上占据垄断优势来取得超额利润;二是在全球化的带动下,世界性的生产组织一体化进程不断加深,当前已经跨入以产业的梯度转移为纽带推动全球产业结构升级和优化全球性生产组织网络的新历史阶段。在这样的时代背景下,发展中国家和经济落后地区出于投资饥渴、发展冲动以及缓解基础设施"瓶颈"、吸引新兴产业技术等动机,纷纷以税收为手段展开激烈的竞争,在税收竞争导致资本税率降低的机制作用下,无形中发挥了加速国际化和区域产业转移的作用。时下,一些新经济地理学家已经在研究中运用税收竞争的相关理论,从空间角度验证了税收竞争对产业转移和产业集聚具有积极的影响作用。

但必须强调的是,针对不同的产业门类,除税收影响之外,当地生产环境是否适合、企业之间的联系、当地市场容量、当地政府的产业政策、生产成本等因素,在产业转移的选址决策过程中发挥着越来越重要的作用。

(二)税收竞争对吸引企业投资有积极作用。

关于税收对企业区位选择的影响程度,不同的实证研究得出了不同的结论。在20世纪90年代之前,西方研究者大都认为企业总体税负水平的高低对企业的区位影响并不大。例如,1984年美国纽约的一项调查曾显示,税收仅是企业区位和发展定位中一个无足轻重的因素。然而,近几年的一些成果,如帕普科(L.E.Papke)和魏森兰科(M.Wasylenko)的研究等,都显示辖区企业的税负水平对企业定位确实存在影响。地方政府往往出于增加税收和为本地居民创造就业的目的,以税收为手段积极吸引大型跨国企业入驻,尤其在对松脚型企业的竞争中更是如此。

著名地理经济学家迪肯,在《全球性转变》(2007)中考察跨国公司的区位选择时,提出了国家之间存在着旨在争夺资源的"区位锦标赛"。如果不参与竞标的争夺,他们将面临着不被跨国公司列入投资计划的可能性。在其他条件相同的情况下,优惠政策通过保证总体收益更佳,促使外国投资者做出有利于本国的区位选择[①]。由于政府间的行为相互影响,加之税收政策具有制度的外部性效应,所以,政府间的横向税收竞争涉及各个主体间的博弈关系。但是,必须要避免陷入一种无效率的低税收状态中,防止出现"冲向谷底的竞赛"(race to bottom)。

总体上,尽管税收负担已经不再是吸引企业选址和入驻的重大影响因素,但是,对经济不发达的国家和地区而言,税收会通过投资对企业的区位选择产生积极的正面影响。

5.1.3 税收竞争与开发区建设

在中国全方位改革开放的格局形成后,已经基本抹平了各地区

[①] 〔英〕彼得·迪肯:《全球性转变》,商务印书馆2007年版。

之间在优惠政策上的差距,各行政区域具备了相对均等的经济发展条件。随着地方政府经济自主权的不断提升,我国执行税收优惠政策的地理单元,已经从改革开放之初的经济特区、沿海开放城市和沿海经济开发区,迅速覆盖到20世纪90年代以来新设立的各类开发区、加工区、新城等。开发区是地方政府借助税收优惠吸引资金的载体,开发区竞争是我国地区竞争的典型表现形式之一。对开发区的税收优惠是发展中国家经济转轨时期"制度租金"的主要形式之一。我国地方政府税收政策与开发区建设有着密切的联系。在葛夕良(2005)的税收竞争分类中,有一种形式被称作"经济发展型税收激励竞争",其表现形式就是设立开发区。

一方面,从改革开放起,中央政府不断采取税率优惠、减税让利和投资兴建基础设施等税收和财政激励政策,推动经济特区、经济开放区以及各类开发区的发展。在执行中,针对不同地区和不同级别的开发区,中央制定的税收优惠政策幅度具有差异性和层级性的特点。例如,国家级高新区和经济特区一律减按15%征收企业所得税,而其他地区的企业所得税则为33%。国家级高新区内的新办技术企业自开业之日起免税两年,沿海经济开发区及经济特区所在市区税率为24%。此外,在经济特区开办的外商投资企业、在经济特区设立机构从事生产经营的外国企业、在沿海港口城市的经济技术开发区,以及上海浦东新区开办的生产性外商投资企业,企业所得税一律减按15%征收。我们将我国开发区为吸引外商投资企业制定的税收优惠政策汇总如表4-3所示。除此之外,在现实中,我国对各类开发区还规定了增加财政收入留成比例和提高中央与地方共享税的返还比例等财政优惠。由于政策倾斜,经济开发区的留成比例远高于其他地区。1994年分税制改革时,中央对各类经济开发区的

表 5—1：开发区外商投资企业税收政策汇总

政策内容		全国性规定	其中经济特区	经济技术开发区及其中出口加工区	国家级开发区 高新技术产业开发区	国家级开发区 保税区	国家级开发区 边境经济合作区	开放城市和地区（含沿海、沿江、内陆、边境）及其省级经济开发区
企业所得税税率	1. 生产性企业	30%	15%	15%	15%	15%	24%	24%
	2. 非生产性企业	30%	15%	30%	30%	30%	30%	30%
	①知识密集、技术密集型项目以及技术研发中心、外商投资回收期长的项目	30%	15%	15%	15%	15%	(15%)（见说明）	15%含中西部地区国家鼓励类产业的内、外资项目
	②产品出口企业，按规定减免税期满后，当年出口产值占总产值70%以上的	15%	10%	10%	10%	10%	12%	12%
	③金融机构，外商投入运营资金1000万美元以上，经营期10年以上	30%	15%	经国务院批准的地区，按15%				
	④能源、交通、港口项目或国家特批鼓励的项目			15%				

（续表）

预提所得税率	1. 外商在中国境内没有设立机构而有来源于各类地区的利息、股息、租金、特许权使用费和其他所得，除依法免征的以外	从2001年1月1日起改为10%
	2. 对提供技术先进或条件优惠的特许权使用费	由当地市人民政府决定给予比10%更多的优惠
	3. 外国投资者从外商投资企业取得利润	免征
企业所得税减免期（经营10年以上，从获利年度起算）	1. 生产性企业	第1-2年免征，第3-5年减半征收
	2. 被认定的高新技术企业	第1-2年免征
	3. 西部地区新办交通、电力、水利、邮政、广播电视等企业	第1-2年免征，第3-5年减半征收
	4. 非生产性企业	①在经济特区内外商投资500万美元以上的服务性企业，经营期10年以上；②在经济特区内和国务院批准的其他地区设立的外商投资1000万美元以上的金融机构，经营期10年以上；均为第1年免征，第2-3年减半征收
	5. 先进技术企业	按规定的减免期满后，仍为"先进技术企业"的，延长三年减半征收
	6. 中西部地区	国家鼓励类外商投资企业，在现行税收优惠政策期满后，三年内可继续减按15%税率征收
	7. 从事港口、码头建设的企业，经营期15年以上	第1-5年免征，第6-10年减半征收
	8. 从事农业、林业、牧业及经济不发达边境地区的企业	按规定减免税期满后，继续按应纳税款减征15-30%的企业所得税10年内
	9. 追加投资的项目	《外商投资产业指导目录》中鼓励类项目的外方，在原合同投资以外追加投资达到规定数额的，其所得税可单独计算并享受2年免征、后三年减半征收企业所得税优惠

(续表)

再投资退税		①外国投资者从直接投资企业取得利润再投资于本企业或兴办其他外商投资企业,经营期不少于5年,经税务机关核准,退还其再投资部分已缴纳所得税的40%税款;②再投资于"产品出口企业"或"先进技术企业"的,可100%退还已纳税款
企业所得税	1.外商投资企业技术开发费比上年增长10%以上	经税务机关批准,允许再按技术开发费实际发生额的50%抵扣当年度的应纳税所得额
	2.关于生产线、集成设备抵免企业所得税	企业购建的生产线、集成设备,如由进口设备、国产设备以及各种零配件、辅助材料等组成,应就其中属于国内制造的,且购进时按单项资产判定已符合固定资产标准的部分,给予抵免企业所得税
	3.追加投资项目所购买国产设备抵免企业所得税	对企业就其符合规定享受定期减免税优惠的追加投资项目购买的国产设备,在计算其购买国产设备投资抵免企业所得税时应与同期投资项目所购买的国产设备合并,统一以企业为单位,从企业当年度新增的企业所得税中抵免
	4.合并、分立企业国产设备投资抵免企业所得税	(一)企业发生合并、分立的,合并、分立前企业尚未抵免的国产设备投资额,可在财税字[2000]049号文件第三条规定的延续抵免期限的剩余年限内,由合并、分立后的企业延续抵免。(二)企业合并的,合并后的企业在合并当年度实际缴纳企业所得税之和。合并后第二年购买国产设备的,其前一年的国产设备投资额为合并后各企业和合并前一年的企业所得税基数,其前一年实际缴纳企业所得税之和。(三)企业发生分立的,其尚未抵免的投资额,可以按照分立协议约定的数额,分别在分立后企业延续抵免。分立协议没有约定数额的,分立后的企业不得再抵免分立前尚未抵免的投资额

5 税收竞争下的生产要素流动模型　111

（续表）

关税	设备进口	①《外商投资产业指导目录》中的"全部直接出口"项目,进口设备一律照章征收进口关税和进口环节增值税,自投产之日起,经核查确属全部出口的,分五年返还已缴纳的税款;②对全国各地（含中西部地区）符合《外商投资产业指导目录》鼓励类和限制乙类,并转让技术的外商投资项目,在投资总额内进口的自用设备（包括按项目合同随设备进口的技术及配套件、备件），除《外商投资项目不予免税的进口商品目录》所列商品外,免征关税和进口环节增值税
	产品出口	除限制出口产品外,免征出口关税;在经济技术开发区内加工增值 20% 以上的产品,原为应征出口关税的,海关凭有关证明可免征出口关税;出口加工区企业及管理部门从境内购入的生产用设备、原材料、零配件、建筑物资及办公用品,可按规定退税
增值税		①全国按不同产品类别分 17%,13%,6% 三档税率可依税法规定范围减免;②保税区及出口加工区产品在本区内销售的免征
外汇管理		①允许外商投资企业在经常性项目内可以将人民币兑换成外汇;②允许保税区及出口加工区内企业设立"经常项目"和"资本项目"专用外汇账户,可以保留外汇;③保税区及出口加工区内的加工贸易不实行银行保证金制度
由地方政府规定的政策详见各地投资指南或开发区条例	地方所得税	按应纳所得税额 3% 征收,由省、自治区、直辖市人民政府根据情况决定减免。
	外汇企业免征	外资企业免征
	城市维护建设税	
	费用折扣优惠	由当地政府根据外商投资项目的行业、规模、技术水平、缴费方式等决定,对土地出让费、使用房屋租费、能源、水源、电讯、服务等项费用实行折扣优惠
	亏损弥补	企业发生亏损,可申请用以后年度的盈利弥补,时间最长不超过五年

注：(1)括号内为参照开放地区的政策；(2)国务院规定,自 2000 年 1 月 1 日起,一律停止执行地方自定税收减免征后返还政策；(3)本简表由中国开发区协会汇集国务院及有关部门现行有效的法规文件编制而成,时间截止到 2002 年年底,表中未列明的其他政策均按全国统一规定执行。(4)除企业所得税税率之外的各项政策,除特殊注明的以外,不分地区,执行统一规定。

分成基数和返还比例大幅提高。增值税按 75% 返还,为一般地区的 3 倍。在优惠政策的激励引导下,在全国范围内普遍兴起了设立各类开发区的热潮。省、市、县,甚至乡村均大力建设开发区。数据显示,2003 年在全国 3837 家开发区中,经国务院批准的只有 232 家,仅占总量的 6%;省级政府批准的 1019 家,占 26.6%;其他 2586 家均为省级以下开发区,占 67.4%。

另一方面,全方位开放下的地区均衡发展格局以及地方政府逐步获得了自主制定财政优惠政策的宽松制度条件,则进一步加剧了旨在获取更多税基和生产要素的开发区建设。一些省市自行决定对所属开发区给与一定年限的财政收入先征后返。此外,分税制之后,土地出让金 60% 归地方,40% 归中央,然后中央财政返还地方 35%,由此土地出让收入的 95% 转化成为地方政府的预算外收入。如此的财税制度安排激励地方政府大量设立开发区以获得超额的土地出让收入,势必造成开发区的过度竞争。

5.1.4　税收竞争与劳动力流动

在具有二元经济结构特点的发展中国家里,不仅劳动力在城乡之间乃至城市之间的流动规模越来越大,而且越来越频繁。一方面,农村的闲置与剩余劳动力为获取更多的工作机会和更高的预期收入大量涌进城市,这些低技能的劳动力尤其倾向于向发达的大城市迁移;而对于具备特定技能的高技术劳动力而言,以用脚投票的方式不断在不同城市之间进行迁移,或者在不同岗位之间进行工作转换,已经成为他们实现个体福利最大化的重要手段。由于高税收一般也意味着高福利,所以在影响劳动力方面,税收竞争是一柄双刃剑,一方面,流动的劳动力在城市提供的高税负—高福利、低税赋—低保障的不同组合中进行权衡；另一方面，地方政府在技术型劳动力、非技术型劳动力结构组合中进行选择。税收因素对不同类型劳动力的影响程度如何，直接取决于其对政府税收—公共产品与福利支出组合的偏好程度。现实中，提供更好的工作和居住环境、降低生活成本等，是地方政府留住或吸引所需劳动力的主要手段。

对于劳动力的吸引，税收竞争的重要影响可以从四个方面来解释：一是政府可以通过降低个人所得税增加流动人口所获得的税收收入水平，这种影响是直接而有效的，也通常是政府对特定劳动力做出的承诺；二是降低居住的成本，比如降低房地产相关的税收，或是提供住房方面的优惠条件；三是政府通过增加财政支出，特别是增加教育、基础设施建设、社会保障、环境保护等方面的支出比例，以提供更好的公共产品、公共服务和生活环境，这将有助于提高本地区对劳动力的吸引力；四是代表一种反向的政府调控措施，例如在人口迁入规模失控，超过城市的合理承载能力而出现过度人口拥挤时，政府可能会针对特定人群通过税制设计造成进入门槛，以减少福利的外流。

但是，在现实中必须要注意，劳动力永远都希望流向税负比较低的地区，因此政府若采取税收竞争和降低税率的方式吸引劳动力流入，会产生税收歧视；而若采取提供高水平公共产品与福利的策略，又会增加本地居民的税收负担，导致税收的不公平。否则，政府只能以收入减少、财政赤字为代价，既保持税收的公平，又保证本地居民的福利水平；但是，如此的做法会使得政府陷入萎缩式的循环之中，公共产品生产难以为继，整体的福利水平必然要下降。因此，在针对流动人口制定特殊优惠的税收政策时，地方政府必须要在多种政策目标中加以权衡。

5.2 税收竞争下的资本流动模型

资本税收竞争模型是税收竞争理论中的基本模型。自从奥茨提出税收竞争会导致地方政府降低税率从而导致公共产品供给不足以后,经过佐德罗和米茨科夫斯基(1986),威尔森(1986)等人的扩展,资本税收模型逐渐完善,并被称为"标准税收竞争模型"。在此,我们借用标准模型的思路,通过适当简化得到结论。待到标准模型建立后,再将其假设条件逐步放宽,对模型做进一步的扩展。

模型的假设条件包括:

- 经济系统中存在许多相互竞争的同质区域,单个区域都很小而无法影响整个地区;
- 区域内竞争性的企业利用资本 K 和劳动力 L 两种生产要素生产一种商品;
- 资本要素完全流动,区域内资本的供给量一定;
- 劳动力完全来自于地区内部,数量等于居民数。劳动力不可流动,且劳动供给无弹性;
- 居民为当地典型的消费者,其全部收入来源于工资收入和资本的投资收入;
- 居民是同质的,偏好和禀赋都相同;
- 公共产品融资有两种途径,政府对资本征税和对居民征收人头税;
- 政府是善意的,政府的目标是要最大化代表性消费者的效用。

在标准的税收竞争模型中,各地区的竞争型企业生产同一种私人产品,其生产函数是规模报酬不变的新古典生产函数 $F(K_i, L_i)$,K_i 为区域 i 的资本投入量,L_i 等于区域 i 的居民数量 N_i。将式子写成人均资本量的形式为 $f(k_i)$,资本的边际生产力为 f'_k。

$$f'_k > 0, f'_l > 0, f''_k < 0$$

政府对每单位资本征收税率为 t_i 的资本税,则资本 k_i 是关于税率 t_i 的一个函数 $k_i(t_i)$。由于竞争和资本流动性的存在,当达到最后均衡时,各地的资本税后收益率 ρ 都是相等的。根据资本成本的概念,存在等式 $\rho = f'_k - t_i$。

在上式两边同时对 t_i 求导,得 $f''_k \dfrac{\partial k_i}{\partial t_i} - 1 = 0$,则 $\dfrac{\partial k_i}{\partial t_i} = \dfrac{1}{f''_k} < 0$。由此可见税率的提高对地方的资金量是有负作用的,这就是资本税的扭曲效应。

当地代表性消费者的效用函数为 $U(x, g)$。x 代表对私人物品的消费,用收入来表示,等于工资收入 w_i 和资本收入之和减去人头税。g 代表消费公共产品的数量,用政府的财政收入来提供。其中,工资收入为非资本收入,则 $w_i N_i = F - K_i F_K$,可以改写为

$$w_i = f - k_i f'_k, \text{其中 } k_i = K_i / N_i$$

$\dfrac{\partial w_i}{\partial t_i} = -k_i < 0$,可见资本税率和居民的工资收入同样是负相关的。

另外,假设整个经济体的资金供给量一定,为 $\overline{K}$,多个区域中的所有居民都平等地享有资金量,则每个人的资金最初禀赋为 $\overline{k} = \overline{K}/\overline{N}$,这里 $\overline{N}$ 代表总人口。所以对每一个居民来说,其资本收益都是 $\rho \overline{k}$。若人头税在各个区域都采取固定税 h,则个人总收入等于:

$$x = w_i + \rho \overline{k} - h = f - k_i f'_k + \rho \overline{k} - h。$$

由于征收两种税收,政府部门从每个居民处得到的财政收入为

$t_i k_i + h$,假设公共产品具有私人产品消费的竞争性(publicly-produced private good),每个居民消费一定数量的公共产品,做这样的假设主要是为了消除公共产品消费的外溢性(spillover effect)。每单位的公共产品的提供成本为 c,政府为个人提供的公共产品为 $g = (t_i k_i + h)/c$。

那么,代表性消费者的效用函数为 $U(x,g) = U(f - k_i f'_k + \rho \bar{k} - h, (t_i k_i + h)/c)$,且 $U'_x(x,g) > 0$,$U'_g(x,g) > 0$。从形式上可以看出,政府对资本进行征税实际上是把部分收入从私人部门转移到了公共部门。

各地政府都积极采取各种措施以吸引资金的流入,资金 k 的增加对地方消费者来说意味着效用的提高,为了证明这一点,我们把效用函数对 k_i 进行求导:

$$U'_k(x,g) = \frac{\partial U}{\partial x}\frac{\partial x}{\partial k_i} + \frac{\partial U}{\partial g}\frac{\partial g}{\partial k_i} = \frac{\partial U}{\partial x}(-kf''_k) + \frac{\partial U}{\partial g}\frac{t_i}{c}$$

已知 $f''_k < 0$,则 $U'_k(x,g) > 0$,说明增加对一个区域的投资可以提高该区域的福利水平。政府的全部财政收入为 $t_i k_i N_i + h N_i$,其需要提供的公共产品的数量为 cgN_i,假设政府没有自己的利益要求,而将全部的财政收入全部用来提供公共产品,则政府的预算约束条件就为

$$t_i k_i + h - cg = 0。$$

接下来,我们探讨税收的征收对社会公共产品提供的影响。由于人头税是针对多个区域每一个居民的固定税,所有人头税的征收不会对人们的行为造成扭曲,对人们的效用函数没有影响,则有 $U_h = 0$。

$$\frac{\partial U}{\partial x}(-1) + \frac{\partial U}{\partial g}\frac{1}{c} = 0,得 \frac{U'_g}{U'_x} = c。$$

式子左边表达的是私人产品和公共产品的边际替代率(marginal rate of substitution),由于税收是私人部门转移到公共部门的部分,因此它同样表示高税收收入的社会收益。式子的右边代表的是税收的边际转化率(marginal rate of transformation),等于公共产品提供的成本 c。对于一种没有扭曲效应的税收来说,两者应该是相等的。若公共产品的融资完全依靠人头税,则公共产品的提供是有效的。

但是,此时资本税率 t 的提高会影响到本地资金的流动,从而意味着本地区资金的净流出和其他地区资金的净流入。下面我们来考虑税率 t 的这种外部性。政府制定税率 t 使效用最大化时,面临的约束是外生的资本收益条件:

$$\rho = \tilde{f_k} - t_i$$

使用拉格朗日法 Max $U(x, g)$,

$$L = U(f - k_i \tilde{f_k} + \rho \bar{k} - h, (t_i k_i + h)/c) + \lambda(\tilde{f} - t_i - \rho)$$

$$U_t'(x, g) = \frac{\partial U}{\partial x}\frac{\partial x}{\partial t_i} + \frac{\partial U}{\partial g}\frac{\partial g}{\partial t_i} = 0,$$

$$\frac{U_g'}{U_x'} = \frac{-\partial x/\partial t_i}{\partial g/\partial t_i} = \frac{ck_i}{k_i + t_i \frac{\partial k_i}{\partial t_i}} = \frac{c}{1 + \frac{t_i}{k_i}\frac{\partial k_i}{\partial t_i}} = \frac{c}{1+\varepsilon}$$

因此,$\frac{U_g'}{U_x'} = \frac{c}{1+\varepsilon}$,其中 $\varepsilon = \frac{t_i}{k_i}\frac{\partial k_i}{\partial t_i}$,表示资金对税率的弹性,$\varepsilon < 0$。

当 $-1 < \varepsilon < 0$ 时,$\frac{c}{1+\varepsilon} > c$,表示成本大于原来公共产品提供的成本 c。此时弹性较小,说明人均资本量 k 较大,此时相对应的税率较低。

当 $\varepsilon < -1$ 时,$\frac{c}{1+\varepsilon} < 0$,本文假设 x、g 都是正常品,都能给消费者带来正效用,此种情况不符合本文的假设。

这种关系可以用下图表示:

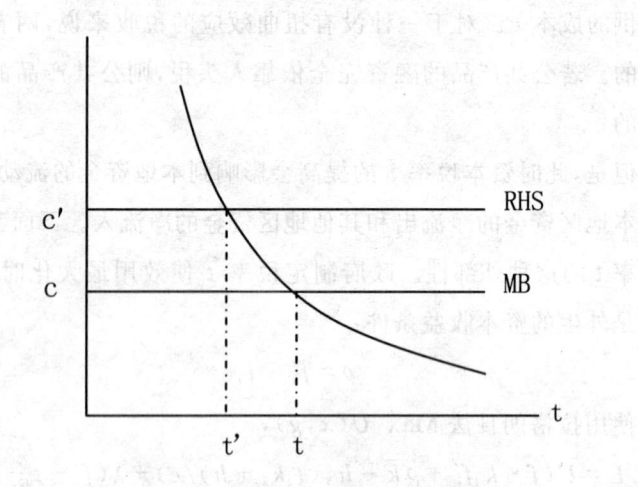

图 5—1　税收竞争下的资本流动

没有考虑税收对税基的扭曲作用时(如人头税),社会的边际收益就等于公共产品的成本 c,$\frac{U'_g}{U'_x} = c$,此时制定的社会最优税率即为 t。但是当存在税率对资金流动的反向作用时,社会的最优条件就发生了改变,RHS 将大于 c,此时导致税率 t 小于社会最优税率。

因此,如果在外部性存在的情况下 $\left(\frac{\partial k_i}{\partial t_i} < 0\right)$,地方政府仍按照 $\frac{U'_g}{U'_x} = c$ 的标准来制定税率,那么此时的社会福利是下降的:

$$U_i'(x,g) = \frac{\partial U}{\partial x}\frac{\partial x}{\partial t_i} + \frac{\partial U}{\partial g}\frac{\partial g}{\partial t_i} = k_i(\frac{\partial U}{\partial g}\frac{1}{c} - \frac{\partial U}{\partial x}) + \frac{\partial k_i}{\partial t_i}\frac{\partial U}{\partial g}\frac{t_i}{c}$$

$$= \frac{1}{f_{kk}''}\frac{\partial U}{\partial g}\frac{t_i}{c} < 0$$

上文提到的模型代表了一种完全竞争的情况,即存在多个地方政府,单个辖区的力量太小而无法影响到整个地区的均衡。但是现实中还存在着另外一种不完全竞争的情况。即一个地区内仅存在几个地方政府,它们的税率改变有可能影响到整个地区的资本收益率。那么,这几个地方政府就会存在战略性的税收竞争关系。在这一部分中,我们将考虑存在两个地方政府的区域税收竞争的情形,得出他们的竞争反应函数,以便为实证研究奠定基础。

为了便于对比,战略性竞争的模型设定参照上文。此时,该区域内只存在两个地方政府,K_i 代表投入到 i 地的资本量,$i=1,2$。N_i 为当地的劳动力数量,此时劳动力仍然不可以流动。那么生产函数仍同上文的 $F(K_i, N_i)$,写成人均量的形式为 $f(k_i)$。

对于资本流动而言,各地仍然征收税率为 t_i 的资本税,税后收益率为 ρ。对于两个区域来说,在资本流动达到均衡需要满足的条件为:

$$f'(k_1) - t_1 = f'(k_2) - t_2 = \rho \qquad [1]$$

$$N_1 k_1 + N_2 k_2 = \overline{K} \qquad [2]$$

此时,我们考察税率 t_i 的提高对于 k_i 的影响:$\frac{\partial k_1}{\partial t_1} = \frac{1 - \partial t_2/\partial t_1}{f''(k_1) + f''(k_2)N_1/N_2}$。可见此时,地区 1 税率的调整会影响到地区 2 的税率,由于战略性博弈行为的存在,税率的影响变得更为复杂。此时,如果地区 1 税率的降低幅度大于地区 2,即 $\partial t_2/\partial t_1 < 1$,

$\frac{\partial k_1}{\partial t_1} < 0$ 仍然成立。同时,地区 1 税率的调整还会影响到整个地区的资本税后收益 ρ。$\frac{\partial \rho}{\partial t_1} = f''(k_1)\frac{\partial k_1}{\partial t_1} - 1$。当两地的税率发生同向变动时,$\partial \rho / \partial t_1 < 0$ 也同样成立。

同样假设当地居民的收入有两种来源,劳动所得 x 和资本投资所得 $\rho \bar{k}$,$\bar{k} = \bar{K}/(N_1 + N_2)$。当地政府征收人头税 h 作为融资的一种途径。那么,代表性消费者的效用函数形式为 $U(x,g)$,其中:$x = w_i + \rho \bar{k} - h = f - k_i f'_k + \rho \bar{k} - h$

$$g = (t_i k_i + h)/c。$$

当税率的调整达到消费者福利最大化时,$\partial U/\partial t_i = 0$,此时得到:

$$\frac{U'_{ig}}{U'_{ix}} = \frac{k_i c + (k_i - \bar{k})\frac{\partial \rho}{\partial t_i} c}{k_i + t_i \frac{\partial k_i}{\partial t_i}}, \qquad [3]$$

特别是当两个地方是对称的(人口相同,居民偏好相同)时候,要达到纳什均衡最终必将 $t_1 = t_2$,$k_i = \bar{k}$,那么等式的右边将得到化简,$U'_g/U'_x > c$,此时,公共产品仍然处在供给不足的状态,这和我们在上文中得到的经典结论是一致的。接下来,我们利用这个结论来得到两个地区税收竞争的反应函数。

设等式[3]中的 $i = 1$,并且值得注意的是,k_1 是同时依赖于 t_1 和 t_2 的变量,此时我们就得到了同时包含 t_1 和 t_2 的关系式。为了更明确地说明问题,我们假设 $f(k_i) = \beta k_i - \gamma k_i^2/2$,$\beta > 0$,$\gamma > 0$。另外,设消费者的效用函数为线性效用函数,$U(x,g) = x_i + \eta g_i$,$\eta > 0$。利用[1],[2]得到 $k_1 = \bar{k} + (t_2 - t_1)/2\gamma$,此时 $\partial k_1/\partial t_1 =$

$-1/2\gamma$, $\partial\rho/\partial t_1 = -1/2$。再将结果带入[3]式的右边,左边则以 η 来替换,得到地区 1 的反应函数:

$$t_1 = \frac{4\gamma\bar{k}(c-\eta)+(c-2\eta)t_2}{c-4\eta}。$$

地区 1 的反应函数的斜率为 $(c-2\eta)/(c-4\eta)$。由最大化问题的二阶条件可知, $c-4\eta<0$。则当 $\eta>\frac{c}{2}$ 时,该地的反应函数斜率为正,但是当 $\frac{c}{4}<\eta<\frac{c}{2}$ 时,该地的反应函数为负。由此可知,地区之间的反应函数具体如何和当地对公共产品的偏好 η 有关系。

5.3 税收竞争下的劳动力流动模型[①]

5.3.1 模型概述

当前,市场机制的运行与劳动力流动性的不断提高,引发了全社会对地方政府收入再分配能力的广泛关注。在本文中,我们认为更高的劳动力流动性是再分配的结果,其显著地决定于各地方政府之间进行怎样的策略互动。大多数现有的文献都将这种互动定义为一个税收竞争博弈,其中税率是其策略变量[②]。我们将此种方法与转移支付竞争博弈(其中转移支付是其策略变量)和税收—转移支付竞

[①] 这节的模型我们介绍 Hindriks(1999)引入不同人群静态属性来研究财税竞争策略和要素流动的工作。

[②] 参考例子:Leite-Monteiro(1997)和 Wildasin(1991,1994)。可参见 Cremer 等(1995)对这类文献的评论。

争博弈(其中税收和转移支付都是策略变量)等两种形式的互动进行了比较。

我们的研究框架包括固定数目的辖区、大量的禀赋收入和对辖区偏好存在差异的个人。此处强调辖区数量是固定的,主要目的是借此将内生形成辖区的复杂情况抽象掉。研究框架中不存在生产,也不存在联邦政府的干涉[1]。所有辖区都遵从自由流动与平等对待的原则;辖区地方政府非合作地选择它们的分配政策,并且平衡它们的预算。我们认为,地方政府的分配政策是从富裕居民处索取后再转移分配给予当地的贫穷居民(实质上所有的政府干涉都可以被理解成为从一个群体中索取后再给予另一个群体的行为)。所有的富人和穷人在辖区内都可以自由流动[2]。在此,我们研究财政竞争政策的方法与凯普林和内尔巴符(Caplin & Nalebuff,1997)的方法相似,即将其他辖区的财政政策视为给定的纳什均衡[3]。并且,在均衡中(1)没有辖区愿意改变它的政策;(2)没有个人愿意迁移;(3)每个辖区的预算都需要得到平衡。

在这种背景下,均衡将取决于互动的具体策略。在税收竞争博弈中,税率是策略变量。每一个辖区都将其他辖区的税率视为既定,并由此选择自己的税率。转移支付水平由最终人口在辖区间的重新

---

[1] 参见 Gordon(1983)对有联邦政府参与的财政博弈的全面评论,以及 Greenberg(1983)对于总体均衡的分析。

[2] 这一点与大多数现有的文献不同。现有文献大多考虑了在可流动要素和不可流动要素之间的再分配。比如 Wildasin(1991)考虑了不可流动的富人和可流动的穷人之间的再分配;Epple & Romer(1991)研究了不可流动的地主与可流动的租借者之间的再分配;而大多数带有资本流动性的模型考虑了可流动的资本与不可流动的劳动者之间的再分配。

[3] 这种方法同基于成员资格的方法不同。后者将辖区的成员资格视为已定,每个辖区都不考虑移民对他们政策的影响(例如 Westhoff,1977;Epple 等,1984)。

分配结果来确定。因此,当辖区 i 增加税率时将促使人口向辖区 j 流动,人口规模的增加将促使辖区 j 增加转移支付水平,以保证继续将富人由辖区 i 吸引至辖区 j。在转移支付竞争博弈中,转移支付是策略变量。因此,每一个辖区都将其他辖区的转移支付水平视为既定,并以此决策自己的转移支付水平。税率由人口在辖区内的重新分配结果决定,税收水平要保证能够负担起新的转移支付。因此,辖区 i 提高其转移支付将吸引更多的穷人,导致其他地区降低它们的税率。在税收—转移支付竞争博弈中,策略是税收和转移支付。每一个辖区都将其他地区的税收—转移支付政策视为既定的,并据此来选择自己的税收—转移支付政策。这一方法由伊贝尔和罗默(D. Epple and T. Romer,1991)采用,但他们使用了多数投票决策规则。

  税收竞争和政府支出竞争的不等价最早由维达辛(1998)提出。在他的模型中,每个辖区都拥有代表性的代理人,并通过对完全流动的资本要素征税来提供地方公共产品。维达辛以此模型来说明支出竞争相对于税收竞争,必然会导致地方公共产品的供给不足。在这个分析中,税收—转移支付竞争并没有被考虑在内。在此,我们将这个结论扩展至富人和穷人双方都可以流动的背景之下[1],这样的扩展意味着税基和转移支付基础都是可以流动的,而在维达辛(1988)的分析中仅有税基可以流动。我们构建模型的意图就在于,分析均衡时不同人群进行地区流动的比较静态属性,并试图分析地方政府税收竞争和地区收入的再分配对改变一个群体的流动性程度有何影响效应。

---

 ① 财政引致的穷人和富人的流动性的实证证据可以参考 Moffitt(1992)。

5.3.2 异质人口流动模型下的税收竞争

为了使整个分析易于处理,同时也为了得出更清晰的结论,我们构建了最简单的模型来表达观点。我们的结论符合基本的直觉判断,并且在模型的扩展中也能够成立。在此,假定一个仅由一种私人物品和两个对称辖区共同构成(称为本地辖区和外地辖区)的经济体。这个经济体由数量巨大的个人组成,他们在禀赋收入和辖区偏好上存在区别。所有人中,n_1 的数量为穷人,收入为零;n_2 的数量为富人,收入为 1。根据曼索里安和迈尔斯(Mansoorian & Myers,1993)的研究,我们用一个参数 $x \in [0,1]$ 来描述对辖区的偏好[①]。我们假设在每一个群体(穷人和富人)中,x 在区间 $[0,1]$ 上服从均匀分布。

这个假设对于结果来说并非是关键的。所有的辖区都对富人征收人均税收 T 和 T^*,并向穷人给予人均转移支付 B 和 B^*(此处的星号 * 用来表示外地辖区)。每一个辖区都被要求平衡其预算,每个人都根据已经给定的再分配政策 $z = (T,B)$ 和 $z^* = (T^*,B^*)$,自由地加入辖区以实现个人效用的最大化。由于人口基数非常大,所以没有任何人的区位选择能够改变政策的结果。以下,我们分别用下标 $i=1$ 和 $i=2$ 来表示穷人和富人。

每一个个体仅关心他自己的税后净收入或转移支付后的收入以及他居住在哪个辖区。不论如何构造再分配政策 (z,z^*),具有偏好 x 的穷人的支付均是:在本地辖区为 $U(z,z^*,x) = B - d_1 x$,在外

[①] Mansoorian & Myers(1993)将重点放在了跨区域转移支付的效率上,而非再分配。

地辖区为 $U^*(z,z^*,x) = B - d_1(1-x)$；此处 d_1 是穷人对原住地附着程度的衡量指标。具有偏好 x 的富人的支付则是：在本地辖区为 $U(z,z^*,x) = (1-T) - d_2 x$，在外地辖区为 $U^*(z,z^*,x) = (1-T^*) - d_2(1-x)$；此处 d_2 是富人对原住地附着程度的衡量指标。注意，这两个群体对于原住地的附着程度（也就等同于反映了流动性程度）并不需要相等。如果 $d_2 > d_1$，富人比穷人更附着于原住地，因此也就更难移动；反之亦然①。因此，对每一个政策的构造 (z, z^*)，两个辖区人口的分割由以下式子给出：

$$S(z,z^*) = \{x \in [0,1]: U_i(z,z^*,x) \geqslant U_i^*(z,z^*,x) (i=1,2)\}$$

$$S^*(z,z^*) = \{x \in [0,1]: U_i(z,z^*,x) < U_i^*(z,z^*,x) (i=1,2)\}$$

每一个辖区都将另一个辖区的政策选择作为给定，以此来选择自己的再分配政策，并可以预期到将会导致的辖区间的人口分布。每一个辖区都受到预算平衡的约束，因此在每个辖区中，税率和转移支付都有着严格的限制。同税率关联的可行的转移支付水平取决于辖区间人口的重新分布，因为人口的重新分布决定了各个辖区内纳税者和转移支付接收者的数量。接下来，我们将基于最有关联的策略变量，对三种不同种类的纳什均衡进行比较。

在税收竞争博弈中，税率是策略变量。每一个辖区都将其他辖区的税率视为已定，由此选择自己的税率，并能够正确地预期其可能

---

① 对原住地的附着感，就像一种流动成本，对贡献本模型的稳定性具有重要的作用。这是因为，它排除了完全的无居民状态。这也是一个合理的假设，因为它与移民对家乡地区具有不同归感的观念一致。（参见 Epple & Sieg (1997) 最近针对地区附着感的一个经验研究。）同时注意，在 Epple & Romer (1991) 中，不完全流动性也排除了完全的社会分层。

导致的迁移流动和转移支付水平。所以,每一个辖区对其富人征收税收,并将税收在穷人居民中进行平均的分配。均衡时,再没有一个人愿意流动,也没有辖区意愿在另一辖区税收一定的情况下改变自己的税率。正式地:

定义1. 一个政策结果 $\bar{z}, \bar{z}^*$ 是税收的一个(纯策略)纳什均衡,当且仅当

$$\bar{z} = D((S(\bar{z}, \bar{z}^*) | \bar{t}^*)), 其中 \bar{z} \in Z(S(\bar{z}, \bar{z}^*))$$
$$\bar{z}^* = D((S^*(\bar{z}, \bar{z}^*) | \bar{t})), 其中 \bar{z}^* \in Z(S^*(\bar{z}, \bar{z}^*))。$$

此处,D 是外生决策规则,对于两个辖区都是相同的。给定另一辖区的税收选择,D 将它们各自的成员对应到预算平衡的政策组合Z。

在转移支付竞争博弈中,策略变量是转移支付。每一个辖区将其他辖区的转移支付视为已定,并由此选择自己的转移支付水平,并能够预期辖区间人口的分布,以及需要负担其转移支付水平的税率。所以,每一个辖区都根据辖区间的迁移流动来选择自己的转移支付,并相应地调整其自身的税率。均衡时再没有一个人愿意流动,也没有辖区愿意在另一个辖区转移支付既定的情况下,选择改变自己的转移支付。正式地:

定义2. 一个政策结果 $\hat{z}, \hat{z}^*$ 是转移支付的一个(纯策略)纳什均衡,当且仅当

$$\hat{z} = D((S(\hat{z}, \hat{z}^*) | \hat{B}^*)), 其中 \hat{z} \in Z(S(\hat{z}, \hat{z}^*))$$
$$\hat{z}^* = D((S(\hat{z}, \hat{z}^*) | \hat{B})), 其中 \hat{z}^* \in Z(S^*(\hat{z}, \hat{z}^*))。$$

在税收—转移支付竞争博弈中,策略是税收和转移支付。每一个辖区都将另一个辖区的税收—转移支付政策视为已定,以此在预算平衡的约束下选择自己的税收—转移支付政策。这个方法由伊贝

尔和罗默(1991)[①]采用。相应的均衡定义是:

定义 3. 一个政策结果 $\tilde{z}, \tilde{z}^*$ 是税收和转移支付的一个(纯策略)纳什均衡,当且仅当

$$\tilde{z} = D((S(\tilde{z}, \tilde{z}^*) | \tilde{z}^*)),\text{其中 } \tilde{z} \in Z(S(\tilde{z}, \tilde{z}^*))$$

$$\tilde{z}^* = D((S^*(\tilde{z}, \tilde{z}^*) | \tilde{z})),\text{其中 } \tilde{z}^* \in Z(S^*(\tilde{z}, \tilde{z}^*))。$$

这个形式的均衡受到 Caplin & Nalebuff (1997)的强烈批评,主要原因是它并没有保证辖区的预算均衡。在均衡时,每一个辖区都将另一个辖区的政策视为固定;但是,在背离均衡的情况下,这一个政策变得不再可行。当然,对于任何一种其中一个参与人的可行策略受到其他参与人策略影响的纳什均衡而言,这个问题在总体上是正确的。比如,在保险市场的模型中,保险公司最乐于为吸引最有利可图的顾客来提供合同,而一个保险公司可行的合同则取决于其竞争者提供的合同。你提供什么样的条件决定了你将能够吸引谁,而你能吸引到谁又会决定你应该提供什么。在标准(Rothschild-Stiglitz)的纳什均衡中,任何一个保险公司都会将其竞争对手的合同条款视为固定,并认为即使从对手那里抢走最有利可图的顾主,对手也不会改变他们的合同。然而,这样的均衡是不太可能实现的,因为它们依赖于不合适的均衡推测。在此,本文使用这个均衡的原因在于:(1)当前对于什么是合适的均衡推测,没有达成共识,所以现在也没有理由断言,相比于别的纳什均衡,这个均衡就必然不会发生。(2)我们发现,这个均衡能够最终提供介于税收竞争和转移支付竞争之间的中间情形。

[①] 在他们的模型中,税收和转移支付的水平由(辖区当前居民中的)中间选民选择,他们将其他辖区的政策选择视为已定。在均衡中,每个辖区的预算达到平衡,没有一个人希望流动,各个辖区的中间选民在另一辖区政策选择一定的情况下,不愿意改变其政策。

现在,余下的工作是定义决策规则 D。我们的目的是要发现为再分配进行的劳动力流动的结果,因此,辖区的地方政府更关心收入不平等,且要重新寻求收入合理分配的办法。但是,我们同时也要假定,辖区并不希望把再分配推进得过于深入,以至于富人的最终收入增长少于穷人。正式地,本地辖区选择一个能够解决以下最大化问题的预算平衡策略。

$$\text{Max} B + \alpha(1 - T)$$
$$s.t. B \leqslant 1 - T$$

此处 $\alpha \in (0,1)$ 用于衡量对再分配的偏好(较低的 α 意味着较强的再分配偏好)。根据对称的原则,外地辖区也面临着一个相似的最优化问题。

应提及的是,这个决策规则是非福利的,因为要保证目标函数免受区位异质偏好的影响;而且,分析过程中同样采用了多数投票决策规则[1]。因为,规范研究方法和实证研究方法是相互补充的。另外,由于维达辛(1998)分析认为,在一个非对称的财政竞争博弈中,均衡不存在或者即使存在也无法表示,因此也难以取得比较静态结果。所以,为了保证均衡存在并得到精确的结果,需假定模型是对称的以得到对称均衡。

在税收竞争博弈中,策略是税率。每一个辖区根据外生的决策规则,将另一辖区的税率视为给定,并据此制定自己的税率决策,并正确地预期迁移对其转移支付水平所产生的影响。预算平衡条件和

---

[1] 税收竞争博弈中的多数投票决策规则意味着辖区选择的税率取决于其吸引的居民,而辖区吸引的居民又取决于其选择的税率。基于这个基础性的相互作用,我们发现如果一个辖区中,穷人占到大多数,那它将可能选择一个在其拉弗曲线上处于下坡的税率。原因是此处的减税将会吸引富人,并破坏穷人的政治影响。

均衡迁移决定了转移支付与税收之间的隐含关系是 $B(T,T^*)$ 和 $B^*(T,T^*)$。从支付函数可以很容易看出,对于每一对 (T,T^*),对于 $i=1,2$,存在 $x_i(T,T^*) \in [0,1]$,使得所有群体 i 的具有偏好 $x \leqslant x_i(T,T^*)$ 的个人选择加入本地辖区,余下的所有其他人选择加入外地辖区。因为 x 服从均匀分布,我们可以得到,$x_i(T,T^*)$ 是群体 i 选择定居本地辖区的个人的比例。因此,令 $\rho = n_2/n_1$,预算平衡条件意味着,

$$B(T,T^*) = T\rho \frac{x_2(T,T^*)}{x_1(T,T^*)} \tag{1}$$

$$B^*(T,T^*) = T^* \rho \frac{1-x_2(T,T^*)}{1-x_1(T,T^*)} \tag{2}$$

此处我们由一个两阶段博弈来解决。在第一阶段,辖区同时进行各自的政策选择;在第二阶段,个人进行他们各自的区位选择。每一个辖区都会计算它的政策所能带来的迁移后果,并会退回到政策制定阶段。相应地,我们也从第二阶段的区位选择入手,然后再回退到政策选择阶段。在此,我们首先决定富人的迁移均衡。由于我们关注的是对称均衡,所以能够排除角点迁移(所有个人都迁移到一个地区)的复杂情况。

对于每一对的 (T,T^*),富人的(内部)均衡迁移都由 $x = x_2(T,T^*)$ 来刻画,他认为在两个辖区中具体选择哪一个无关紧要,此处 $x = x_2(T,T^*)$ 解得

$$(1-T) - d_2 x = (1-T^*) - d_2(1-x) \tag{3}$$

因此,富人对本地区税收改变的迁移反应为

$$\frac{\partial x_2(T,T^*)}{\partial T} = -\frac{1}{2d_2} \tag{4}$$

同富人对原住地的附着程度 d_2 成反比。

对于每一对的(T, T^*),穷人的(内部)均衡迁移都由边际个人$x = x_1(T, T^*)$来刻画,他也会认为在两个辖区中选择哪一个都无关紧要,利用等式(1)和等式(2),$x = x_1(T, T^*)$解得

$$T\rho \frac{x_2(T, T^*)}{x} - d_1 x = T^* \rho \frac{1 - x_2(T, T^*)}{1 - x} - d_1(1 - x) \tag{5}$$

运用隐函数求导法则,运用对称规则[①]和等式(4),可以得到:

$$\left[\frac{dx_1}{dT}\right]_{T=T^*} = \frac{(1 - \frac{2T}{d_2})\rho}{2d_1 + 4T\rho} \tag{6}$$

注意到等式(6)在当$T > d_2/2$时的符号为负。这意味着减税有可能会吸引穷人。这是因为穷人发现在一个低税收的辖区伴随富人,可以从更大的税基中"搭便车"获益,是有利可图的。

从这些均衡迁移中,我们可以确定改变税收对转移支付水平产生的影响。计算$B(T, T^*)$对于T的微分,在$T = T^*$处,利用对称规则,并用(4)和(6)替代,可以得到:

$$\left[\frac{\partial B(T, T^*)}{\partial T}\right]_{T=T^*} = \rho + \frac{T\rho}{x_1(T, T^*)}\left[\frac{\partial x_2(T, T^*)}{\partial T}\right]_{T=T^*}$$

$$- \frac{T\rho}{x_1(T, T^*)}\left[\frac{\partial X_1(T, T^*)}{\partial T}\right]_{T=T^*}$$

$$= \rho + \frac{T\rho}{x_1(T, T^*)}\left(-\frac{1}{2d_2}\right) - \frac{T\rho}{x_1(T, T^*)} \frac{(1 - \frac{2T}{d_2})\rho}{2d_1 + 4T\rho}$$

$$= \left\{1 - \frac{T}{d_2} - \frac{T - \frac{2T^2}{d_2}}{2T + d_1/\rho}\right\}\rho \tag{7}$$

---

① 模型中的对称意味着当$T = T^*$时,$x_1(T, T^*) = x_2(T, T^*) = 1/2$。

observe这个等式可以发现,在 $T=T^*$ 处 $B(T,T^*)$ 对于 T 为凹函数。回到政策制定阶段,本地辖区将另一辖区的税率视为给定,为最大化其居民的收入加权总额选择制定其税率,并能正确地预期其税收选择对转移支付水平所产生的影响。

$$\text{Max}_{T\in[0,1]} B(T,T^*) + \alpha(1-T) \quad s.t. B(T,T^*) \leqslant (1-T)$$

由于 $B(T,T^*)$ 为凹函数,在 $T=T^*$ 处无约束最优化的一阶充要条件为

$$\left[\frac{\partial B(T,T^*)}{\partial T}\right]_{T=T^*} - \alpha = 0$$

利用式(7),无约束最优税率即为

$$T = \frac{(\rho-d)d_2}{\rho-(\rho-2\alpha)\rho d}$$

此处 $d \equiv \frac{d_2}{d_1}$;另一方面,利用(1),可以清楚地看到约束绑定在 $T=T^*$ $=\frac{1}{1+\rho}$。根据这两个条件,这个最优化问题的解为

$$\bar{T} = \text{Min}\left\{\frac{(\rho-d)d_2}{\rho-(\rho-2\alpha)\rho d}, \frac{1}{1+\rho}\right\}$$

注意到当 $\rho-\alpha<0$ 时,均衡税率为负。这是因为在一个对称均衡中,当每一个富人转移支付了 T,每一个穷人收到 ρT 的转移支付,所以税收的社会盈余事实上是 $\rho-\alpha$。为了激励富人向穷人进行转移支付,我们必须有 $\rho-\alpha>0$。这是接下来将要进行的假定。我们得到如下的命题。

命题1. 假设每一个辖区都寻求在其居民内再分配收入(即 $\rho-\alpha>0$),那么在税收竞争博弈中存在一个(纯策略)对称的纳什均衡,有特征当 $d_2 \leqslant \dfrac{1}{(\rho-\alpha)\left(\dfrac{1-\rho}{\rho}\right)+\dfrac{\rho-2\alpha}{d_1}}$ 的时候,$\bar{T}=\bar{T}^* = \dfrac{(\rho-d)d_2}{\rho-(\rho-2\alpha)\rho d}$

$\geqslant 0$；否则 $\bar{T}=\bar{T}^*=\dfrac{1}{1+\rho}$。

这个命题揭示了均衡税率取决于每一个收入群体的流动性程度 (d_1,d_2)，对再分配的偏好 (α) 和抚养比 ($1/\rho$)。第一个观察得到的结论是，当 d_2 足够小时，均衡税率过低而不能消除收入不平等。因此，富人的流动性有效地限制了每一个辖区收入均等化的能力。在界限上，如果 $d_2=0$，富人将完全可以流动，税基变得无限有弹性，所以均衡税率为零。另一方面，如果 d_2 足够大，每一个辖区将有能力在居民中将收入均等化，即 $\bar{T}=\bar{T}^*=1/1+\rho$。两种情况中更相关的情形可能是，辖区确实在均衡状态下收税 $d_2>0$，但不足以均等化收入，在这种情况下税率将由以下表达式给出，

$$\bar{T}=\dfrac{(\rho-d)d_2}{\rho-(\rho-2\alpha)\rho d} \tag{8}$$

很容易看出，税率将随 α 减小，随 ρ 增大。因为一个较小的 α 意味着对再分配的更大偏好，一个较大的 ρ 减少了一单位 B 的边际增量对富人的成本（对每一个穷人转移支付 B 需要每一个富人支付 B/ρ）。一个均衡含义是，当辖区对再分配有足够强的偏好时（即 $\alpha<\rho/2$），穷人的高流动性对再分配有益。因为穷人更高的流动性等同于更低的 d_1，由此会导致更高的 $d=d_2/d_1$。观察等式(8)可以得到，如果 $\alpha<\rho/2$，税率将随 d 升高，意味着穷人的流动性导致了更高的税收。

这个结果可以从之前的一阶条件中看出，即 $\dfrac{\partial B(T,T^*)}{\partial T}=\alpha$。在这个条件下，对再分配的高偏好（即较低的 α）导致将税率推到了税收边际收益较小的程度。因此，增加税收对转移支付仅产生较小的影响，但由此导致的富人外迁则会增加另一个辖区的转移支付水

平,导致穷人追随迁入。由于穷人追随富人,穷人更强的流动性抵消了富人流动性产生的反效果,导致了更高的税收。另一方面,当 $\alpha > \rho/2$ 时,增税吸引了穷人,因为 $\frac{\partial B(T, T^*)}{\partial T} = \alpha$ 现在足够超过由此导致的在另一辖区增加的转移支付。因此,富人和穷人以不同的方向进行迁移,而穷人的流动性更大并导致了更低的税收。

得到上述结果的前提条件是,每一个辖区都将另一辖区的税率视为给定,同时认为增加税率将通过推动居民迁移而导致另一辖区的转移支付水平相应上升。但如果这个辖区确信另一个辖区将通过降低税率来响应迁移,那么结果就会变成为另外一回事情。

5.3.3 异质人口流动模型下的转移支付竞争

在转移支付竞争博弈下,策略是转移支付水平。每一个辖区选择其转移支付水平,将其他辖区的转移支付视作给定,并能够正确地预期迁移对负担转移支付水平所需税率的影响。预算平衡条件和均衡迁移决定了两个辖区税收和转移支付之间的函数关系,$T(B, B^*)$ 和 $T^*(B, B^*)$。所以 $T(B, B^*)$ 是当另一个辖区的转移支付水平为 B^* 时,需要负担转移支付水平 B 的税收。经由与上一节类似的处理方式和对概念的类似规定①,我们得到对每一对的 (B, B^*),存在 $x_i(B, B^*) \in [0, 1]$,使得所有群体 i 中具有偏好 $x \leq x_i(B, B^*)$ 的个人选择加入本地辖区,余下所有其他人选择加入外地辖区。由于 x 在 $[0, 1]$ 上服从均匀分布,每个辖区的预算平衡意味着:

---

① 此处对概念的类似规定指的是我们对 $x_i(T, T^*)$ 和 $x_i(B, B^*)$ 使用了相同的函数表达式。

$$T(B, B^*) = \frac{x_1(B, B^*)}{\rho x_2(B, B^*)} B \tag{9}$$

$$T^*(B, B^*) = \frac{(1 - x_1(B, B^*))}{\rho(1 - x_2(B, B^*))} B^* \tag{10}$$

我们现在计算由本地转移支付水平的改变所引起的均衡迁移。

对于每一对的 (B, B^*)，穷人的（内部）均衡迁移都由 $x = x_1(B, B^*)$ 来刻画，他认为在两个辖区中选择哪一个都无关紧要，此处 $x = x_1(B, B^*)$ 解得

$$B - d_1 x = B^* - d_1(1 - x) \tag{11}$$

得到

$$x_1(B, B^*) = \frac{1}{2} + \frac{B - B^*}{2d_1} \tag{12}$$

穷人对转移支付变化的迁移反应是

$$\frac{\partial x_1(B, B^*)}{\partial B} = \frac{1}{2d_1} \tag{13}$$

现在将目标转移到富人的迁移反应上，对于任何一对的 (B, B^*)，富人的（内部）均衡迁移都由边际个人 $x = x_2(B, B^*)$ 来刻画，他也认为在两个辖区中选择哪一个无关紧要，利用(9)和(10)，$x = x_2(B, B^*)$ 解得

$$1 - \frac{x_1(B, B^*)}{\rho x} B - d_2 x = 1 - \frac{(1 - x_1(B, B^*))}{\rho(1 - x)} B^* - d_2(1 - x) \tag{14}$$

运用隐函数求导法则，根据对称原理和(13)式可以得到

$$\left[\frac{dx_2}{dB}\right]_{B=B^*} = \frac{-(1 + 2B/d_1)}{2\rho d_2 - 4B} \tag{15}$$

根据这些迁移反应，我们可以得到负担转移支付水平所需要的税收改变。计算 $T(B, B^*)$ 对于 B 在 $B = B^*$ 处的微分，利用(13)式

和(15)式,可以得到

$$\left[\frac{\partial T(B,B^*)}{\partial B}\right]_{B=B^*} = \frac{1}{\rho} + \frac{B}{\rho x_2(B,B^*)}\left[\frac{\partial x_1(B,B^*)}{\partial B}\right]_{B=B^*}$$

$$- \frac{B}{\rho x_2(B,B^*)}\left[\frac{\partial x_2(B,B^*)}{\partial B}\right]_{B=B^*}$$

$$= \frac{1}{\rho}\left(1 + \frac{B}{d_1} + \frac{B + \frac{2B^2}{d_1}}{\rho d_2 - 2B}\right) \tag{16}$$

我们现在确定了最优的政策选择。通过预期迁移对税率产生的影响,本地辖区将外地辖区的转移支付水平视为给定,为最大化其居民收入的加权总额而选择其转移支付水平。因此,B 解得

$$\text{Max}_B B + \alpha(1 - T(B,B^*)) \qquad s.t. B \leqslant (1 - T(B,B^*))$$

在 $B = B^*$ 处求解,利用(16)式,注意在对称均衡中 $B = \rho T$,因此在 $\hat{B} \geqslant \frac{\rho}{1+\rho}$ 受到约束,得到

$$\hat{B} = \text{Min}\left\{\frac{(\rho - \alpha)d_2\rho}{2\rho - \alpha + \alpha\rho d}, \frac{\rho}{1+\rho}\right\}$$

再次利用对称均衡中 $B = \rho T$ 的条件,可以得到

命题2. 假设每一个辖区寻求在其居民内再分配收入(即 $\rho - \alpha > 0$),那么在转移支付竞争博弈中存在一个(纯策略)对称的纳什均衡,其特征如下:

当 $d_2 \leqslant \dfrac{2\rho - \alpha}{(\rho - \alpha)(1 + \rho) - \dfrac{\alpha\rho}{d_1}}$ 的时候,$\hat{T} = \hat{T}^* = \dfrac{(\rho - \alpha)d_2}{2\rho - \alpha + \alpha\rho d}$;否则 $\hat{T} = \hat{T}^* = \dfrac{1}{1+\rho}$。

所以,在税收竞争的均衡中,如果富人可以完全流动($d_2 = 0$)将导致零税收;而若富人缺乏流动性(即 d_2 足够地高)将导致极端的

收入平均化。排除这些极端的情形,命题 2 显示,穷人更高的流动性始终同再分配成反比,相对于税收竞争,转移支付竞争有更少的再分配效果[①]。这个原因是一个辖区内转移支付的上升会吸引穷人迁入,导致另一个辖区可以通过降低其税率吸引富人。

在转移支付竞争中,穷人和富人朝相反的方向迁移,不仅激化了财政竞争,也揭示出均衡中更低的再分配水平。穷人较强的流动性降低了增加转移支付的激励,导致更低的税收。这个发现验证了维达辛关于转移支付竞争相比税收竞争更为激烈的论断,同时表明穷人的流动性可能对再分配产生非常不同的效果。最终的差别将直接取决于辖区参与的是税收竞争还是转移支付竞争。参与税收竞争与参与转移支付竞争两者之间最关键的区别是,一个辖区在自行改变政策后对另一个辖区将做出何种反应的假设不相同。在税收竞争下,每个辖区预期自己的增税将导致对方提高转移支付水平;而在转移支付竞争下,每个辖区预期自己提高转移支付水平将导致对方更激烈地降低税率。探求辖区之间相互做出的不同的政策反应的方法之一,是从零假设变化中得到均衡。即假设一个辖区不会因为另一个辖区的政策发生改变就修正自己的政策。

在税收—转移支付竞争下,每一个辖区在确定自己的政策时,视另一个辖区的政策为给定。因此,在均衡时,每一个辖区都会有一个预算均衡的税收—转移支付政策。对于每一个 (z,z^*),富人(内部的)均衡迁移由 $x = x_2(z,z^*)$ 来刻画,他认为无论在两个辖区中选择哪一个都无足轻重,此处 $x = x_2(z,z^*)$ 解答

[①] 为了得到后一个结论,首先需要注意,如果 $2\rho - \alpha + \alpha\rho d \geqslant \rho - (\rho - 2\alpha)\rho d$,转移支付竞争相对税收竞争导致更低的税收。接着观察这个情况化简得到 $(1+\rho d)(\rho - \alpha) \geqslant 0$,因为 $\rho - \alpha > 0$,结论由此得到。

$$(1-T) - d_2 x = (1-T^*) - d_2(1-x) \qquad (17)$$

因此,富人对本地辖区税收改变(视 $z^* = (T^*, B^*)$ 为给定)的迁移反应是

$$\frac{\partial x_2(z, z^*)}{\partial T} = -\frac{1}{2d_2} \qquad (18)$$

对于每一个 (z, z^*),穷人的(内部的)均衡迁移由 $x = x_1(z, z^*)$ 来刻画,他对于在两个辖区中选择哪一个都无关紧要,此处 $x = x_1(z, z^*)$ 解答

$$T\rho \frac{x_2(z, z^*)}{x} - d_1 x = B^* - d_1(1-x) \qquad (19)$$

此处的预算平衡条件是 $B = T\rho(x_2(z, z^*)/x_1(z, z^*))$。

运用隐函数求导法则,将 z^* 视为给定,利用对称性质和(18)式,我们得到

$$\left[\frac{dx_1(z, z^*)}{dT}\right]_{z=z^*} = \frac{(1-\frac{T}{d_2})\rho}{2d_1 + 2T\rho} \qquad (20)$$

因为 $z^* = (T^*, B^*)$ 为给定,由(19)式和(20)式可以得到

$$\left[\frac{dB}{dT}\right]_{z=z^*} = 2d_1 \left[\frac{dx_1(z, z^*)}{dT}\right]_{z=z^*} = 2d_1 \rho \left[\frac{1-\frac{T}{d_2}}{2d_1 + 2T\rho}\right] \qquad (21)$$

每一个辖区都计算了由它的政策选择导致的迁移结果,并将另一个辖区的税收—转移支付政策视为给定,根据外生决策规则来计算平衡的税收—转移支付政策。在 $z = z^*$ 处求解,利用(21)式,考虑当 $T \geqslant 1/(1+\rho)$ 时税收将均等化,得到

$$\tilde{T} = \mathrm{Min} \left\{ \frac{(\rho - \alpha) d_2}{\rho + \alpha \rho d}, \frac{1}{1+\rho} \right\}。$$

因此我们得到：

命题3.假设每一个辖区都寻求在其居民内再分配收入(即 $\rho - \alpha > 0$)，那么在税收—转移支付竞争博弈中存在一个(纯策略)对称的纳什均衡，其特征如下：

当 $d_2 \leqslant \dfrac{\rho}{(\rho - \alpha)(1 + \rho) - \dfrac{\alpha\rho}{d_1}}$ 的时候，$\widetilde{T} = \widetilde{T}^* = \dfrac{(\rho - \alpha) d_2}{\rho + \alpha\rho d}$；否则

$\widetilde{T} = \widetilde{T}^* = \dfrac{1}{1 + \rho}$。

在这个均衡中，如果富人可以完全流动($d_2 = 0$)将导致零税收。而且这个均衡会导致它比转移支付竞争时获得更多的再分配。这是由于，每一个辖区都假设另外一个辖区不会通过降低税率这样的激烈手段来对自己的政策改变做出反应。但是，相对于税收竞争，税收—转移支付竞争将导致更少的再分配，因为每一个辖区都会认定，即便是采取一个更高水平的再分配政策也不会引导另一个辖区提高转移支付水平。对转移支付竞争而言，穷人的流动性始终同再分配成反比，因为税收的提高吸引了穷人[①]。最后，基于税收竞争和转移支付竞争中的类似原因，ρ 的增加会导致税收的增加(更低的抚养比)；而 α 的增加则会导致税收的降低(对再分配更低的偏好)。

5.3.4 辖区偏好的一般分布

之前我们假设在穷人中 x 服从$[0,1]$上的均匀分布，但是富人中 x 服从一个对称累积分布函数。令 $F_2(x)$ 代表这个累积分布函数，令 $f_2 > 0$ 为具有偏好为 $x = 1/2$ 的富人的密度。我们首先考虑税

---

① 这可以通过将第(20)式中的 T 代换为其最优值即可看到。

收竞争的情形,关注其对称的纳什均衡。如上所述,令 $x_i(T,T^*)$ 表示一个在群体 $i(i=1,2)$ 中,认为选择辖区无关紧要的个人的偏好。利用对称性质(即当 $T=T^*$ 时,$F_2(x_2(T,T^*))=x_1(T,T^*)=1/2$),计算可得:

$$\begin{aligned}\left[\frac{\partial F_2(x_2(T,T^*))}{\partial T}\right]_{T=T^*} &= -\frac{1}{2d_2/f_2} \\ \left[\frac{\partial x_1(T,T^*)}{\partial T}\right]_{T=T^*} &= \frac{(1-\frac{2T}{2d_2/f_2})\rho}{2d_1+4T\rho} \\ \left[\frac{\partial B(T,T^*)}{\partial T}\right]_{T=T^*} &= \left(1-\frac{T}{d_2/f_2}-\frac{T-\frac{2T^2}{d_2/f_2}}{2T+d_1/\rho}\right) \end{aligned} \quad (22)$$

将(22)与(7)进行比较发现,在群体 2 中引入一般(对称)的偏好分布是将 d_2 除以 f_2(具有偏好为 $x=1/2$ 的富人的密度)。结果与命题 1 类似,得到内部的均衡税率为:

$$\bar{T} = \frac{(\rho-d)d_2/f_2}{\rho-(\rho-2\alpha)\rho d/f_2}$$

相似地,我们也可以根据命题 2、命题 3,通过将 d_2/f_2 代替 d_2 得到转移支付竞争和税收—转移支付竞争条件下的(对称)均衡税率。此之前的所有结论都没有体现出富人偏好分布所造成的影响。此外,我们还得到一个新的比较静态结果,即在这些情形下的均衡税率都随 f_2 下降。这主要是因为更高的 f_2 意味着拥有较小附着程度的富人具有更高密度,导致税基的弹性更高。

在包含(1)地方辖区中富人向穷人转移收入进行再分配;(2)富人和穷人可以完全流动(或不完全流动)为假定条件的财政竞争模型中,非合作的再分配均衡水平将严格地取决于辖区参与的是税收竞争还是转移支付竞争。相比转移支付竞争,税收竞争导致更高的再分配;而相比税收竞争,转移支付竞争表现的更为激烈,这是由于提升转移支付水平吸引来了穷人,使得另一个辖区有条件通过降低税率专门吸引富人。然而,无论在任何一种情形下,富人的高流动性都与再分配成反比。但是,穷人的高流动性可能在某种情形下导致相反的结果。这意味着:如果辖区确信税收竞争是一种实质性的博弈行为,那么穷人的流动性是有益的,辖区应加快提升这种流动性;若辖区认定转移支付竞争更为有效,那么为了提高再分配就应该尽量限制穷人的流动性;若辖区同时参与了税收和转移支付的竞争,那么,再分配的均衡水平要比税收竞争的低,但是要比转移支付竞争的再分配的均衡水平高,而且穷人的流动性降低了再分配的水平。

6 财税竞争与异质性偏好劳动力的空间流动

本章以亨德里克斯、罗挈特和斯杜勒(Hindriks, Rochet & Stole, 2002)模型为基础,通过异质性偏好的劳动力空间流动决策分析,考察劳动力流动性对税收竞争的一般均衡影响,构建税收竞争影响劳动力流动的研究框架。本章分析集中均衡下地方政府效用最大化的税收和支出组合条件、"罗尔斯式"政府效用与线性政府效用函数下均衡解的影响因素,以及均衡时要素流动性对地方效用的政策影响。在此基础上,引入多辖区竞争、上级政府财政转移以及公共管理效率因素等对均衡解的影响,对模型作深入的拓展。

6.1 引言

西方税收竞争模型强调资本竞争,劳动力在生产函数中仅作为资本附属品来处理。已有的研究文献仅包含固定数目的辖区、大量禀赋收入和同质偏好的个人,一些具有理论意义的复杂情况被抽象掉;此外,传统模型中也不存在生产和联邦政府干涉[1]。伴随市场的

---

[1] 参见 Gordon (1983)对有联邦政府参与的财政博弈的全面评论,以及 Greenberg (1983)对于总体均衡的分析。

一体化与区域劳动力流动性的提高,差异性偏好因素对劳动力流动的空间影响研究将成为新热点。本文认为,劳动力的流动性是地方政府收入再分配的函数,取决于地方政府之间在税收竞争博弈中采取何种互动策略。税率是地方政府的策略变量[①],税收竞争下的劳动力流动分析将大大拓展传统税收竞争理论的研究框架。

蒂伯特(1956)开创了地方政府竞争的古典经济学范式,他指出,在自由竞争的多个政府辖区内,居民通过"用脚投票"实现资源优化配置,迫使地方政府在有效税率的基础上生产公共产品和服务。威尔森(1995)提供了一个放宽劳动力不可流动假设的"通勤模型",不允许消费流动但允许劳动力在工作地点间流动。布雷德模型考虑公共产品的规模效应,提出地方政府间的税收竞争并非是无效率的。霍伊特(1991),伯比奇和迈尔斯(Burbidge & Myers,1994),汉德森(1995)等模型均假定劳动力可流动;布鲁克纳克(Brueckner,2000)则率先分析了劳动力异质偏好的情况。劳动力的流动性是一个合意假设,增强了税收竞争和蒂伯特模型的联系。汉密尔顿(Hamilton,2002)认为,若政府效用是罗尔斯式的,普通工人和技术工人的流动性又并非同时受限时,政府能以税收激励政策调节技术工人向本地区流动;但地方政府再分配与普通工人的流动性却无关。亨德里克斯(1999)通过改变单个群体的流动性程度来分析再分配的影响。研究发现,进行税收竞争与支出竞争时,富人的流动性破坏了收入再分配的能力,低收入者流动性则对再分配产生相反的效应。在国内,张宴和龚六堂(2004)考虑两个不对称的地方经济,在劳动力不完全流

---

① 参考例子:Leite-Monteiro(1997)和 Wildasin(1991,1994)。可参见 Cremer 等(1995)对这类文献的评论。

动的假定下,探讨了多级政府下的地方政府和个人决策;其数值模拟分析表明高生产力、高禀赋地区对低生产力、低禀赋地区形成隐性的区域间收入再分配。中央政府的干预措施具有协调区域发展、补贴低生产力低禀赋地区的性质。卢宇燕、王韬(2005)研究税收竞争对劳动力流动的影响,但其模型仍基于同质劳动力和简单的嫁接资本流动作为劳动力流动的分析框架。

本章包括4个部分,第一部分基于亨德里克斯(1999)的工作构建劳动力流动和税收竞争的关系模型,得出均衡时劳动力流动性对再分配程度的影响;第二部分通过多个地方政府、上级财政支出、公共管理效率、政策相关性以及两要素动态模型等角度对两要素税收竞争模型进行拓展;第三部分通过资本和劳动力的证据来支持模型的结论,得出治理财税竞争的相应政策建议;最后,总结这篇文章得出的结论,进一步指出文章的政策含义和不足之处。

6.2 财税竞争下异质性偏好的劳动力流动模型

6.2.1 基本框架

我们考虑以下情况:经济中存在两个地方政府,并且它们处于[0,1]线段的两个端点,初始状况下普通工人和技术工人在线段上均匀分布,且技术工人所占人口比例为 p_2。地方政府通过税收以及财政支出政策的集合 $z(T,B)$ 来最优化地方效用。

假定1:劳动力对于不同的地区有不同的偏好,我们可以通过 x 来衡量,其中 $x \in [0,1]$ 且服从均匀分布。同时我们用 σ_k 来表示取决于劳动力生产率的偏好因子,那么迁移成本就是$(1-x)\sigma_k$。

假定1说明,当$x=0$的时候,劳动力迁移成本为σ_k,此时成本取得最大值,表明了劳动力的非完全流动性;而当$x=1$的时候,劳动力迁移成本为0,表明了劳动力的完全流动性。通过这点我们可以得出,即劳动力的偏好x代表着一种对于劳动力来源城市的依赖度。

假定2:取决于劳动力生产率的偏好因子σ_k与劳动力所对应的工资水平w_k是正相关的。

我们讨论普通工人和技术工人两种情况,对于技术工人来说,其生产率偏好因子σ_k较普通工人要大,此时我们认为技术工人迁移的成本也较大,这主要是由于已有的生活习惯以及原来获得的固定资产的即时处置的损失等因素造成。

假定3:劳动力距离地方政府a的距离为y,则因为交通因素向地方政府a或b产生的迁移成本为cy或$c(1-y)$。

假定3是对劳动力迁移成本的一个补充性说明。我们将劳动力迁移成本分为异质偏好成本和显示的交通成本。其中,显示的交通成本是线性的,单位交通成本为c。

假定4:不考虑迁移的情形,消费者的效用函数为:$U_i = I - T_i(I) - v(L) + B_i$。

其中,$L = I/w_k$,I为个人的收入,$v(L)$表示劳动带来的负面成本,T为关于收入的税收函数,B为地方政府的财政支出,由地方政府i设定。

假定5:地方政府的效用函数是建立在两类工人的效用函数基础上的线性效用函数,$w = \alpha U_1 + U_2$,同时我们还研究罗尔斯式的地方政府,其效用函数为$W = \text{Min}\{U_1, U_2\}$。

其中，U_1 表示当地的普通工人的效用函数，而 U_2 表示技术工人的效用函数。地方政府致力于最大化两个效用函数的线性关系或者两者的最小值。

6.2.2 异质劳动力流动—税收竞争模型

定义1：劳动力在决定是否迁移的时候，交通成本与收入的比值能够衡量迁移的相对成本对于劳动力的迁移决策的影响，这个比值我们称之为相对迁移成本。

命题1：劳动力对地方政府的偏好同质时，地方政府降低税收可以吸引劳动力集聚，而其他地方政府税收的升高对于本地的劳动力集聚也有正外部性。支出也存在这样的效应。税收和支出政策的外部性与相对迁移成本成反比，相对迁移成本越大，外部性也就越不明显。

证明：我们考虑坐标 y 处的技术工人迁移的决策行为，带入迁移成本：

$$U_{a2} = w_2(1-T_1) + B_1 - v\left(\frac{1}{w_2}\right) - \sigma_2(1-x) - cy \quad (1)$$

$$U_{b2} = w_2(1-T_2) + B_2 - v\left(\frac{1}{w_2}\right) - \sigma_2(1-x) - c(1-y) \quad (2)$$

均衡时使得迁移无差异的 y 值一定满足迁向 a、b 两地的实际效用相同，所以求解得到：

$$y^* = \frac{(T_2 - T_1)w_2 + (B_1 - B_2)}{2c} + \frac{1}{2}$$

再将均衡时候的 y 对两地的税率 T 分别求导，得到：

$$\frac{\partial y}{\partial T_1} = -\frac{w_2}{2c} \tag{3}$$

$$\frac{\partial y}{\partial T_2} = \frac{w_2}{2c} \tag{4}$$

(3)(4)两式验证了对于地方政府 a 而言,降低税率有利于技术工人的流入,而其他地方政府的税率提高同样有利于技术工人流入,这种外部性与相对迁移成本成反比。普通工人和支出政策的论述过程同理可得。

命题 1 的经济含义是,为了吸引更多的劳动力,地方政府在支出以及税收工具可以自由选择的条件下,会倾向于降低税收,提高支出。同时,劳动力流动性越显著,这种集聚效应也就越为明显。

命题 2:劳动力对地方政府偏好异质时,一定条件下均衡时各个地方政府吸引的劳动力比例不仅与显示的劳动力迁移净收益成正比,还和劳动力迁入该地的生活习惯等处置损失成反比。

证明:因为偏好项不能在系统内部相互抵消,给定两个地方政府的收入税收函数和财政支出函数,技术工人从 b 到 a 流动必须满足 $U_{a2} \geqslant U_{b2}$。

对位于 b 的技术工人来说,$y=1$,技术工人具备完全流动性,所以 $x_2 = 1$,带入得:

$$x_1 \geqslant 1 + \frac{w_2(T_1 - T_2) + B_2 - B_1 + c}{\sigma_2} \tag{5}$$

如果技术工人要从 a 到 b 流动,则必须满足如下的条件:

$$x_2 \geqslant 1 + \frac{w_2(T_2 - T_1) + B_1 - B_2 + c}{\sigma_2} \tag{6}$$

给定的政府税收函数以及财政支出函数,b 中技术工人的比例为 $p_2 P_2(T,B)$,其中:

$$P_2(T,B) = \begin{cases} 0 & if\ \dfrac{w_2(T_1-T_2)+B_2-B_1+c}{\sigma_2} > 0 \\ \dfrac{w_2(T_2-T_1)+B_1-B_2-c}{\sigma_2} & if\ -1 \leqslant \dfrac{w_2(T_1-T_2)+B_2-B_1+c}{\sigma_2} \leqslant 0 \\ 1 & if\ \dfrac{w_2(T_1-T_2)+B_2-B_1+c}{\sigma_2} < -1 \end{cases}$$

b 中普通工人的比例为 $p_1 P_1(T,B)$，其中：

$$P_1(T,B) = \begin{cases} 0 & if\ \dfrac{w_1(T_1-T_2)+B_2-B_1+c}{\sigma_1} > 0 \\ \dfrac{w_1(T_2-T_1)+B_1-B_2-c}{\sigma_1} & if\ -1 \leqslant \dfrac{w_1(T_1-T_2)+B_2-B_1+c}{\sigma_1} \leqslant 0 \\ 1 & if\ \dfrac{w_1(T_1-T_2)+B_2-B_1+c}{\sigma_1} < -1 \end{cases}$$

命题 2 说明，地方政府吸引的劳动力数量与劳动力迁入的显示净收益成正比，还和迁入所需承受的已有的生活习惯以及原来获得的固定资产的即时处置的损失成反比。但是在极端情况下，由于迁入的净收益远远超过净损失，会造成一个地方政府的消失。

定义 2：如果一个人获得的公共支出高于其税收负担，高出的部分就称作获得的财政转移，如果其税收负担高于获得的公共支出，高出的部分就称为其所作的财政贡献。

命题 3：在罗尔斯式地方政府的对称均衡情形下，再分配的程度与技术工人流动性成反比，与普通工人流动性无关。当 $\sigma_2 < p_1 \left[I_2^* - v'\left(\dfrac{I_2^*}{w_2}\right) \right]$，劳动力的流动达到了均衡状态，所有的技术工人都支付相当于 σ_2 的财政贡献，而每一个普通工人则能够获得 $-\dfrac{p_2}{p_1}\sigma_2$ 的财政补贴。

证明：对罗尔斯式地方政府 b 而言，选择税收函数和财政支出函数使得效用最大化，有：

$$\text{Max } W = \text{Max}\left\{w_1(1-T_2) + B_2 - v\left(\frac{I_1}{w_1}\right)\right\}$$

$$s.t. \quad w_1(1-T_2) + B_2 - v\left(\frac{I_1}{w_1}\right) \geqslant w_2(1-T_2) + B_2 - v\left(\frac{I_2}{w_1}\right)$$

$$w_2(1-T_2) + B_2 - v\left(\frac{I_2}{w_2}\right) \geqslant w_1(1-T_2) + B_2 - v\left(\frac{I_1}{w_2}\right)$$

$$p_1 P_1(T,B)[w_1 T_2 - B_2] + p_2 P_2(T,B)[w_2 T_2 - B_2] = 0$$

劳动力决策均衡的条件下,有:$v'\left(\frac{I_1^*}{w_1}\right) = w_1$ 且 $v'\left(\frac{I_2^*}{w_2}\right) = w_2$,带入后用 Lagrange 算法求解上面的方程,可以得到:

(1)当 $\sigma_2 < p_1\left[I_2^* - v'\left(\frac{I_2^*}{w_2}\right)\right]$ 时,$p_1[w_1 T_2 - B_2] + p_2[w_2 T_2 - B_2] = 0$ 且 $w_2 T_2 - B_2 = \sigma_2$,联立可得 $w_1 T_2 - B_2 = -\frac{p_2}{p_1}\sigma_2$;

(2)当 $\sigma_2 > p_1\left[I_2^* - v'\left(\frac{I_2^*}{w_2}\right)\right]$ 时,$w_2 T_2 - B_2 < \sigma_2$。

命题 3 证明,基于罗尔斯式的地方政府对称均衡的结果与普通工人的流动性偏好因子无关,只和技术工人的偏好因子 σ_2 有关。具体来说,当 $\sigma_2 < p_1\left[I_2^* - v'\left(\frac{I_2^*}{w_2}\right)\right]$ 的时候,技术工人的流动性越大,其实际支付的税收贡献就越小。当 $\sigma_2 = 0$ 的时候,技术工人具备完全的流动性,这时候其对地方政府做出的财政贡献为 0,普通工人并不能从中获得财政转移。也就是说,技术工人的流动性与再分配的程度呈反比。

命题 4:当地方政府的效用函数是

$$\alpha\left[w_1(1-T_2) + B_2 - v\left(\frac{I_1}{w_1}\right)\right] + w_2(1-T_2) + B_2 - v\left(\frac{I_2}{w_2}\right)$$ 时,

再分配的程度与技术工人流动性成反比,与普通工人流动性成正比。

对于任意的 $s>0$，都有 $s\left[1-\dfrac{p_1}{\alpha p_2}-\dfrac{p_1\left[I_2^*-v'\left(\dfrac{I_2^*}{w_2}\right)\right]}{\alpha\sigma_1}\right]\leqslant p_1$

$\left[I_2^*-v'\left(\dfrac{I_2^*}{w_2}\right)\right]$，则技术工人财政贡献为 $-\dfrac{\left(1-\alpha\dfrac{p_2}{p_1}\right)\sigma_1}{\dfrac{p_2}{p_1}+\alpha\dfrac{p_2\sigma_1}{p_1\sigma_2}}$，普通工人得

到财政转移为 $\dfrac{\left(1-\alpha\dfrac{p_2}{p_1}\right)\sigma_1}{\dfrac{p_2}{p_1}+\alpha\dfrac{p_2\sigma_1}{p_1\sigma_2}}$；如果 $s\left[1-\dfrac{p_1}{\alpha p_2}-\dfrac{p_1\left[I_2^*-v'\left(\dfrac{I_2^*}{w_2}\right)\right]}{\alpha\sigma_1}\right]>$

$p_1\left[I_2^*-v'\left(\dfrac{I_2^*}{w_2}\right)\right]$，那么技术工人的财政贡献小于 $-\dfrac{\left(1-\alpha\dfrac{p_2}{p_1}\right)\sigma_1}{\dfrac{p_2}{p_1}+\alpha\dfrac{p_2\sigma_1}{p_1\sigma_2}}$。

命题4可以根据命题3的证明过程同理可得，我们可以用当地方政府效用函数中 $\alpha\to\infty$ 的时候，技术工人财政贡献 $\lim_{\alpha\to\infty}$

$\left[-\dfrac{\left(1-\alpha\dfrac{p_2}{p_1}\right)\sigma_1}{\dfrac{p_2}{p_1}+\alpha\dfrac{p_2\sigma_1}{p_1\sigma_2}}\right]=\sigma_2$ 来证实命题4与命题3是一致的。与命题3

相比，在这种效用函数的约束下，普通工人的偏好因子 σ_1 也对于均衡解产生了影响。

地方政府可以通过减少普通工人来达到对技术工人较低的征税以及对于普通工人较高的财政转移。技术工人的流动性与再分配的程度的讨论与命题3相同。对于普通工人的流动性，这种再分配效用和普通工人的流动性成正比。当 σ_1 很小的时候，地方政府有激励去减少财政支出来达到使普通工人迁移的目标，剩余普通工人所获得的财政转移将会增加；当普通工人的 σ_1 很大时，这部分效用因为普通工人的不可流动性而消失。

6.3 模型的拓展与应用

上一节中的模型比较简洁,进行相应的拓展之后,我们可以讨论更丰富的问题。

6.3.1 多个地方政府

一般来说在多个地方政府竞争的情形中,地方政府空间的设定有以下几种传统:

一种方法是直线型的两政府竞争模型的推广可以向平面展开,以直线的均衡为基础构建一个面的均衡情况。

我们可以先考虑像杜能环一样以一个地方政府为核心将直线上的均衡拓展为面均衡,但是这种方法的假设需要一个中间政府来成为连接诸多地方政府的枢纽。在这样的假设条件下,模型本身只能提供研究的地方政府和其他地方政府之间的劳动力流动与税收竞争的关系,而其他在同一个空间的地方政府分别位于一个以其为中心的圆形曲线上,他们之间相互的竞争关系将变得难以讨论。

还有一种方法是在地方政府间构建塞勒普(Salop,1979)提出的一个圆形空间模型①,每个辖区所面对的新的均衡就是修正原来的附着性偏好因子 x,将新的偏好因子 x/n 代入到均衡求解的过程中,我们可以得到新的对称性纳什均衡,这种均衡是具备空间交互性的。同样,通过降低对地方政府附着性的偏好因子来激励劳动力的

---

① 所有的辖区都被设置在对称的位置,它们彼此在一个周长为 1 的圆上均匀分布。

流动,多个地方政府的财税竞争变得更为激烈,具体体现在较低的税收水平以及较高的财政支出上。

与圆形模型类似的时钟模型是保罗·克鲁格曼在进行新经济地理学空间建构上所用到的另外一种模拟方法。这种模型能够将各个经济主体放到一个更为均等的条件下。我们注意到在克里斯特勒的中心地理论中,地方政府的分布更接近于六边形的等级体系。从这个空间建构的角度出发,实证上假设在一个空间单元中考虑地方政府数量 $n=6$,这也是非常有价值的空间建构。当然,与之前的理论模型相比较,这只是一种更加符合于现实的空间分布。

6.3.2 上级政府转移支付

在考虑到存在上级政府的财政支出 B' 的时候,可以认为这种支出是一个外生于模型的一个常量。上级政府的财政支出倾向只是在预算约束上改变了地方政府面临的情景,其对于模型的均衡求解并没有起到十分重要的影响。

这里需要注意这样的可能,当 $p_1 P_1(T,B)[w_1 T_2 - B_2] + p_2 P_2(T,B)[w_2 T_2 - B_2] = B'$ 的时候,技术工人均衡条件下的财政贡献会受到扭曲。同时,普通工人收到的财政支出在同样的情况下增加了一定的份额。再考虑上级政府对各个地方政府财政支出均等条件下劳动力流动和财税竞争的关系,这时候对于地方政府本身来说,资源禀赋仍然是无差异的,对称均衡对于劳动力流动并没有影响。只是对于劳动力来说,其财政贡献和财政支出会得到外生的缓冲。具体来说,技术工人的财政贡献降低了,而普通工人的财政支出增加了。

如果上级政府对地方政府的财政支出是不均等的,那么对于劳动力流动会产生一定的扭曲。我们考虑上级政府的两种财政支出偏好情形：如果上级政府的财政支出是具有援助竞争中处于弱势的地方政府发展的性质的，那么由于地方政府能够提供比原有均衡更低的税率以及更高的财政支出，技术工人和普通工人会向该辖区迁移，直到他们最后的财政贡献以及财政支出再次达到均衡值；如果上级政府的财政支出具有推动竞争中处于强势的地方政府发展的性质，那么由于地方政府能够利用更为宽松的预算约束设置低于原本水平的税收政策和更高的财政支出政策，技术工人和普通工人会进一步向该辖区集聚。

6.3.3 公共管理效率

我们在模型的假设中并没有考虑到政府制定税收政策以及财政支出政策等一系列成本，我们在预算约束的设定上也假设了没有任何的政策执行成本。在考虑到公共管理效率的情况下，我们可以引进一个变量 $1/\varphi$ 来衡量公共管理效率。这样，我们可以写出修正后的预算约束式：$p_1 P_1(T, \varphi B)[w_1 T_2 - \varphi B_2] + p_2 P_2(T, \varphi B)[w_2 T_2 - \varphi B_2] = B'$。

如果在地方政府之间的竞争中 φ 很大，那么同等财政贡献下普通工人获得的财政支出降低，这种变化本身并不会直接影响到技术工人的决策。但是对于普通工人来说，当财政支出在扣除掉政策的制定与执行成本之后，净收益减少，对劳动力的流动激励降低，可能导致一部分原想流动的劳动力选择放弃迁移，由此造成劳动力要素的资源配置效率降低。在地方政府预期到公共管理效率后，会采用更高的税收政策才维持原来支出水平。技术工人的财政贡献变大导致一部分本应该留在本辖区内的技术工人发生了迁移。

这样，公共管理效率差的地方政府在竞争中处于劣势地位。因为在相同政策集合下,不仅辖区内会滞留一部分普通工人,技术工人还会迁移。这样就会造成再分配过程的无效率,要使普通工人获得同样的财政支出就必须向技术工人征收较高的税收。均衡时的政策集合导致了低水平再分配的水平较低,地方政府也无法达到其竞争对手的效用水平。

6.3.4 两要素税收竞争模型

这部分的模型我们将假设资本和劳动力这两种生产要素都具有流动性,并且同时对资本和劳动力进行征税。于是我们考虑这样的情形:在一个大都市区域(metropolitan area)内存在两个地方行政区(jurisdiction),分别为 a 和 b;区域的资本总量一定为 k^w,地区 a 和 b 的资本量分别为 k_a 和 k_b;该区域的工人分为两种,分别为普通工人和技术工人,用数字 1 和 2 为下标。这两种工人的生产力不同,因此两种工人的工资不同,为 w_1 和 w_2。在总体区域内两种工人所占的比例为 p_1 和 p_2;对应不同的资本和劳动力组合,两地的生产函数都为新古典生产函数:$F_a(K_a, L_{a1}+L_{a2})$ 和 $F_b(K_b, L_{b1}+L_{b2})$。

劳动力的效用形式综合了以前模型的特点,收入为工资收入、资本收入以及从政府公共产品中获得的效用。迁移的成本和"劳动力税收竞争模型"中的设定一样,是和偏好 x、生产率偏好因子 σ 有关的表达式;我们使用 B 来代表工人从政府支出中获得的财政支付。这里假设政府针对这两种劳动力采取不同的公共支出政策,用比例系数 β_i 来表示。那么就有:$B_{ai} = \beta_i(w_i t_{aL} + k_a t_{ak})$ 以及 $B_{bi} = \beta_i(w_i t_{bL} + k_b t_{bk})$。

推论 1:考虑到劳动力流动的情况,由于财政支出有一部分来源于资本征税,所以受再分配的影响,对资本征税的税率会比原先均衡的时候要高。

这里只给出简单的证明思路,最大化地方政府效用函数 $W = \alpha p_1 U_{a1} + p_2 U_{a2}$,最优的资本税率应该满足 W 对其的一阶导数为0。如果我们放宽劳动力不可流动的假设,使得劳动力在区域间可以流动,均衡时 t_{ak} 的求解依然不会发生变化,但是两种工人在不同地域的比例发生了变化,这个比例可以通过命题 2 求出得到。在对称均衡下,新的均衡税率与原先的相比,有 $t_{ak}^* > t_{ak}$。

6.3.5 两要素动态税收竞争模型

我们可以将两要素税收竞争模型的假设做一些修正,主要包括以下几个方面:静态模型中使用的是成本收益分析后的净利润作为福利的指标,而动态模型强调的是地区代表性消费者由政府支出以及人均消费产生的效用,我们假设效用函数是可分的,即可以写成 $U(c,g) = U(c) + \delta V(g)$ 的形式。静态模型中,地方政府效用是采用两种消费者效用的线性拟合来代表,而动态模型中采用的是罗尔斯式效用函数。

推论 2:资本税的征收会使得地区人均资本存量和地区福利下降,而收入税、消费税、劳动力流动性、移动的通勤成本以及政府财政转移性的支出对人均资本存量并不会产生影响,而对地区福利产生负面影响。

证明:消费者行为:

$\text{Max} \int_0^\infty U(c,g) e^{-\beta t} dt$

$s.t. \quad \dot{k} = w_1(1-T_2) + (1-\tau_r) r_b k - nk + B_2 - \sigma_2(1-x) - m(1-y) - (1+\tau_c)c$

$p_1 P_1(T,B)[w_1 T_2 - B_2] + p_2 P_2(T,B)[w_2 T_2 - B_2] = 0$

我们设立 Hamilton 函数：
$$H = U(c,g)e^{-\beta t} + \lambda[w_1(1-T_2) + (1-\tau_r)r_b k - nk + B_2 - \sigma_2(1-x) - (1-y) - (1+\tau_c)c] + \mu[p_1 P_1(T,B)[w_1 T_2 - B_2] + p_2 P_2(T,B)[w_2 T_2 - B_2]]$$

其中，λ 是 Hamilton 乘子，μ 是 Lagrange 乘子。

求解消费者行为，我们可以得到关于 c、k 的积累方程
$$\begin{cases} \dot{c} = -\dfrac{U'(c)}{U''(c)}[(1-\tau_r)r_b - n - \beta] \\ \dot{k} = w_1(1-T_2) + (1-\tau_r)r_b k - nk + B_2 - \sigma_2(1-x) - m(1-y) \\ \quad - (1+\tau_c)c \end{cases}$$

厂商行为：$\text{Max} F(K,L) - r_b K - wL \Rightarrow \begin{cases} r_b = f'(k) \\ w = f(k) - f'(k)k \end{cases}$

$w_1 = \phi_1 w$，其中 ϕ_1 是普通工人工资对人均工资的比例。

政府行为：$w_1 T_2 + \tau_r r_b k + \tau_c c = B_2 + g$

市场均衡时，有：
$$\begin{cases} \dot{c} = -\dfrac{U'(c)}{U''(c)}[(1-\tau_r)\phi_1 f'(k) - n - \beta] \\ \dot{k} = \phi_1 f(k) - nk - \phi_1 f'(k)k - \sigma_2(1-x) - m(1-y) - c - g \end{cases}$$

很容易证明，这个系统的解，具有存在、唯一和鞍点稳定的性质：

a 均衡解 (c^*, k^*) 是存在的：
$$\begin{cases} \dot{c} = 0 \\ \dot{k} = 0 \end{cases} \Rightarrow \begin{cases} (1-\tau_r)f'(k) - n - \beta = 0 \\ f(k) - nk - \sigma_2(1-x) - m(1-y) - c - g = 0 \end{cases}$$

根据新古典生产函数的性质，$f(k)$ 满足 Inada 条件，即：
$$\begin{cases} \lim_{k\to 0} \dfrac{f(k)}{k} = \lim_{k\to 0} f'(k) = \infty \\ \lim_{k\to \infty} \dfrac{f(k)}{k} = \lim_{k\to \infty} f'(k) = 0 \end{cases}$$

同时,$\frac{f(k)}{k}$在$(0,\infty)$上是连续的,所以必然存在k^*使得$\frac{f(k^*)}{k^*}$
$=\frac{n+\beta}{(1-\tau_r)}$,代入得到$c^*$也存在。

b 均衡解(c^*,k^*)是唯一的:这点由$f'(k)$的单调性可以得到k^*是唯一的,代入(14)后很容易证明c^*也是唯一的。c 均衡解(c^*,k^*)是稳定的:

对于这个复杂的非线性系统,为了考察均衡解的稳定性,我们需要对系统在均衡点处做一阶泰勒展开,得到:$\begin{pmatrix} k^* \\ c^* \end{pmatrix} =$
$\begin{pmatrix} f'(k^*)-n & -1 \\ -\frac{U'(c^*)}{U''(c^*)}(1-\tau_r)f''(k^*) & 0 \end{pmatrix} \begin{pmatrix} k-k^* \\ c-c^* \end{pmatrix}$

其中,我们记系数矩阵为A,则

$\text{Tr}(A)=f'(k^*)-n=\tau_r f'(k^*)+\beta>0$

$\det(A)=-\frac{U'(c^*)}{U''(c^*)}(1-\tau_r)f''(k^*)<0$

所以说,系数矩阵A具备一个正的特征根和一个负的特征根,所以均衡点(c^*,k^*)是鞍点稳定的。对于鞍点稳定的均衡点,我们可以给出初始条件给定的情况下唯一的均衡路径,以及偏离均衡路径时候的偏转方向,这点可以通过相位图来表示:

我们对两式进行全微分得到:

$\begin{cases} (1-\tau_r)\phi_1 f'(k^*)dk^* - f'(k^*)\phi_1 d\tau_r - dn - d\beta = 0 \\ [-\phi_1 f'(k^*)k^* - n]dk^* - k^* dn - (1-x)d\sigma_2 - (1-y)dm \\ \quad - dc^* - dg = 0 \end{cases}$

$\frac{dk^*}{d\tau_r} = \frac{f'(k^*)}{(1-\tau_r)f''(k^*)} < 0$

$$\frac{dc^*}{d\tau_r} = [-\phi_1 f''(k^*)k^* - n]\frac{f'(k^*)}{(1-\tau_r)f''(k^*)} < 0$$

$$\frac{dk^*}{dT_2} = 0 \quad \frac{dk^*}{d\tau_c} = 0 \quad \frac{dk^*}{d\sigma_2} = 0 \quad \frac{dk^*}{dm} = 0 \quad \frac{dk^*}{dB_2} = 0$$

$$\frac{dc^*}{dT_2} = -[f(k^*) - f'(k^*)k^*] < 0 \quad \frac{dc^*}{d\tau_c} = -\frac{c}{1+\tau_c} < 0$$

$$\frac{dc^*}{d\sigma_2} = -(1-x) < 0 \quad \frac{dc^*}{dm} = -(1-y) < 0 \quad \frac{dc^*}{dB_2} = 1$$

特别地,如果我们假定消费者的效用函数形式是常数规模报酬(CES)的,即 $U(c) = \frac{c^{1-\sigma}-1}{1-\sigma}$,而生产函数是柯布—道格拉斯生产函数,则 $f(k) = Ak$,我们可以得到一个线性的系统,并且得出个人消费和资本存量的动态方程:

$$\begin{cases} \dot{c} = \frac{1}{\sigma}[(1-\tau_r)A - n - \beta]c \\ \dot{k} = (A-n)k - \sigma_2(1-x) - m(1-y) - c - g \end{cases}$$

求解这个系统,我们可以得到:

$$\begin{cases} c(t) = c_0 e^{\frac{1}{\sigma}[(1-\tau_r)A - n - \beta]\tau} \\ k(t) = \left[k_0 - \frac{\sigma_2(1-x) + m(1-y) + c + g}{A-n}\right]e^{(A-n)\tau} \\ \quad + \frac{\sigma_2(1-x) + m(1-y) + c + g}{A-n} \end{cases}$$

当我们将这个模型与资本竞争模型结合起来的时候,我们可以将原先所给定的资本存量动态化,并且得到一个动态的政策工具的路径,也就是说一成不变的税收以及财政支出的均衡解,不再是一个一成不变的量,而是随着时间体现出的一条均衡路径。

对于之前的静态中将劳动力流动假设放开后的同时对资本和劳动征税的模型计算出来的结果,我们可以以将其做一些修正,这里具体的修正主要是以下几个方面：

(1) 对资本征税的税率的计算上，静态模型中使用的是以资本回报率直接减去税率来计算净回报率，但在动态模型中，采用的是资本回报率乘以税后资本的比重；

(2) 对于效用函数的假设，静态模型中使用的是成本收益分析后的净利润作为福利的指标，而动态模型强调的是地区代表性消费者对于政府支出以及人均消费的效用，而这两个变量是由一系列外生的参数所决定的；

(3) 静态模型中，地方政府拟线性效用的假设是采用两种消费者的线性拟合的模式来代表消费者，所以按照地方政府对于两种劳动力的关心程度不同有两种结果，而动态模型中暂时采用的是只关心普通工人的效用函数，所以在拟线性函数中，普通工人效用的权重可以看作是无穷大。

推论 2 能够较好地说明各项财税政策对于地区福利的影响，特别是指出了劳动力流动性对于地区福利的影响。根据代表性消费者福利最大化的收入税、补贴性财政支出的最优选择，以及预算约束条件下最优选择所满足的约束条件，我们可以求解出：

$$T = \frac{m(\sigma_2 p_2^2 - \sigma_1 p_1^2)}{(w_1 - w_2)\sigma_1 p_1 p_2} \tag{7}$$

$$B = \frac{m(w_2 \sigma_2 p_2^2 - w_1 \sigma_1 p_1^2)}{(w_1 - w_2)\sigma_1 p_1 p_2} \tag{8}$$

静态劳动力流动模型中所体现出来的收入再分配以及劳动力流动之间的权衡关系在动态模型中依然适用，这里不再赘述。

7 税收竞争下的劳动力空间流动实证研究

7.1 区域税收空间相关性的理论检验方法

随着各地区经济联系不断加强,地区之间税收政策的空间相互影响日益显著。当一地减低税率、提供税收优惠吸引外地流动性要素时,势必侵蚀其他地区的税基,若其他地区采取类似手段争夺税基,税收竞争则不可避免(邓力平,2006)。20世纪80年代以来,税收竞争成为研究的热点问题。在欧美的财政联邦制国家中,地方政府拥有独立的税收立法权,由此税收竞争更是一种普遍现象。在中国,由于经济转型和财政分权,地方政府开始拥有一定程度的财政收入控制权和管理权(沈坤荣、付文林,2006),也相继为发展地方经济采取博弈行为。相对于封闭地区,不同行政级别和不同特征的地区如何充分利用地区之间税收政策的互补性和协作性,是城镇密集分布的中国大都市区地方政府面前的挑战。因此,研究中国大都市区内部的税收政策相关性和税收竞争工具具有重要的理论价值和现实意义。

7.1.1 区域税收空间相关性理论回顾

关于税收竞争,蒂伯特(1956)指出,居民通过"以足投票"选择适合个人偏好的税收和公共支出组合,可以使得各地区的公共产品实现帕累托最优。还有研究认为,地区间政策的相关性是福利外溢的结果,某一地的居民能享受到临近地区的公共产品(Williams,1966;Oates,1972)。当前的"税收竞争"研究是在考虑税基的流动性后对地区税收政策相关性所作的解答。当地区完全竞争时,存在众多弱小的地方政府,无法影响整体均衡,此时税收竞争的结果往往是所有地区都把税率降到有效水平以下,导致地方公共产品提供不足(Beck,1983;Wilson,1986;Zodrow & Mieszkowski,1986)。当仅存在少量的政府时,个别地区有能力影响整体均衡,此时各地必须考虑其他辖区的税率,导致地方政府间形成战略性竞争的局面(Mintz & Tulkens,1986;Wildasin,1988;Bucovetsky,1991)。塞尔曼(Salmon,1987)、伯斯利(Besley)和凯斯(Case,1995)从委托代理关系的角度研究政府间关系,用标尺模型(yardstick)对各地区间的税收相关性做出解释。他们认为,在公共品的代理组合中存在着信息不对称,当地居民无法确切知道政府是否充分运用收入来提供公共产品,但他们可以比较临近地区的税负水平、公共产品和服务质量,再利用手中的选票对政府决策施加影响。所以,一地的政府决策和临近地区政策往往具有攀比或模仿关系。前述理论方法的区别就在于居民采取何种工具表达对地方政府政策的个人偏好和选择意愿。在税收竞争中,居民(作为一种税基)利用退出机制来表达意愿;标尺模型中,选民仅利用手中的选票表达个人意志,而不选择离开辖区。

然而,关于地方政府之间的税收政策是否存在相关性,并阐明其中原因的实证分析却不多见。国外学者一般利用税收反应函数来考察税收相关性的存在。最早的启发性研究来自凯斯、罗森(Rosen)和海思(Hines,1993),他们把美国州政府的支出作为决策变量,借用空间计量经济学的方法研究反应函数。在布鲁克纳克(Brueckner)和萨埃尔达(Saavedra,1998,2001)的经典文献中,他们首先从理论上推导出两地区之间的税收反应函数,然后利用美国波士顿地区 70 个城市的数据对地区间财产税的策略性行为进行了实证分析,发现当地存在明显的策略性博弈行为。采用类似方法研究税收反应函数的学者还有海茵德尔(Heyndels)和瓦赫林(Vuchelen,1998)、布雷特(Brett)和平卡斯(Pinkese,2000)以及布吕克纳(2001)等。值得注意的是,布吕克纳(1998)等人已经注意到税收反应函数斜率可以是正数也可能是负数,但当西方学者运用欧美国家的数据进行实证时,出现的几乎都是正数。只有在罗克(Rork,2003)等少数实证结果中出现了负斜率的反应函数,但对负斜率出现的原因却没有重视。另外,很多研究把税收相关等同于税收竞争[1],极少考察税收相关的真正原因是什么,已见的文献只有埃德马克(Edmark)和阿格伦(2007)一篇文章,该文表示,没有足够的证据显示税收竞争是税收相关的主要原因,也不太可能是标尺模型[2]。

中国学者中,沈坤荣和付文林(2006)在布吕克纳(1998)模型的基础上,利用中国的省级数据,推导出了中国预算内宏观税负和预算外税负的税收反应函数,前者至少在 90% 水平上显著,所以他们认

---

[1] 如在 Brueckner 的文章中就没有考虑标尺模型的解释。
[2] 对于经济原因的分析已经远非是经济计量所能解决的。这方面的实证很少,可能也和标尺模型很难模型化有关,就算在 Edmark 和 Agren(2007)的文章中,也只是简单的验证,不能完全使人信服。

为省际间存在明显的税收相关。而且,这种税收反应是负相关的,被称为差异化竞争策略。具体的解释有两点,一是中国地方政府对公共产品的偏好较低,二是经济规模较大的省份可以利用市场垄断力量采取和弱势地区不同的竞争策略。解垩(2007)利用省级单位面板数据做实证,指出省际间的税收反应是正相关的。他还认为没有证据证明税收竞争是税收模仿的原因,只可能是类似标尺模型的"基础建设竞赛"。李玲佳(2008)同样利用省级面板数据得出正的反应函数系数。不难看出,中国学者关于当代中国税收反应是正相关还是负相关以及反应程度的影响因素是什么等问题的研究结论存在重大分歧。本节认为税收竞争行为带有明显的"地域性",由于中国幅员辽阔、区域差异巨大,因此,以行政区划作为空间单元研究税收竞争的方法存在重大缺陷。我们认为,研究税收竞争问题的空间基础必须是内部具有紧密联系的经济区而非行政区。本节尝试以京津冀大都市区为研究对象,利用2002—2006年大都市区的面板数据,研究地方政府之间的税收政策相关性及其竞争行为,借此探究城市群的空间等级结构对地区间税收竞争的影响。

7.1.2 区域税收空间相关性计量模型

在空间计量经济模型中,对线性回归模型中的空间效应存在两种经典设定:第一种是空间误差模型(Spatial Error Model),另一种是空间滞后模型(Spatial Lag Model)。前者认为单线性回归模型忽略了空间变量,会导致误差项的空间自相关;而空间滞后模型在解释变量中放入经过空间加权的变量来弥补原有模型在空间解释能力方面的不足。朱塞佩(Giuseppe,2006)认为,空间误差模型是建立在随机空间假设上的,其估计量的一致性是可以被证明的;而空间滞后模型只是一种技术上的权宜之计。安瑟兰(L. Anselin,1995)通过蒙特卡洛方法证明,基于空间误差设定和空间滞后设定的拉格朗日统计量对于空间相关性都具有检测能力,并且在小样本的情况下后者的检测能力更强;以此间接说明两种模型设定对于空间相关性都具有解释能力。尽管对哪种模型在解释空间相关性方面更具有优势这一问题存有争论,但是本节认为在税收反应函数的实证检验中应该使用空间滞后模型而非空间误差模型。因为空间滞后模型直接估计了作为自变量的税率对于作为因变量之一的经空间调整的整体税率的反应,而空间误差模型则无法对此进行直接估计。在空间误差模型中,除整体税率之外还有可能有其他的遗漏变量是空间相关的。鉴于此,在布吕克纳、海因德尔和瓦赫林等研究的基础上,本节建立如下的空间滞后模型进行计量分析:

$$t_i = \varphi \sum_{j \neq i} w_{ij} t_j + Z_i \theta + \varepsilon_i$$

其中,t_i代表研究地区的税率,$\sum_{j \neq i} w_{ij} t_j$代表其他竞争地区的税率加权和,$W$为区域内这些相关地区的权重,$Z$代表地区的一系列影响税率的社会经济因素,$\varphi$、$\theta$为回归系数,$\varepsilon$为误差项。该模型的关键在于考察系数$\varphi$,如果它显著不等于0,那么我们就可以判断一地的税率与其他竞争性地区的税率存在相关(布吕克纳,1998)。在以上模型中,对权重w的处理十分关键,它代表着地区政府间不同的竞争方式,也体现着税收相关性的真正原因。为了对多种可能性进行对比,本节分别采取涉及地理距离因素和经济因素两种方法。

从地理角度考虑税收相关性的出发点是,空间成本将影响资金、劳动力以及信息流动,使得辖区政府更加关注临近地区的活动。一是根据是否相邻加权,若辖区相邻权重设为1,不相邻权重设为0,这种方式十分类似标尺模型的理论表述,是最常用的加权方法。二是根据距离加权，$w_{ij}=1/d_{ij}(i\neq j)$，更加精确地衡量空间因素。从经济角度考虑时，可使用 GDP 作为加权变量，此时假设辖区政府更加关注经济规模庞大的竞争地区；或者用人均 GDP 作为加权变量，此时假设辖区地方政府更关心经济发达（富裕）的竞争地区。另外，考虑到现实中地方政府可能会同时考虑距离和经济因素两种倾向，因此我们还可以用人均 GDP/距离来加权。在具体操作中，所有权重都经过了标准化。

一个地区的税率同样与当地的社会经济因素有关，因此在模型中加入 Z 是必要的。在布吕克纳和萨埃尔达（2001）的文章中，这些因素包括了个人收入、个人所得国家补助、高学历人口的比重、非裔美国人人口比重、公共部门收入和人口总数等。在沈坤荣和付文林（2006）针对中国的研究中，他们选取的因素是人均 GDP、政府机关职工比例、中小学生在校人数，但是这三个指标对于税率的影响都不是很显著。因此，本节采用了人口密度、人均 GDP、财政支出和社会固定资产投资四个变量。人口密度是外生的区域特征，它反映了公共服务需求规模的大小；人均 GDP 衡量地区的经济发展水平，其与税收和公共需求有密切关系；公共支出在国外税收竞争的实证研究中经常用到，它与居民福利直接相关。一般把教育、老年人比率、有色人种比率等社会福利支出项目作为控制变量。而在中国，地方财政支出主要花费在基础设施建设和行政管理支出上，对福利项目的单项开销比例较小。沈坤荣、付文林（2006）的研究已经说明，这些指标或者不显著，或者不重要，本节只采用财政支出指标来加以刻画。此外，本节认为中国地方政府并不一定以最大化居民福利为目标，在经济增长绩效要求下他们更可能加大基础建设投资来吸引企业投资以提高 GDP。所以，本节把社会固定资产投资也作为相关解释变量。在下文工具变量方法的运用中,实际放入反应函数右侧的社会经济因素只有后三个。空间滞后模型在回归分析中的最大问题是内生性。这种内生性可能来自两个原因:一是解释变量实际上是潜在内生性的,因为其也受到了税率的影响;二是空间滞后项的运用,没有对误差项进行任何检验(Brett & Pinkese,2000)。本节采用工具变量的方法来解决内生性的问题,选取的工具变量是人口密度。

7.1.3 数据描述与实证分析

本节的案例地区为京津冀大都市区("2+8"),包括北京、天津各区县以及河北省的石家庄、唐山、秦皇岛、保定、承德、张家口、沧州、廊坊共44个样本点。采用2002—2006年连续五年的面板数据,以使得数据更加丰富。根据中国税收体制的特点,各地方政府没有税收立法权,所以本节的实证采用地区的宏观税负(财政收入和地区GDP的比值)来代替实际税率。社会经济数据来源为《中国区域统计年鉴》和各地市的年鉴资料。

距离数据的获得需要说明。朱塞佩(2006)提出GIS测距、网格测距以及经济测距等多种测量距离数据的办法;沈坤荣、付文林(2006)和李聆佳(2008)都采用经济距离,即使用省政府所在地的铁路运营里程数来测度两个省区之间的距离。本节由于选用了市县层级的数据,无法采用经济距离来度量地理距离;因此本节采用SOUGOU卫星地图的测度。SOUGOU卫星地图提供行政辖区政府机关所在地的地理坐标以及任意两个地理坐标之间的直线距离;这就允许本节获得所使用的44个行政区的政府机关所在地的直线地理距离。数据描述见表1。由于本节采用面板数据的回归,计量结果同时反映固定效应和随机效应。

表 7—1:变量与数据描述

变量	观测数量	均值	标准差	最小值	最大值
税率	220	0.0689	0.0338	0.0164	0.1797
人口密度(万人/平方公里)	220	6256.56	10498.34	85.19	47100
人均 GDP(元/人)①	220	23951.60	18368.73	4333.33	1310303
上一年财政支出占 GDP 比重	220	0.1225	0.0751	0.0355	0.4320
固定资产投资占 GDP 比重	220	0.6455	0.5523	0.0625	3.8990
GDP 加权税率	220	0.0525	0.0011	0.0486	0.0559
相临加权税率	220	0.0676	0.0209	0.0231	0.1407
距离加权税率	220	0.0768	0.0111	0.0111	0.1190
GDP 距离加权税率	220	0.0734	0.0076	0.0549	0.1018
人均 GDP 加权税率	220	0.0689	0.0338	0.0164	0.1797

首先利用地理因素的矩阵来加权,结果如表 7—2。我们最关注的是加权税率一项的参数。结果显示,当采用相邻加权时,固定效应的结果为负,但整个模型估计的效果很差,可以忽略。而相邻加权的随机效应和距离加权的两个结果中参数都为正,而且至少在 1% 水平上显著。这说明区域内存在明显的税负正相关。这和国外大多数学者的实证结果,以及解垩(2007)、李玲佳(2008)的结果相类似,和沈坤荣等(2006)的结果不同。

在西方,税收竞争与标尺模型对于正斜率给出了解释。但是在中国,选举体制的不同使得标尺模型不可能用来解释中国现实。而各种税基(资金、劳动力等)在现实中的不完全流动性,也降低了税收

---

① 在实际处理时为了参数的方便显示,人均 GDP 的数据统一除以了 10000。

竞争理论的说服力。

表7—2:税收反应函数实证结果(是否相邻加权与距离加权)

	相邻加权		距离加权	
	固定效应	随机效应	固定效应	随机效应
加权税率(IV)	-1.3384 (-0.32)	1.3326*** (8.3)	1.49*** (3.84)	2.6829*** (4.17)
上一年财政支出比重	0.2120 (1.02)	0.1809*** (6.47)	0.0677 (1.24)	0.1720*** (3.92)
固定资产投资比重	-0.001 (-0.14)	0.0034 (1.02)	-0.005* (-1.78)	-0.0028 (-0.68)
人均GDP	0.0003 (0.04)	-0.0022** (-2.06)	-0.0061*** (-4.29)	-0.0052*** (-3.08)
常数项	0.1335 (0.56)	-0.0404*** (-4.14)	-0.0359 (-1.42)	-0.1438*** (-3.22)
Adjusted R^2(组内)	0	0.3269	0.3054	0.3147
Adjusted R^2(组间)	0.0263	0.5638	0.1769	0.3682

注:括号内为z值。显著性标示***,**,*分别表示至少在1%,5%,10%水平上显著。

本节认为,正相关性的出现来源于空间的临近性。空间经济学的理论表明,地区间的相互作用随着距离的增大而降低(Beckmann & Martin J.,1999),各种信息的传递、地区之间的相互影响尤其如此。由于在地域上临近,他们之间更加熟悉,彼此的策略和竞争行为对自己也更加重要。不管是出于争夺税基的需要,还是出于选举人的政治压力,本地政府都会更加重视周边地区的税负高低及其公共服务水平,从而极易出现税收模仿的行为。西方学者大都根据是否相邻和距离来加权的,所以在他们的实证结果中大多数地方政府都是同向的税收模仿。至于沈坤荣、付文林(2006)根据距离加权得出负斜率,原因可能有二,一是他们的样本量太少[①],二可能是因为中国省际差异太大,根据距离加权并不能削弱其异质性。

在当代中国的财政体制下,正斜率的税收反应关系还可能是出于体制原因。因为,案例地区中的区县级政府几乎没有自己的税收立法权,能争取到的税收优惠政策也是很有限的,所以现实中的各级政府并不是完全自主决策的行为主体。在国家出台某项财政政策时,这些地区只能按照行政命令行事,所以极有可能在税负上出现同向的变动。所以,当运用制度内一般预算收入来衡量税负时,很可能由于体制的影响使得解释力下降。

利用经济因素的矩阵来加权,结果如表7—3。当使用GDP加权时,固定效应参数为正,但不显著;随机效应参数为负,在5%水平上显著。用人均GDP来加权,系数均为正,且比较显著。在西方学者的研究中,很少使用GDP和人均GDP来加权。分析可知,用GDP作为权重时,会大为降低经济规模较小地区的重要性,而预先假设本地区将更加注重经济规模大的竞争对手。但是经济规模大的地区异质性很强,例如2006年秦皇岛市与北京市东城区的经济规模相仿,朝阳区和沧州市经济规模相仿,但是这些地区几乎不可比较,无法放在同一个竞争关系中加以考察。另外,反应函数右边表达经济规模大的地区的影响,而左边却是所有地区的税负,经济规模大小不一,不可能存在同一的竞争关系。所以,得出负的税收函数可能说

[①] 他们用到的距离是省会城市铁路营运距离,所以把海南和西藏两个样本去掉了,数据还是截面数据。

明内部的竞争关系不统一,没有一致的同向变动。而利用人均 GDP 来加权时,异质性就小很多,效果也更好一些。

表 7—3:税收反应函数实证结果(GDP 和人均 GDP 加权)

	GDP 加权		人均 GDP 加权	
	固定效应	随机效应	固定效应	随机效应
加权税率(IV)	0.5863 (0.16)	-33.4835** (-2.23)	3.2*** (6.29)	4.8891*** (4.93)
上一年财政支出比重	0.1526*** (2.66)	0.1721** (2.53)	-0.0092 (-0.15)	0.1731*** (4.29)
固定资产投资比重	-0.0027 (-0.85)	0.0058 (0.97)	-0.0048 (-1.59)	0.0055 (1.42)
人均 GDP	-0.0023 (-1.5)	0.0028 (1.2)	-0.0079*** (-5.57)	-0.0049*** (-3.04)
常数项	-0.0268 (-0.14)	1.7950** (2.28)	-0.1280*** (-4.2)	-0.2804*** (-4.35)
Adjusted R^2 (组内)	0.0717	0.0001	0.1539	0.1177
Adjusted R^2 (组间)	0.2383	0.4976	0.0706	0.1874

注:括号内为 z 值。显著性标示 ***,**,* 分别表示至少在 1%,5%,10% 水平上显著。

所以本节认为,当出现负斜率的税收反应函数时,可能仅表示应用的加权方式影响了结果,并不代表现实中存在差异化的竞争策略行为。当案例样本足够大时,我们可以把样本分组,然后分别考察他们的税收策略。对于这一点,还要更加深入地探讨。另外,我们还可以把距离和经济发展水平指标(人均 GDP)放在一起作为权重,假设本地政府更加重视距离本地近并且经济发达地区的策略行为,这也是合乎常理的。结果如表 7—4，其参数仍为正，且比较显著。

表 7—4：税收反应函数实证结果（人均 GDP/距离加权）

	随机效应	固定效应
加权税率(IV)	6.3546** (2.16)	1.9937*** (4.72)
上一年财政支出比重	0.1544** (2.04)	0.1224** (2.25)
固定资产投资比重	0.0005 (0.08)	−0.0034 (−1.14)
人均 GDP	−0.0052* (−1.63)	−0.0037*** (−3.33)
常数项	−0.4045** (−1.97)	−0.0812*** (−2.68)
Adjusted R^2（组内）	0.2513	0.1784
Adjusted R^2（组间）	0.4554	0.4337

注：括号内为 z 值。显著性标示 ***，**，* 分别表示至少在 1%，5%，10% 水平上显著。

其他三个经济社会解释变量也值得注意。上一年的财政支出比重几乎在所有的模型中都很显著，这合乎常理，收入与支出的相关性通常都比较大，而且上年支出越多越会给来年的支出带来更大的压力。人均 GDP 的参数多为负值，且比较显著，说明经济越发达的地区，税负可能越低。这可能是因为经济发达的地区更容易争取到各种优惠政策。而且也没有证据表明社会资产投资会和税负有很强的关系。值得注意的是，这里的税负是指制度内一般预算收入，由于准确的预算外收入的数据很难获得，影响了实证结果的完美性。

7.1.4 引入空间结构的税收相关程度考察

基于距离的地区间税率相关仅是初步的分析,我们并不知道地区间税率反应程度大小有什么特点。"距离临近"只是地区间水平横向维度的一种表达,不同地区之间还有另一种关系,那就是空间结构的纵向"等级",即"核心"、"边缘"和"外围"等空间层级关系。我们有必要在大都市区的研究案例中加入空间的结构"等级",来考察反应程度的大小。把44个样本根据距离临近和等级体系分成以下几组:将北京的城八区以及天津的和平、河东、河北、红桥、南开、河西等看作京津冀都市圈的"核心区",把京津两市剩余的区县看作"边缘区",将河北省的八个地市视为区域的"外围区"。利用从2002—2006年税负的总变化量对空间结构分类讨论(见表7—5)。

表7—5:加入"核心—边缘—外围"空间结构的京津冀税负变动

	税负上升	税负下降	总结
核心(14个地区)	崇文、宣武、丰台、和平、河东、河西、南开、河北、红桥	东城、西城、朝阳、石景山、海淀	有9个税负上升,5个税负下降,其中天津核心区税负全部上升,税负下降地区都位于北京。
边缘(22个地区)	门头沟、房山、通州、顺义、昌平、平谷、延庆、塘沽、汉沽、东丽、西青、津南、北辰、武清、宝坻、静海、蓟县	大兴、怀柔、密云、大港、宁河	有17个税负上升,5个税负下降。北京边缘区7个上升,3个下降;而天津边缘区10个上升,2个下降。
外围(8个地区)	唐山、秦皇岛、张家口、承德、廊坊	石家庄、保定、沧州	有5个上升,3个下降,围绕京津的5地区上升,远离京津的3个下降。

表7—5说明税负上升是基本的趋势,但等级不同地区税负变动情况不同。北京的核心区税负变动有升有降,而边缘区大都呈现出税负上升的趋势。天津几乎所有地区都出现了税负的上升,但数据说明核心区上升的幅度要大于周边。河北的情况也十分有趣,保定、沧州、石家庄三个处于京津冀大都市区域南部的外围区税负变化不大且略有下降,但唐山、廊坊等北部外围地区却出现了上升。我们知道,河北北部的这些外围区和京津的边缘区相邻,所以他们变动是一致的。由此,我们有理由认为,处于核心和边缘等不同等级体系中的城市,采取的税率策略性变动程度是不同的。为了在计量模型中表达这种等级不同带来的反应程度差别,我们加入虚拟变量,以区别不同的区位特征。此次回归的加权方式是上文中人均GDP/距离的方式。

表7—6的结果基本印证了本节的假说。核心区的正相关程度最大,边缘区和外围区依次递减。具体来说,天津的核心区系数大于北京核心区,但并不显著;天津和北京的边缘区有所下降,河北外围区最低,而且比较显著。这种反应的差异可能来自于等级高低带来的"地域歧视"。因为在中国,税率并不是吸引外资和促进地区发展的唯一工具,经济发达地区(核心区)在和周围地区进行竞争时,往往拥有更多的资源优势和制度优势。例如北京有"首都优势"。当出现降低税率吸引外资的竞争行为时,北京完全有能力大幅度降低税率吸引资金,同时还保证公共服务提供的水平不会降低;若需要提高税收增加收入,北京等发达地区同样可以大幅提高,而利用其他的社会经济条件保证资金不外流。因此,对于自由流动的资金来说,核心区由于拥有更灵活有力的政策工具而具有了某种"地域的优势",相对于其他地区的歧视也就形成了。

表7—6：加入"核心—边缘—外围"变量的税收反应函数实证结果

	（人均GDP/距离加权）（随机效应）			
加权税率(IV)	核心区	1.1226 (0.74)	北京核心区	1.1326 (0.91)
			天津核心区	1.1401 (0.56)
	边缘区	1.1006** (1.76)	北京边缘区	1.1139** (2.02)
			天津边缘区	1.1141* (1.85)
	外围区	1.0837*** (2.8)	河北外围区	1.097*** (3.43)
上一年财政支出比重	0.1966*** (5.71)		0.1941*** (5.2)	
固定资产投资比重	0.0028 (1.03)		0.0019 (0.72)	
人均GDP	-0.0024** (-2.01)		-0.0021 (-1.59)	
常数项	-0.0155 (-0.13)		-0.0193 (-0.21)	
Adjusted R^2（组内）	0.2743		0.2780	
Adjusted R^2（组间）	0.7024		0.7003	

注：括号内为z值，显著性标示 ***，**，* 分别表示至少在1%，5%，10%水平上显著。

7.1.5 结论

本章的结论包括两个方面。第一,在进行税收反应函数的实证研究中,加权方式会大大影响实证的结果。当使用地理距离变量加权时,更有可能得到税收反应正相关的结论。在中国,税收竞争与标尺模型并不完全合适,运用空间经济学的空间临近与信息传递来解释则有一定的说服力。不可忽视的是,同向的税收变动可能和财税制度有关。而使用经济变量加权时,有可能增加了样本的异质性而出现税收反应负相关的结论。第二,本节认为空间结构的不同等级影响着税收反应的程度大小。例如实证结果显示,核心地区比边缘地区反应程度更大,相对其他地区形成了"地域歧视"。

当前,税收立法权的缺失使得中国地方政府并不是完全独立自主的决策者,所以中国地方间的宏观税负可能存在同向变动的关系。这就使得运用制度内一般预算收入进行实证分析的意义变得模糊不清;另一方面,各地准确的预算外收入数据极难获得,导致税收反应函数在中国的应用具有极大的不足。我们仅需要借鉴这些理论的内在道理,而不能单纯依靠实证分析的数据结果就认定现实中存在种种的竞争行为,以免对现实造成极大的误解。随着中国财政体制改革的不断深入,我们需要应用更多更加科学的理论和实证方法来研究现实,提出切实合理的政策建议。

7.2 税收竞争下的双重要素流动模型检验

在模型部分我们已经提到在放松劳动力流动的框架下,大都市区财税竞争对于区域福利的影响。我们从理论角度分析了税收政策以及财政支出政策对于区域福利的影响,并且从衡量区域福利再分配的角度分析了再分配的政策与劳动力流动之间的关系。同时,我们发现了吸引资本集聚的主要措施,并且对技术工人与普通工人两种劳动力的区域偏好进行了分析。现在,我们利用京津冀大都市区的数据从实证的角度来支撑我们的结论,我们主要采用第五次人口普查的迁移数据,以及2000年到2006年之间的《区域统计年鉴》的截面和面板数据来证实我们的结论。

要验证各种税收政策以及财政支出政策对劳动力流动性的影响,我们必须讨论人口在区域内流动的数据。考虑到数据的可获取性,我们先采用2000年第五次人口普查的数据来分析区域内要素流动受到地区间财税竞争影响的情况。

7.2.1 资本与资本税的实证证据

首先考虑资本的数据,我们采用一元线性回归来测试资本和资本税税率的关系。在资本税的处理上,我们使用企业所得税的相关数据,做此处理的依据是,排除掉劳动力报酬之外的企业的利润部分可以被认为是资本的报酬,对应的企业所得税实际征收的对象是资本报酬。

我们通过计算企业所得税占资本的比例来衡量资本税税率。通过回归,我们发现资本税的税率和人均投资存在一个显著的负相关关系,也就是说资本税税率越高,人均投资也就越低,这正是传统经济学理论告诉我们的税率提高会导致税基下降的情况,图7—1向我们展示了这种关系:

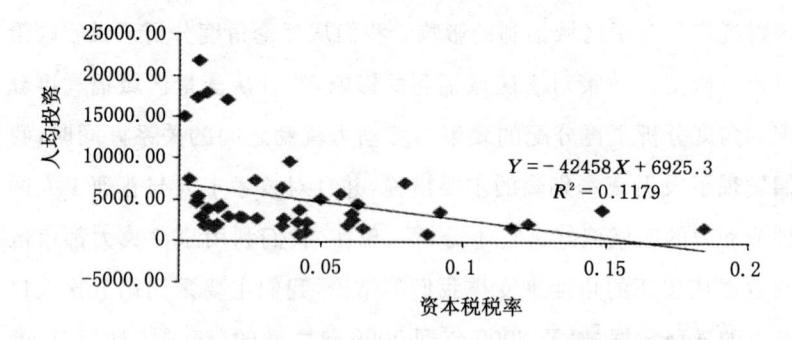

图 7—1 资本税税率和人均投资之间的关系

$Y = -42458X + 6925.3$
$R^2 = 0.1179$

当我们考虑 FDI 和资本税税率的关系时,它们之间的关系就不那么明确了。在 2000 年京津冀的数据中,FDI 在东城区集聚得非常明显,尽管东城区的资本税税率并不比其他地方显著低,人口也只是接近周边地区的平均水平。所以我们估计即使使用人均 FDI 来计算,这种负面效应也并不明显,因为在某些特殊地方 FDI 集聚的原因并非只是受到资本税税率的影响,可能还受到其他因素的影响。为了排除经济总量的影响,我们使用 GDP 标准化之后的 FDI 作为回归的变量。这时候我们可以得到图 7—2 的内容:

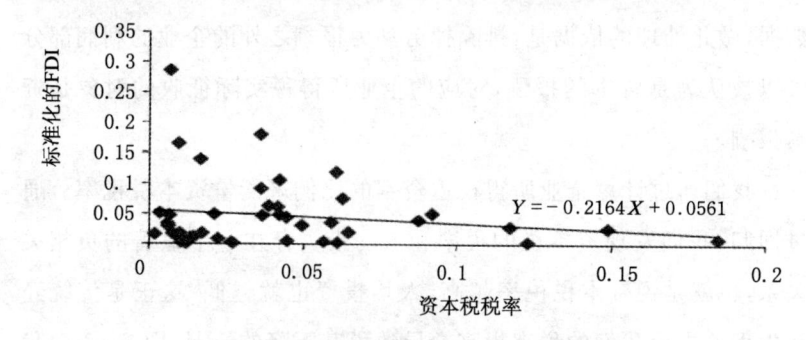

$Y = -0.2164X + 0.0561$

图 7—2 资本税税率对于标准化后 FDI 的影响

7.2.2 劳动力流动性与再分配程度

接下来来看劳动力流动的数据是否真的能够被我们的模型所解释。在劳动力流动框架下的财税竞争模型中,以非货币衡量的两种不同劳动力的流动偏好和以货币衡量的交通成本是影响整个研究框架的两个重要的因素。在两个因素的共同作用下,劳动力从资本的附属成为了具备流动性的要素,根据流动偏好以及交通成本的设置,我们将这种流动性的研究扩展到不完全流动和完全流动的情况,并且将空间的概念引入到了区域财税竞争中。

在引入劳动力流动偏好异质性的基础上,我们能够更好地研究地方政府的财税政策对于财税竞争均衡的地区福利的影响。在主流经济学理念中,用来衡量地区福利的指标主要是人均消费,其进入消费者的效用函数中,但是其假设是该地区存在一个代表性的消费者。在引入劳动力异质性假设的基础上,我们必须对两种代表性消费者的效用进行权衡,这种权衡取决于地方政府的偏好。对此我们引入了再分配的系数,来衡量地方政府在这两种消费者效用之间的偏好。

我们在这些假设的基础上研究了财税政策对于地区福利的影响,并且衡量了均衡时经济和劳动力流动偏好之间的关系,并将这种流动性偏好和再分配的程度联系起来,研究显示,其两者间具有紧密的关联。

在实证研究时,我们仍然采用2000年京津冀的截面数据来验证原先得出的结论。由于人口普查数据并没有区分各地区劳动力流动的技术工人与普通工人的差异,所以我们很难在截面数据分析中将两者进行有效的区分,但是如果认为这两种人的偏好趋向于同质,我们就可以在不区分技术工人与普通工人的情况下研究财税政策对地区福利的影响。需要注意的是,这种情况下我们仍然有效地引入了劳动力的流动性质,所以对很多基于放松劳动力流动性的结论在实证上仍然适用。而劳动力流动性偏好异质的情况我们将通过数值模拟来实现。

尽管如此,我们做出了将劳动力流动性指标与人均消费代表的地区福利相联系的尝试,考察劳动力流向人均福利较高的地区的假设是否符合实际。但是在衡量流动性指标的时候,我们采用两个指标分别衡量这种流动的性质。一个是以人口标准化之后流入加流出的数据衡量的流动性指标 a,另一个是以人口标准化之后的净流入数据衡量的流动性指标 b。

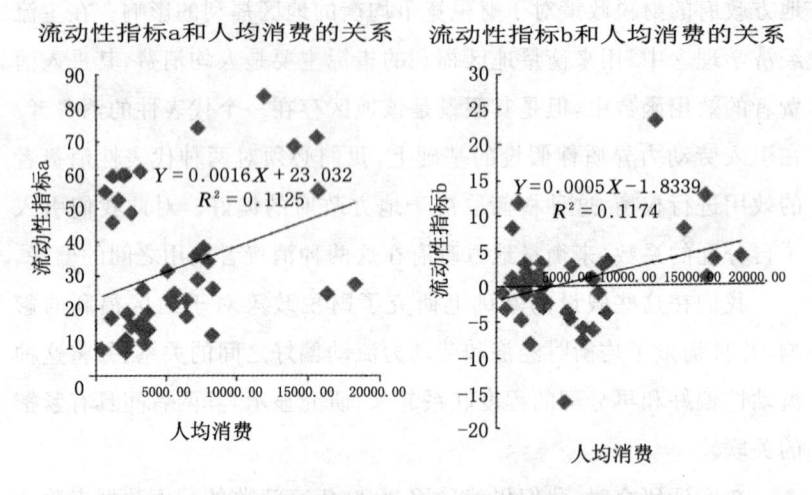

图 7—3　两种流动性指标和人均消费的关系

我们分别对这两种流动性指标和人均消费进行研究,我们发现劳动力流向人均消费高的地区,也就是人均福利高的地区是符合实际的。直观上来说,流动性指标 b 随着人均消费的提高而提高,而流动性指标 a 与人均消费之间的关系也同样符合实际情况。

我们关于劳动力总是趋于流向人均福利高的地区的假设符合现实,使得我们能够最终建立起保证劳动力理性流动的分析框架。同时,我们也可以研究财税政策对地区福利的影响,这些影响在我们的模型中已经有了初步的理论性的结论,但是在实证上是否能够较好地得到支持还需要我们检验财税政策对地区福利的影响是否符合我们模型的结论。

在动态的双重要素流动的模型中,我们得到财税政策对于人均消费和投资之间的关系是:资本税税率对人均消费和人均投资的影响都是负的,而收入税、消费税、劳动力迁徙成本、通勤成本以及政府财政转移性的支出对人均资本存量并不会产生影响,而对于人均消费却产生了负面的影响。补贴性财政支出的竞争能够带来同比例的消费提升,进一步提升了地区的代表消费者的福利。除此之外,我们还将进一步细化各项支出政策,通过不同支出对人均消费和人均投资的影响关系来区分不同支出政策短期内对地区福利的影响。

7.2.3 数据描述和实证方法

在上一节我们已经提到了在放松劳动力流动的框架下,大都市区财税竞争对区域福利的影响。我们从理论的角度分析了税收政策以及财政支出政策对于区域福利的影响,并且从衡量区域福利的再分配角度分析了再分配的政策与劳动力流动之间的关系。

利用 2000 年到 2006 年统计年鉴京津冀 44 个同级别的地区[1]的

---

[1] 北京、天津以区作为单位进入统计单元,河北入选环渤海大都市区的 8 个地级市进入统计单元。

数据,我们用资本税税率①、收入税税率、消费税税率、劳动力迁移成本②以及财政转移性支出对人均消费做多元线性回归,回归方程为:

$$Y = \beta_0 + \beta_1 X_1 + \beta_2 X_2 + \beta_3 X_3 + \beta_4 X_4 + \beta_5 X_5 + \varepsilon$$

其中,Y 为人均消费,X_1、X_2、X_3、X_4、X_5 分别代表资本税税率、收入税税率、消费税税率、劳动力迁移成本和财政转移性支出,β_i 为各个变量的系数,ε 为误差项。

为了像细化税收政策一样细化具体财政政策对以人均消费代表的地区福利的影响,同时研究财政政策对人均投资的影响作用,在此我们也将财政政策进行细分,以研究不同类型的财政支出对人均消费和人均投资的影响。这里,我们主要研究教育、基建、医疗和补贴性支出的影响。我们同样采用人均量来研究不同类型的财政支出政策对于经济的影响。

我们建立教育、基建、医疗以及补贴性财政支出对人均消费的回归方程:

$$Y = \gamma_0 + \gamma_1 Z_1 + \gamma_2 Z_2 + \gamma_3 Z_3 + \gamma_4 Z_4 + \varepsilon$$

其中,γ 表示人均消费,Z_1、Z_2、Z_3、Z_4 分别代表教育性财政支出、基建性财政支出、医疗性财政支出和补贴性财政支出,γ_i 为各个变量的系数,ε 为误差项。

将被解释变量 Y 替换成为人均投资,可以较好地解释各项财税政策对于人均投资的影响。变量的描述性统计见表 7—7。

---

① 我们使用企业所得税水平来代替资本税,我们做此处理的依据是,排除掉劳动力报酬之外的企业的利润部分可以被认为是资本的报酬,所以对应的企业所得税实际征收的对象是资本报酬。

② 以该地区到所有地区的加权平均距离衡量。

表 7—7:变量描述性统计(2000—2006)

变量名称	观察数量	均值	标准差	最小值	最大值
人均消费	308	9882.29	8323.56	456.993	53384.5
人均投资	308	11239.5	12598.3	245.399	151905
资本税税率	308	0.02779	0.03920	0.00106	0.47250
收入税税率	308	0.02341	0.01768	0.00269	0.13474
消费税税率	308	0.05548	0.04472	0.00233	0.29705
迁移成本	308	118.265	44.4082	87.5430	285.566
人均教育性财政支出	308	409.886	204.780	13.9234	1081.43
人均基建性财政支出	308	241.277	379.937	0.07770	4267.44
人均医疗性财政支出	308	124.998	97.5345	0.59110	602.894
人均补贴性财政支出	308	116.492	98.8867	13.3697	517.159

7.2.4 税收竞争双重要素流动计量结果

从表 7—8 可以看出,资本税税率和收入税税率对人均消费的影响并不显著,而显著的变量主要是消费税税率、劳动力迁移成本和补贴性财政支出政策。消费税的税率对地区福利的提升具有显著的负面影响,劳动力迁移成本对地区福利也有显著的负面影响,补贴性财政支出则对地区福利有显著的正面影响。补贴性财政支出政策和减少劳动力迁移成本,比如通过增加社会保障性和福利性支出和健全区域的交通系统,可以显著地提高区域的福利。

表 7—8：人均消费与投资对各项财税政策的回归(2000—2006)

变量名	人均消费	人均投资	人均消费	人均投资
资本税税率	13180.3	-65307.2		
	(1.5246)**	(3.9039)***		
收入税税率	-9235.06	-72255.9		
	(0.4596)	(1.7019)		
消费税税率	-49566.2	33107.6		
	(6.2029)***	(2.1624)		
迁移成本	-55.182	-50.896		
	(7.1091)***	(3.3658)		
教育性财政支出			2.14222	36.0160
			(0.7119)	(13.0665)***
基建性财政支出			-1.98625	1.56683
			(1.6826)**	(0.9076)
医疗性财政支出			23.5863	-10.0602
			(4.3463)***	(1.0142)
补贴性财政支出	55.1902	37.3607	34.9965	-5.7204
	(15.4763)***	(5.4517)***	(6.5384)***	(0.7570)
常数项	12729.3	12880.2	2857.24	3051.22
	(5.4298)***	(3.6552)***	(-0.7051)	(-3.7778)***
调整后 R^2	0.497	0.190	0.410	0.354
F 检验值	102.706	19.3257	108.634	170.773
观察数	308	308	308	308
地区数量	44	44	44	44

注：* 表示统计关系在 0.1 水平上显著，** 表示统计关系在 0.05 水平上显著，*** 表示统计关系在 0.01 水平上显著。

由于资本税税率对于人均投资的显著性负面影响非常大,所以其他的财税政策并没有对人均投资构成足够的解释力度,其对人均投资的影响比较小。我们可以看到,模型的 F 值比临界值小,表示整个模型在统计意义上并不显著,而 R^2 也显示了模型解释力度有限。各个政策的改变带来的人均投资的改变相对资本税而言比较小,所以这些政策在有效地调控人均投资方面的作用非常小。

根据第三列变量的 t 检验结果,医疗和补贴性支出的增加能够有效地提高人均消费,从而使得地区福利提高,但是教育和基建性支出则对地区的福利并没有多大的改善。整个模型的统计是显著的,能较好地解释不同的财政支出政策对人均消费的影响。第四列回归结果向我们表明了这样一个事实:教育支出对人均投资有非常显著的正面影响,而其他方面的支出则并不对人均投资有显著性的影响。其他各项财政支出政策在影响人均投资的时候并不具备稳定的影响,我们试图使用这些支出政策来带动人均投资并不是很有效。人均投资的拉动需要从资本税税率的相关税收政策上进行合理的调控,而财政支出政策主要是增加教育投资。从 2000 年到 2006 年的七个截面数据中来研究教育支出对人均投资的影响,我们发现教育支出对人均投资的正面影响是逐步体现出来的,是一个具备滞后性的提升人均投资的政策。

资本税税率的符号与模型结论不一致的原因可能由以下几个方面造成:第一,数据的来源是《区域统计年鉴》以及《财政统计年鉴》,可能存在统计口径的差异,而且京津冀地区的数据统计的口径也可能存在差异,这些统计数据没有很好的标准,也可能是造成误差的原因;第二,在中国并没有征收资本税,资本税的税率是我们采用理论上的企业所得税除以投资估算的,这个数据并不非常准确,所以这个处理上还有待改进;第三,各地区的经济并没有达到均衡的水平,各项财税政策并没有最大化地区的福利,所以并不具备均衡时所应该具有的性质,很可能经济处在失衡的状态,导致某些参数不准确。

最后,我们使用面板数据的随机效果来分析这些政策的影响,并没有筛选掉任何不利或者无效的政策,可以发现真实的每个政策对人均消费以及人均投资的影响,并消除个体差异中一阶自相关带来的误差。数据的选取仍然是 2000 年到 2006 年环渤海大都市区 44 个统计单元各项经济性质和空间性质的数据,我们分别研究各项财税政策对人均消费以及人均投资的影响,同时研究各项财政支出政策对于人均消费和人均投资的影响,检验政策对经济的精确影响程度。

我们设定的面板数据的回归模型为:

$$C_{it} = \beta_0 + \beta_1 CapitalT_{it} + \beta_2 IncomeT_{it} + \beta_3 ConsumerT_{it} + \beta_4 TransportationC_{it} + \beta_5 Transfer_{it} + \varepsilon_{it}$$

其中,C_{it} 为个体 i 在 t 年的人均消费,$CapitalT_{it}$、$IncomeT_{it}$、$ConsumerT_{it}$、$TransportationC_{it}$、$Transfer_{it}$ 分别代表资本税税率、收入税税率、消费税税率、劳动力迁移成本和财政转移性支出,β_i 为各个变量的系数,ε_{it} 为误差项。

我们得到的回归结果为:

$$C_{it} = 16080 + 17036CapitalT_{it} - 28475IncomeT_{it} - 41281ConsumerT_{it}$$
$$(5.43) \quad (1.94) \quad (-1.4) \quad (-5.59)$$
$$- 30.712TransportationC_{it} + 31.048Transfer_{it}$$
$$(-4.18) \quad (8.97)$$

模型调整后的 R^2 为 0.30。

从以上结果可以看到各项政策对于人均消费的影响程度,其中资本税税率的系数是 17036,收入税税率的系数是 -28475,消费税税率的系数是 -41281,劳动力迁移成本的系数是 -30.712,补贴性财政支出的系数是 31.048。各项政策的 t 统计量都是显著的,模型的 R^2 为 0.314,调整后为 0.302。所以,除了资本税税率的符号问题,结论与理论模型得出的结论是一致的。

如果我们将人均投资 I_{it} 作为被解释变量,替代上面方程中的 C_{it},我们可以得到:

$$I_{it} = 13943 - 43167 Capital\, T_{it} - 41285 Income\, T_{it} + 32260 Consumer\, T_{it}$$
$$(3.65) \quad (-2.49) \quad\quad (-1.03) \quad\quad (2.21)$$
$$- 33.056 Transportation\, C_{it} + 22.43 Transfer_{it}$$
$$(-2.27) \quad\quad\quad (3.28)$$

模型调整后的 R^2 为 0.119。

我们可以看到各项政策对人均投资的影响程度,其中资本税税率的系数是 -43167,收入税税率的系数是 -41285,消费税税率的系数是 32260,劳动力迁移成本的系数是 -33.056,补贴性财政支出的系数是 22.43。补贴性支出和资本税税率的影响是显著的,t 统计量能够通过检验。但是整个模型的 R^2 只有 0.134,调整后为 0.119,充分显示了政策与人均投资的不显著关系,与模型得到的结论是一致的。

如果细化财政支出政策,并考虑其对人均消费和人均支出的影响,我们同样可以采用面板数据分析的方法对京津冀大都市区 44 个统计单元的数据进行分析,给出不同类型的财政支出政策对人均消费和人均投资的影响系数,我们可以采用财政支出政策来调控财税竞争下的经济。我们设定面板数据的回归模型为:

$$C_{it} = \gamma_0 + \gamma_1 Edu_{it} + \gamma_2 Infrastructure_{it} + \gamma_3 Health_{it}$$
$$+ \gamma_4 Socialsecurity_{it} + \varepsilon_{it}$$

其中，C_{it} 为个体 i 在 t 年的人均消费，Edu_{it}、$Infrastructure_{it}$、$Health_{it}$、$Socialsecurity_{it}$ 分别表示教育性财政支出、基建性财政支出、医疗性财政支出和补贴性财政支出，γ_i 为各个变量的系数，ε_{it} 为误差项。回归后结果为：

$$C_{it} = -1261.4 + 2.0367Edu_{it} - 1.9975Infrastructure_{it}$$
$$(-0.705) \quad (0.76) \quad (-1.89)$$
$$+ 20.645Health_{it} + 14.92Socialsecurity_{it}$$
$$(3.02) \quad (3.09)$$

其中模型调整后 R^2 为 0.238。

医疗和补贴性支出对人均消费具有显著性的影响，其 t 统计量分别为 3.0264 和 3.0934，而教育和基建性支出则对人均消费的影响并不显著。我们主要采用医疗和补贴性支出来调控区域的人均消费，其中医疗性支出对人均消费的影响系数是 20.645，而补贴性支出对人均消费的影响系数为 14.92。

如果我们将人均投资 I_{it} 作为被解释变量，替代上面方程中的 C_{it}，我们可以得到：

$$I_{it} = -7948.5 + 33.361Edu_{it} + 2.6744Infrastructure_{it}$$
$$(-3.778) \quad (7.237) \quad (1.474)$$
$$- 14.025Health_{it} - 6.8091Socialsecurity_{it}$$
$$(-1.194) \quad (-0.820)$$

其中模型调整后 R^2 为 0.260。

教育性支出对于人均投资的影响系数为 33.361，对人均投资具备显著的正面影响，而基建、医疗和补贴性支出对人均投资的影响并不显著。其中，教育性支出的 t 统计量为 7.2374，其他支出项的 t 统计量都比较小。从截面数据回归结果发现，教育性支出对人均投资的影响虽然在短期并不显著,但是教育性支出的积累会在一个较长的时期内提升人均投资,这种作用主要是通过人力资本的提升来实现的。

综上所述,在提高地区福利的政策上,需要进一步完善社会保障,增加补贴性的财政支出,注重地区的再分配程度,同时要通过交通设施的建设减少劳动力流动的成本。而在财政支出方面,医疗和补贴性支出对于提高地区福利都是有促进作用的。增加教育性财政支出则可以通过人力资本的积累来增加人均投资。

7.2.5 劳动力流动偏好异质下的数值模拟

将财政支出政策进行区分的好处是通过改变支出结构得到我们想要的结果,合理地改善区域的财税竞争。但是上面的分析都是建立在劳动力同质的基础上的,为了使劳动力存在流动性偏好的差异,我们采用数值模拟的手段来再现模型给我们展现的现实中京津冀大都市区劳动力流动的情况。我们曾经得到这样的结论:再分配程度和劳动力流动性之间存在一个权衡。在这个框架下,我们能够研究现实中技术工人和普通工人流动性偏好的空间分布,并通过增加技术工人的归属感、减少普通工人的流动壁垒来使得地区福利提升,让财税竞争有利于提升地区福利。

我们首先注意到,在上一章的结论中,我们给出了均衡时下面的等式:

$$T = \frac{m(\sigma_2 p_2^2 - \sigma_1 p_1^2)}{(w_1 - w_2)\sigma_1 p_1 p_2} \tag{1}$$

$$B = \frac{m(w_2 \sigma_2 p_2^2 - w_1 \sigma_1 p_1^2)}{(w_1 - w_2)\sigma_1 p_1 p_2} \tag{2}$$

我们可以利用这个结论来模拟现实情况下两种流动偏好的劳动力流动对于区域的福利会产生什么样的影响。

为了得到更加接近现实的数据,我们需要对于其中的某些参数做些设定,这些设定必须更符合现实的情况。由于现在的收入税的税率以及个人补贴性财政支出都是可以得到的,所以我们在设置技术工人以及普通工人之间的工资差额以及在人口中的比例这些参数上需要遵循的原则是与实际情况相符。然而,用货币衡量的劳动力迁移的成本是未知的,我们知道某个地区到其他地区的距离加权平均后的值,但是每单位距离的迁移成本是多少也是需要通过现实来模拟的。

我们首先将2000年44个地区收入税以及人均补贴性财政支出的平均值分别带入,然后调节这两个参数,使得两种劳动力的流动性相同,这时候我们会得到一个参数的设定范围,同样,我们给定普通工人的流动性偏好为0.5,并且假设技术工人的流动性偏好在[0,1]的范围内连续变动,我们可以得到另一个参数的设定范围。而代入加权平均的距离,我们可以得到每单位距离的迁移成本的参数。通过Matlab模拟得到,这三个参数的设置可以采用下面的方法来处理:

1.技术工人的工资水平和普通工人的工资水平的比例大约为7∶3;

2.技术工人与普通工人占劳动力的比例大约为7∶3;

3.每单位距离的迁移成本大约为0.91,也就是10/11。

得到这些参数之后,我们假定普通工人的流动性偏好为0.5,我们让技术工人的流动性偏好在[0,1]之间连续变化,根据(7)式来计算收入税税率随着技术工人的流动性的变化而变化的图形,并且通过该地区实际收入税税率的值来确定这个地区的技术工人流动性偏好的值。显然技术工人的流动性偏好是相对于普通工人而言的，所以这种流动性偏好的研究只需要假定单方面偏好不变，另一方的流动性偏好的值就是该地区技术工人对于普通工人流动偏好的大小。

我们依据每个地区的技术工人的流动性偏好的数值，并且在区位图上用不同深浅的颜色表示出来，就可以得到区域内技术工人相对于普通工人流动性偏好的情况，而普通工人的流动性的偏好相对于技术工人流动性偏好的情况在区域内的分布情况与之相反。我们在区位图上将这种流动性的区位分布展示出来，就可以清楚地知道现实中哪些地区更能吸引技术工人，而哪些地区并不能有效地吸引技术工人。

图7—4表明，在北京与天津两个核心之间的连线上，是技术工人流动性偏好较大的地方，也就是说除了货币因素之外，技术工人离开这个区域的成本很大，所以并不愿意离开这个地区。我们曾经在模型设定的时候提到，流动性偏好代表某种归属感或者离开该地区的非货币衡量的成本，事实上这也表明了技术工人更愿意在这个地方集聚而不是在其他地方集聚，由于边缘地区的技术工人非货币衡量的流动成本非常小，所以其流出的可能性也非常大。

而劳动力的这种流动性偏好与再分配的程度也是我们研究的一个内容，我们得出的结论是再分配程度和流动性偏好有着一定的权衡关系。同样可以将衡量再分配程度的指标，即收入税减去补贴项来对两种劳动力偏好做数值模拟，来实现这两者的关系。

图7—5和图7—6很清楚地显示了这种权衡关系。我们发现，

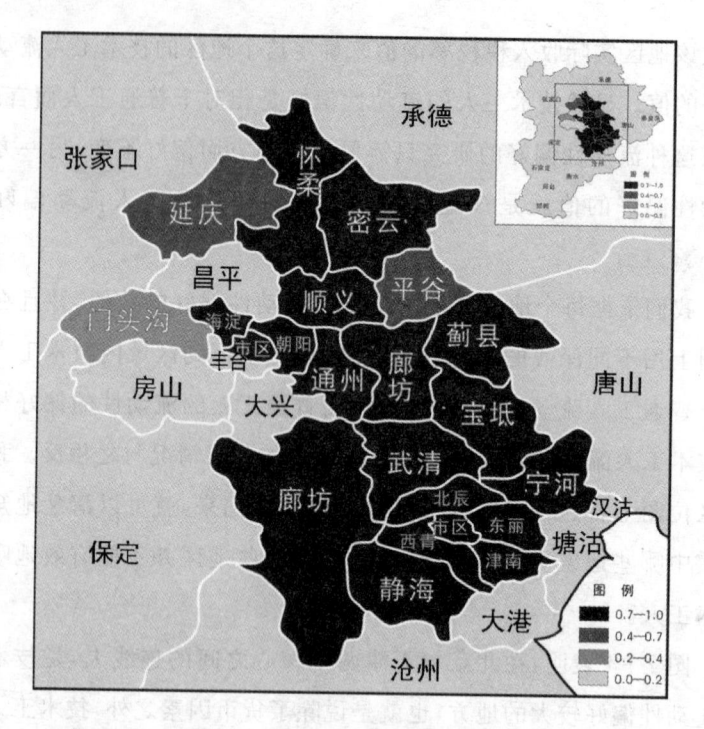

图 7—4 技术工人在环渤海大都市区的流动性偏好分布

当技术工人的流动性较差的时候,普通工人能够很容易地向技术工人集聚的地方集聚,从而获得比较高的再分配程度;而技术工人流动性比较好的时候,则能够有效地流动来避免向普通工人支付过多的转移性支出。同样,当普通工人的流动性较好的时候,这种再分配程度是上升的,而其流动性较差的时候,这种再分配程度是下降的。

在北京和天津这样的核心区技术工人相对于普通工人的流动性较差,所以我们可以得到这样的结论:在这些地区,再分配的程度要高于其他的地区。而我们曾经指出,无论政府是罗尔斯式的单

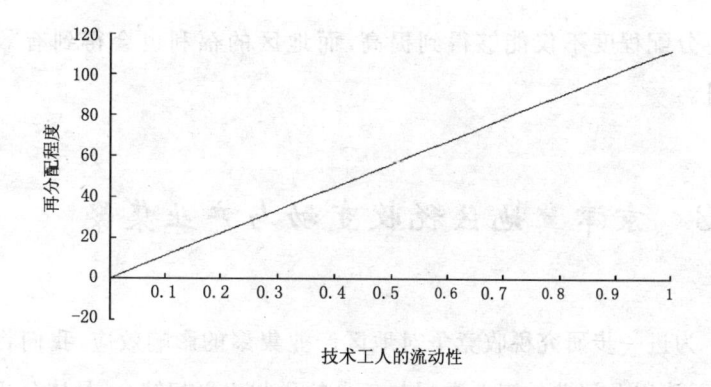

图 7—5 技术工人的流动性偏好与再分配程度的关系

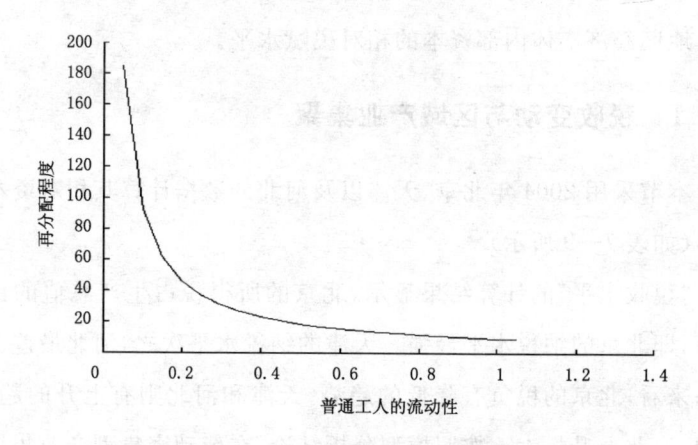

图 7—6 普通工人的流动性偏好与再分配程度的关系

纯考虑某种消费者的效用,还是通过再分配程度综合两种消费者的效用,当该地区吸引技术工人比较多的时候,地方政府的效用都是提高的。

所以在劳动力流动的政策方面,政府应该试图培养技术工人较强的区域归属感,减少普通工人流动的限制和障碍,这时候地区的再分配程度不仅能够得到提高,而地区的福利也会得到有效的提升。

7.3 京津冀地区税收变动与产业集聚

为进一步研究税收竞争对地区产业集聚的影响效应,我们将北京、天津以及河北的工业数据与各自的税收水平相结合,具体分析税收水平对集聚效应的影响。我们采用企业所得税的加权平均计算某一个地区经济实体内部资本的相对税赋水平。

7.3.1 税收变动与区域产业集聚

本节采用 2004 年北京、天津以及河北的数据计算其相对资本税率。(如表 7—9 所示)

"税收水平"的计算结果显示,北京的所得税占生产总值的比例最高,即北京的纳税水平最强。天津的纳税水平次之,河北最差。但动态来看,北京的税负有降低的趋势,天津和河北则有上升的趋势,其中,河北上升最大。按照模型分析结论,在劳动密集型产业集聚的地区,资本税率水平的提高能够促进该地区的经济发展,所以对河北和天津等制造业主导的地区,提高资本税率有利于原有产业体系的集聚。单从资本税率的动态变化上看,河北、天津都出现资本税率上升的趋势,其制造业集聚相应也比较明显。而北京资本税率相对下降的趋势使得资本密集型产业的集聚趋势明显,制造业集聚的福利效应逐渐被其取代。

表7—9:京津冀地区的资本相对税赋水平

年份	2004		
项目	生产总值(亿元)	企业所得税(万元)	比值
北京	4283.31	1216973	0.0284
天津	2931.88	321246	0.011
河北	8768.79	381060	0.0043
	2005		
北京	6886.31	1647615	0.0239
天津	3697.62	414157	0.0112
河北	10096.11	533681	0.0053
	2006		
北京	7870.28	2138573	0.027
天津	4359.15	534939	0.012
河北	11660.43	663664	0.006

为更进一步研究税收和集聚效应的关系,本节采用三地制造业的区位熵来衡量相关产业的集聚程度,并结合资本税赋水平分析税收竞争对地区产业集聚的影响效应(参见表7—10)。

通过计算分类产业的区位熵变化与资本税率变化的相关关系(参见表7—11),可以分析资本税率变化对产业集聚程度的影响,得到地区产业集聚随同资本税率变动的发展情况。对上述数据进行同向筛选,以便将产业集聚程度与资本税率同向变化的产业与异向变化的产业区分开来。同向变化的属于资本密集型产业,异向变化的属于劳动密集型产业,均衡型地区的产业集聚程度变化围绕期望值0随机变动。

表7—10：京津冀地区制造业的区位商与产业集聚程度

地区	北京			天津			河北		
产业\年份	2004	2005	2006	2004	2005	2006	2004	2005	2006
煤炭开采洗选业	0.8448	0.7428	0.7782	0.1804	0.1043	0.1261	1.2374	1.2723	1.1642
非金属矿采选业	0.0752	0.0972	0.1316	0.2333	0.5116	0.2936	0.5118	0.9071	0.8467
农副食品加工业	0.5494	0.4632	0.4139	0.5425	0.4549	0.4290	1.1528	1.1546	1.1082
食品制造业	1.3333	1.3290	1.2122	0.8301	0.8371	0.7006	1.5372	1.5280	1.4496
饮料制造业	1.4944	1.2189	1.1490	0.7919	0.7857	0.6881	1.3074	0.9139	0.8053
烟草制品业	0.2560	0.2144	0.2267	0.1420	0.0930	0.1325	0.4953	0.4744	0.4483
纺织业	0.2103	0.1978	0.1640	0.2466	0.2406	0.1717	0.8265	0.8363	0.7869
纺织服装鞋帽制造	0.6153	0.5854	0.5276	0.6149	0.6659	0.4328	0.5147	0.4526	0.4171
皮革、毛皮、羽毛（绒）及其制品业	0.0592	0.0878	0.0647	0.3942	0.3498	0.2668	1.3845	1.6434	1.4933
木材加工及木、竹、藤、棕、草制品业	0.2501	0.2045	0.1971	0.1683	0.4325	0.3075	0.6481	0.8530	0.7738
家具制造业	0.5866	0.7199	0.7705	0.9460	1.0777	0.7283	0.5476	0.6814	0.6293

(续表)

造纸及纸制品业	0.3635	0.3591	0.3677	0.4554	0.4476	0.3798	0.9104	0.9604	0.8658
印刷业和记录媒介的复制	1.7579	2.0253	2.1129	0.4227	0.4392	0.5040	0.4451	0.6330	0.7489
文教体育用品制造	0.3528	0.3229	0.3581	0.7452	0.7228	0.6450	0.1230	0.1479	0.1518
石油加工、炼焦及核燃料加工业	1.3782	1.7885	1.3755	1.0663	1.1574	1.1121	0.7977	1.0377	0.9974
化学原料及化学制品制造业	1.2218	0.5246	0.4856	1.1000	0.7725	0.7267	0.9301	0.8896	0.8372
医药制造业	1.6950	1.1170	1.1533	1.4479	1.2208	1.2305	1.5986	1.2597	1.0624
化学纤维制造业	0.0448	0.0969	0.0771	0.1746	0.0950	0.0296	0.5101	0.4248	0.2607
橡胶制品业	0.2701	0.3213	0.3344	1.0010	0.8241	0.8575	0.8150	0.8567	0.8094
塑料制品业	0.3591	0.4242	0.3823	0.7074	0.8103	0.8515	0.6240	0.7759	0.6969
非金属矿物制品	0.6901	0.7635	0.7719	0.3225	0.3857	0.3178	1.0592	1.2205	1.1754
黑色金属冶炼及延加工业	1.2541	0.9227	0.8304	1.6451	1.4513	1.6943	3.9654	3.9786	3.7209
有色金属冶炼及延加工业	0.2253	0.2159	0.1610	0.6009	0.4503	0.4260	0.5704	0.4635	0.3224

(续表)

金属制品业	0.6324	0.6618	0.6547	1.3489	1.3679	1.1787	0.9151	1.1598	1.0731
通用设备制造业	0.7111	0.8095	0.8213	0.7450	0.8143	0.7590	0.5018	0.6600	0.6231
专用设备制造业	1.2865	1.3813	1.4590	0.6306	0.7408	0.6796	1.2973	0.8497	0.8403
交通运输设备制造	2.2258	1.8848	1.8986	1.1691	1.3846	1.4576	0.5250	0.5327	0.4856
电气机械器材制造	0.6933	0.5792	0.5533	0.9369	0.8921	0.9327	0.4727	0.4749	0.5216
通信设备,计算机及电子设备制造	2.2736	2.3826	2.6047	2.3885	2.2248	2.2955	0.0710	0.0525	0.0522
仪器仪表及文化、办公用机械制造	2.0772	2.0608	2.0033	0.8528	0.6818	1.0825	0.1553	0.1794	0.1757
工艺品及其他制造	0.1421	0.5901	0.6511	0.5860	0.5125	0.4455	0.3088	0.3436	0.2625
废弃资源和废旧材料回收加工业	0.2734	0.2723	0.2711	0.7177	0.9510	1.0473	0.0109	0.2520	0.1989
电力、热力的生产和供应业	0.3591	1.2221	1.5168	0.4643	0.6027	0.5522	0.8262	1.4331	1.3230
燃气生产和供应	1.6786	1.3463	1.3877	1.0780	1.0146	0.6329	0.4140	0.5200	0.4600
水的生产和供应	2.2195	1.7626	1.4977	0.9041	0.7237	0.6970	0.6042	0.7083	0.5568

表 7—11：京津冀制造业区位熵与资本税率变化相关关系

地区	产业	(06 区位熵－04 区位熵)/2		
		北京	天津	河北
资本税率变动		－0.00062	0.000657	0.000673
产业类型 I				
1	石油和天然气开采业	0.0439	0.2898	0.0236
2	非金属矿采选业	0.0282	0.0301	0.1675
3	印刷业和记录媒介的复制	0.1775	0.0407	0.1519
4	塑料制品业	0.0116	0.0720	0.0364
5	通用设备制造业	0.0551	0.0070	0.0606
6	废弃资源和废旧材料回收加工业	0.1356	0.1648	0.0940
7	电力、热力的生产和供应业	0.5789	0.0439	0.2484
产业类型 II				
1	水的生产和供应业	－0.3609	－0.1036	－0.0237
2	煤炭开采和洗选业	－0.0333	－0.0271	－0.0366
3	农副食品加工业	－0.0678	－0.0567	－0.0223
4	食品制造业	－0.0605	－0.0648	－0.0438
5	饮料制造业	－0.1727	－0.0519	－0.2511
6	烟草制品业	－0.0147	－0.0047	－0.0235
7	纺织业	－0.0232	－0.0375	－0.0198
8	纺织服装、鞋、帽制造业	－0.0439	－0.0911	－0.0488
9	化学原料及化学制品制造业	－0.3681	－0.1867	－0.0465
10	医药制造业	－0.2709	－0.1087	－0.2681
11	有色金属冶炼及压延加工业	－0.0322	－0.0874	－0.1240

按照(2006年区位熵－2004年区位熵)/2对京津冀地区的产业区位熵变动进行处理,剔除正负不相同的项后划分两种类型,分别对资本税率的相对变化做折线图(参见图7—7、图7—8)。在此,衡量相对变化的指标为区位熵变化量/(资本税率变化量×100)。

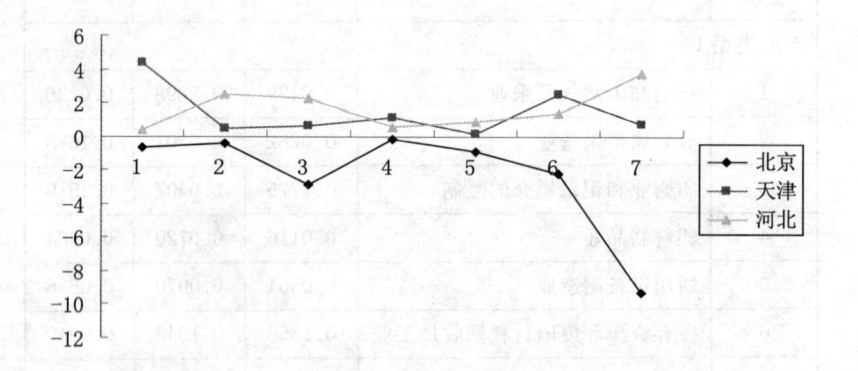

图7—7 产业类型Ⅰ集聚度随资本税率的变动

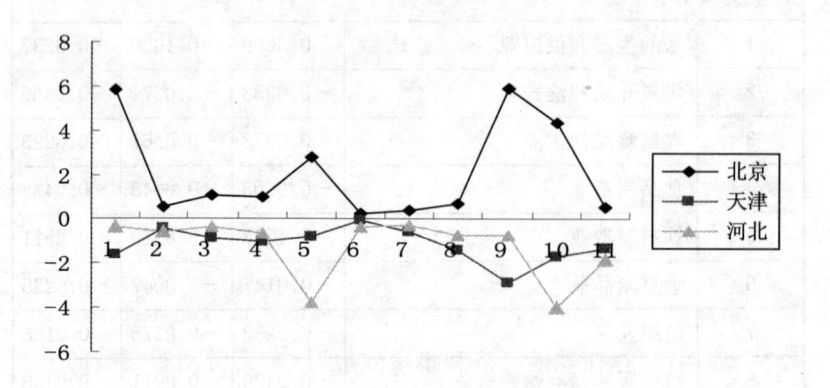

图7—8 产业类型Ⅱ集聚度随资本税率的变动

实证分析显示,北京的产业集聚更倾向于产业类型Ⅱ,河北和天津的产业集聚则倾向于产业类型Ⅰ。在同样的资本税率变动下,河北的产业集聚倾向比天津更明显。表明河北劳动密集型产业的集聚倾向相对于单位资本税率的变动灵敏度较高,天津的劳动密集型产业的集聚倾向相对于单位资本税率的变动灵敏度较低;天津的地区产业结构属性更类似于均衡型的生产模式。北京劳动密集型产业的集聚倾向相对于单位资本税率的变动灵敏度最高,但为负,意味着同等条件下资本所得税上升使得相应的产业迁出更为显著,说明北京发展资本密集型产业更适宜。

7.3.2 结论与政策启示

基本模型显示,不存在跨地区资本流动时,一个地区提高资本收益税率不对社会总福利产生负面影响。当资本自由流动且不存在规模经济或聚集效应时,一个地区提高资本税率将导致资本流出、地区福利水平下降;受规模经济和集聚效应以及预期成本下降的影响,企业将迁向资本成本更低的地区,预期成本的降低则主要来源于预期的集聚效应。当资本自由流动且存在集聚效应时,资本税率的提高对于采用劳动密集型生产模式的地区是福利改进的,对采用资本密集型生产模式以及均衡生产模式的地区是福利恶化的。

京津冀大都市区税收变动与集聚效应的实证分析印证了模型的结论,表明(1)存在规模经济和集聚效应时,给定劳动密集型的生产模式,提高资本税率使资本获得成本上升,但劳动要素的获得成本相对降低,有利于促进本地区的经济发展,地区福利主要得益于劳动密集型产业的集聚;(2)给定生产模式为资本密集型时,提高资本税率不利于本地区经济发展,资本密集型产业的集聚效应对地区福利的贡献被高税率抵冲,造成地区福利损失。实证分析从不同产业类型的集聚程度变动情况随着资本税率相对变动的角度验证了模型结论。我们认为,北京的生产模式偏向于资本密集型;天津的生产模式偏向于劳动密集型,但其偏向性较小,可以视为均衡型生产模式;河北的生产模式则更偏向于劳动密集型。

8 区域城镇化的
地方财税竞争治理框架

在对策研究中,我们将善治的治理理论作为区域城镇化发展的价值导向,该理论主张通过公共利益最大化的社会管理过程建立一整套的公共服务体系,以合作、互动和服务为主题,强调社会管理过程中权力运行向度的变化,实质上是建立起基于市场原则、公共利益原则之上的多元合作体系。在治理主体上,是以地方自主治理为主,辅之以中央和上级政府发起的政策统筹和体制改良。地方的治理主体主要是地方政府,也涉及非政府组织、市场主体和社会公众。在当代的地方治理中,各国地方政府都力图建立一种有效的地方治理模式,寻找一条能够有效平衡各种价值,创造富有活力的社会经济环境,提高地方战略管理能力,促进地方可持续发展的治理道路[①]。鉴于治理对象、目标、路径的不同,地方政府会形成不同的治理重点,有些旨在提高地方可持续发展能力,有些重点在于改善地区发展环境,还有的是要消除两极分化和社会矛盾,推动政府重组与改革等。本文主要探讨地方政府推动城镇化发展的财税竞争治理对策,通过制定相应的财税政策和其他配套政策,运用相关治理工具,提高区域城

---

① 孙柏英:《当代地方治理:面向21世纪的挑战》,中国人民大学出版社2004年版,第106页。

镇化发展的水平和质量,引导资本和劳动力的合理流动,在区域范围内实现经济资源的优化配置。在区域城镇化的治理思路与框架上,我们首先从理论模型的基本结论出发,寻找治理的政策切入点。然后在福利效应和投资效应最大化的目标指导下,通过现状分析、政策梳理和战略规划,分析财税政策及其他相关政策在区域城镇化过程中的作用机制;最终提出地方政府治理的政策体系和目标模式,从而最大限度地推动劳动力的合理流动和资本的空间优化配置。

8.1 地方财税竞争治理

8.1.1 地方财税竞争治理的主要目标

由于地方政府社会经济发展的战略定位及其目标各不相同,所以财税竞争治理的目标通常也是多元化和多层次的。根据中国地区间财税竞争治理的基本要求,我国财税竞争治理的具体目标应包括以下几个方面:

(一)吸引高质量的资本流入,优化地区资本结构。在中国资本市场不健全,市场经济体制不尽完善的背景下,各地方政府之间开展招商引资竞争并不能保证引入资本的质量和资金效率。企业投资决策也存在信息不对称、投资"羊群行为"和短视倾向等问题,容易导致资金流向的非理性和无效率;而且地方政府过多的投资激励政策对资本投资收益预期也具有一定的欺骗性和误导性。招商引资的政策,尤其是地方财税政策制定的合理与否,将直接关系到资金的产出效率。财税竞争的治理要充分考虑到地方政府的资本需求结构以及资金使用效率,在治理中必须正确把握地方间财税竞争的形式和程度,以保证高质量资本的流入。

(二)增强区域劳动力流动性,提高人才吸引力。地区间的经济结构存在差异,因此对劳动力需求的结构也会大为不同。地方城镇化进程中的劳动力需求结构与劳动力存量结构经常会产生巨大的冲突,并引起劳动力的结构性短缺。2004年以来,在中国广东、福建沿海一带出现的"民工荒"现象严重影响了企业的生产经营[①]。甚至在加工制造业和劳动密集型企业高度聚集的区域也出现了技能熟练工人,特别是技师和高级技工的紧缺。然而,在一些高科技园区却也出现了科研人才和高技术人才供给紧张的情况。这种结构性冲突与当地的经济发展水平、工资水平、就业市场与环境、工人权益保障、财税政策因素具有紧密的关系。地方财税竞争的盲目性很容易导致在紧缺劳动力和优秀人才市场中出现结构扭曲,因此,如何在地方竞争中保障劳动力生产要素的供给并满足质量要求,以及加大地方对紧缺劳动力的流入吸引力,将是地方财税竞争治理考虑的重要目标之一。

(三)扩大税基,提高地方政府财税收入。如果地方陷入恶性财税竞争,那么,过度的减免税优惠政策必然导致地方税收收入的减少,从而使地方公共产品供给出现不足。尽管财税竞争会使实际税率降低,但另一方面,更多的劳动力流入和资本投入增加也会扩大本地的税基。因此,地方政府完全可以通过有效的财税竞争治理来实现本地利益的最大化。地方治理的目标就在于通过对地区经济结构

[①] 根据广东省农调队的调查报告,2004年下半年广东全省短缺民工估计100万人左右,其中仅深圳、东莞和佛山三市的民工短缺就达43万人。福建省企业调查队的另外一项调查也显示,2004年上半年福建省晋江市因招不到足够多的工人致使工业企业开工率只有80%—85%,其中陶瓷行业的开工率不足50%。引自刘尔铎:城市劳动力市场结构性短缺与"民工荒",《人口学刊》,2006(1)。

特点和税制结构的具体分析,对财税竞争中这两种效应的强弱关系进行调整,以实现地方财税收入的稳定、健康增长。将扩大税基、提高地方财税收入列为地方财税竞争治理的主要目标,目的就是要在保障地方财政能力的基础上,提高地方公共产品的供给效率,增强地方竞争力。在财税竞争治理的过程中,地方政府应该主要致力于合理调整实际税率水平,提高地方税基的增长弹性,强化财税竞争的税收收入效应。

(四)实现产业集聚和升级,提高区域产业竞争力。地方产业结构的演变是对产业政策侧重点变化和发展方向的直接反映。合理的财税竞争必须顺应产业发展趋势,有利于实现地方产业结构优化,推动地方主导产业或优势产业的集聚,以提高区域的产业竞争力。地方财税竞争治理必须基于产业比较优势,按照因势利导,重点支持的原则,对特定产业实行针对性的财税竞争策略。由于我国在地方产业政策的制定上缺乏地区间的协调机制和交流平台,加之产业资源稀缺表现得尤为突出,所以产业竞争一直以来都是我国地区财税竞争的一个重要内容。但是,各地方政府大力实现产业集聚的过程中势必会导致激烈的产业资源争夺,而且被扭曲的产业转移也无法实现资源的合理配置。因此,产业税收竞争治理的目标将主要是提高区域内的产业转移水平和产业集聚效应,实现地区间产业结构优化和产业升级。

8.1.2 财税竞争治理的对策框架与体系

由于城镇化水平的提高体现为城市人口比例和城市公共服务水平的提升,因此,劳动力和资本的流入是提升城镇化发展水平的关键。相应地,地方政府是推动区域城镇化均衡高效发展的关键主体,地方层面的治理在推动城镇化发展上的效果更为直接和明显,也比较容易操作。由于在一定的空间范围内,资源的有限性必然会引起地区之间对流动性资源的竞争,而劳动力和资本是地方资源竞争的主要对象,这两类竞争集中体现在财税领域。因此地方竞争治理的内容主要体现在对财税竞争的治理上,以提高地方对劳动力和资本的吸引力,最终实现地方福利最大化。本文从地方政府的角度,探讨地方治理的有效策略及与之相关的机制完善、制度建设和宏观治理对策。中国区域城镇化的治理框架和主要内容如下图所示:

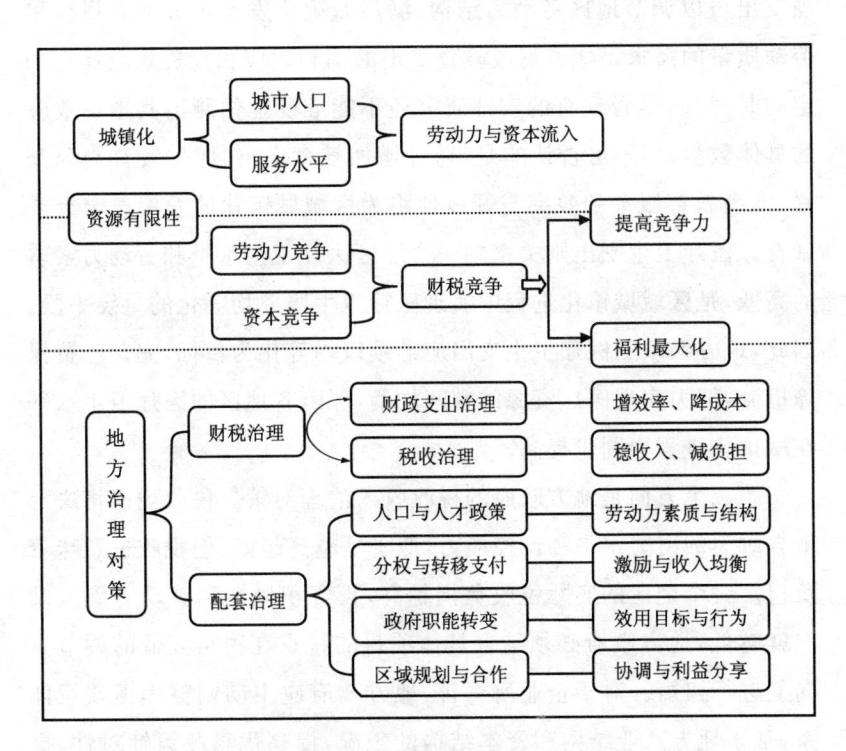

图8—1　中国区域城镇化的地方治理对策框架

基于区域城镇化目标的地方财税竞争治理对策体系主要包括三个方面。第一个方面是地方政府的财政支出治理对策。财政支出是地方政府履行职能、提供公共产品的根本手段,任何一个财政支出项目都需要履行特定的政府职能,在区域城镇化过程中发挥不同的作用。例如,基本建设支出用于完善地方基础设施建设,降低生活成本;作为一种购买性公共投资,基本建设支出对地方经济增长的促进作用非常显著。地方政府的转移性支出是一种纯福利性的补贴支出,其对不同收入层次的劳动力影响程度各不相同;地方政府借助该项支出可以调节地区劳动力结构,满足城镇化发展对劳动力规模和劳动质量的需求。地方财政教育支出的福利效应和投资效应具有一定的时滞性,尽管现有的实证研究还不能准确地估测出其影响效应的具体数量,但不可否认的是,通过增加教育支出、优化教育资源配置、提高教育服务的效率与开放性将为区域城镇化的发展奠定重要基石。医疗卫生支出则关系到一个地区医疗卫生水平和劳动力素质的高低,是区域城镇化进程中实现医疗卫生服务均等化的重要手段。因此,地方财政的医疗卫生支出应继续以均等化为目标,完善经费保障机制,努力实现医疗资源的空间均衡,保障各地区的医疗卫生水平在城镇化进程中同步提高。

第二个方面是地方政府的税收收入治理对策。税收规模将决定地方政府的财力水平和调控能力,似乎是越高越好,但税收也意味着负担。一个地区的实际税收负担越高,投资积极性和劳动力流入倾向就越低,地方政府必须结合具体项目的特点在税负高低的调节方向上进行权衡。对于企业所得税,地方政府应主动调整优惠政策体系,基于地方产业结构和资本结构的现况,提高优惠政策针对性,提高资本产出效率,同时加强税收管理和纳税服务。对个人所得税,应在简化税制的基础上,通过调整免征额和费用扣除方法等措施保障工资的空间均衡和劳动力要素的空间流动,同时对地区紧缺人才实施特定的个人收入激励。营业税作为一个地方税种,有效征管是治理的关键;同时也要考虑到地区资本的需求结构和重点产业的发展取向,做到有针对性地运用营业税优惠政策,避免重复征税以保障税收公平,充分发挥营业税的福利增进效应。对于税目繁多的财产税体系,应该通过财产税制的改革使逐渐成长为地方政府的主体税种,以提高政府对地方财产和收入分配的自主调控能力。物业税是财产税未来改革的发展方向,政府必须进一步加强对地方土地出让和使用的管理,防止地方政府在短期利益诱导下的非理性行为。

第三个方面将主要讨论财税政策工具之外的其他配套治理政策。从性质上说,政府的税收竞争治理对策是一个相互交叉和相互联系的公共政策体系,配套治理对策将主要从侧面强化财税竞争的治理效果。在具体政策上主要包括:一是完善财政分权体制和转移支付制度,为政府间的利益共享和财权事权分配提供制度保障;二是加强区域规划,完善地区分工结构,以行政区划调整和区域整合来推动区域一体化水平;同时,通过财税利益的协调机制和边界治理来加强区域内的产业经济合作,降低地区间的交易成本和迁移成本;三是加快政府职能转变,强化政府在区域城镇化进程中的收入分配职能,完善地方收入分配体系,从横向和纵向两个层面推进政府机构改革,加强机构和部门之间的相互协作,以政府绩效考核制度为指导加强政府绩效管理;四是基于城镇化中劳动力的重要作用,加强区域劳动力市场的管理,完善就业政策,改革城市户籍制度,减少对劳动力流动的限制因素。地方政府还应做好长期的人才战略规划,把握人才需求结构,通过各种措施吸引优秀人才迁入,以提高地方劳动力的整体素质、职业技能和科技创新能力,加速区域城镇化发展。

8.2 调整基本建设支出结构,提高基础设施水平

8.2.1 基本建设支出现状分析

基本建设支出是指按照国家有关规定,用于财政投资范围内的基本建设拨款和贷款支出,包括政府财政对无盈利或无偿还能力的单位提供预算拨款的基建支出,以及对有偿还能力的单位把预算拨款改为贷款的基建支出。基本建设支出主要用于新建、扩建、改建及重建各种生产性和非生产性固定资产。基本建设支出是财政支出的重要组成部分,是政府干预经济和提升基础设施水平的重要职能工具,它对有效地推动地区经济增长、优化经济结构、提升地区的资本存量增长都具有重要的积极作用。当前用以评价基本建设支出绩效的主要方法包括基本建设支出的流程控制分析、项目监督以及经济增长效果分析、资本投入—产出分析等。基本建设支出具有明显的生产性和经济服务功能,但是,由于各国经济体制和经济发展阶段的差异,经济建设支出占政府财政支出的比重存在很大的不同。总体上,由于发展中国家需要弥补市场缺陷、优化产业结构、推进城市化进程、拉动经济增长,其财政的经济建设支出水平通常远高于发达国家。改革开放之后,尤其是1998年实行积极的财政政策以来,中国的基本建设支出规模迅速增长。2005年我国总体的基本建设支出约为4041.34亿元,是1986年的6.8倍。随着基础设施的市场化提供范围不断扩大,政府开始更多地关注社会保障、教育、环境保护等

民生领域,基本建设支出占财政支出的比重也逐步下降。1986年,基本建设支出占财政总支出的比重为 27.03%,2005 年下降至 11.91%。近年来,基本建设支出的比例大约在 11%—13%。

表 8—1:1986—2005 年我国财政基本建设支出规模与比重(亿元/%)

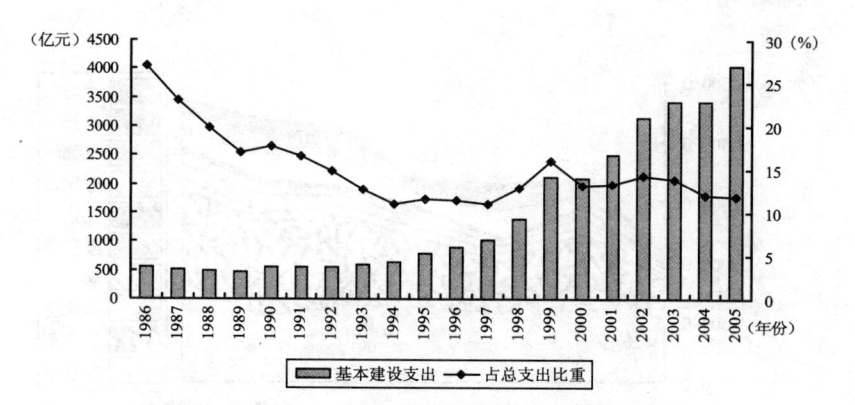

年份	基本建设支出	占总支出比重	年份	基本建设支出	占总支出比重
1986	596.08	27.03%	1996	907.44	11.43%
1987	521.64	23.06%	1997	1019.5	11.04%
1988	494.76	19.86%	1998	1387.74	12.85%
1989	481.7	17.06%	1999	2116.57	16.05%
1990	547.39	17.75%	2000	2094.89	13.19%
1991	559.64	16.52%	2001	2510.64	13.28%
1992	555.9	14.85%	2002	3142.98	14.25%
1993	591.93	12.75%	2003	3429.3	13.91%
1994	639.72	11.04%	2004	3437.5	12.07%
1995	789.22	11.57%	2005	4041.34	11.91%

图 8—2 1986—2005 年我国财政基本建设支出金额与比重

资料来源:根据《中国统计年鉴》(2000、2006)整理

从京津冀大都市区的地方基本建设支出情况来看,北京市和天津市的人均财政基本建设支出在区域内占有绝对的优势,人均支出规模和基础设施水平明显高于其他地方。以 2006 年为例,北京市的人均基本建设支出是 829.2 元,天津市约为 774 元,在河北省的七个城市中,人均基本建设支出最低的保定市约 41.9 元,仅是北京市的 1/20。这一方面体现了北京和天津在区域城镇化中的核心城市地位,同时也侧面反映出核心地区人口和劳动力的庞大基数所造成的对区域基础设施的高额需求。另外,随着市场化的发展,很多类型的地方基础设施出现了多元化的供给方式,使得财政基本建设支出对于基础设施提供的作用由主导型转向引导型。现阶段很多地方的基础设施都借助政府和市场的联合供给来实现,例如 PPP 模式(Public Private Partnership),这种模式不仅缓解了地方财政支出的不足,提高了基础设施提供效率,也反映出财政基本建设支出对市场资本的一种引导和支配,其对地方基础设施水平的提高具有越来越重要的杠杆作用。

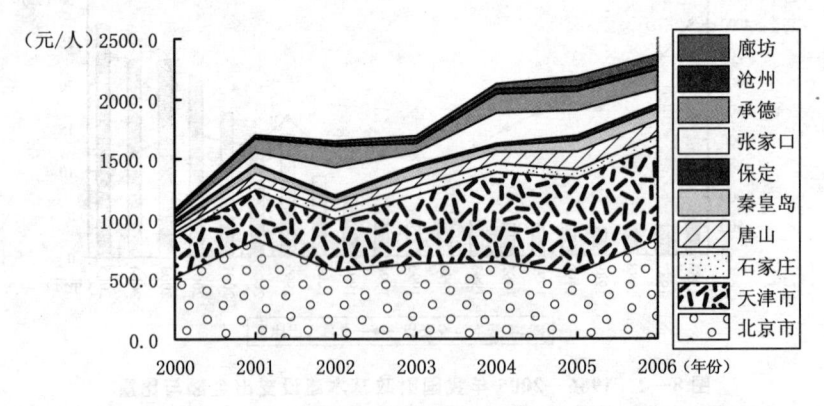

图 8—3 2000—2006 年京津冀大都市区人均地方财政基本建设支出情况

其次，从基本建设支出占财政总支出的比重来看，北京市和天津市地方基本建设支出的平均比重很高，尤其是天津市各区，其比重远高于周边其他城市和地区。即使 2006 年天津市各区基本建设支出占地方财政支出比重是 2000 年以来的最低值为 40.2%，但仍是沧州、廊坊等城市的 8—10 倍。近年来，虽然北京市和天津市的基本建设支出比重有所下降，但是周围地区与它们的差距仍然非常明显。基本建设是区域城镇化不可或缺的基础部分，特别是在城镇化的初期阶段，庞大的基本建设支出是推动城镇化进程的重要力量。京津冀大都市区各城市在基本建设投入规模和水平上的差异是导致区域财税竞争效率不高的重要原因之一。要提高区域财税竞争的效率，边缘区必须要加大对基本建设的投入，而核心城市则需要相对控制基本建设支出，既实现水平均衡，也要注意基础设施的对接。

表 8—2：2000—2006 年京津冀大都市区各地基本建设支出占地方财政支出的比重（%）

地区\年份	2000	2001	2002	2003	2004	2005	2006
北京市	25.6	34.5	19.9	19.0	16.3	15.2	14.4
天津市	51.0	49.6	43.6	49.4	53.8	42.5	40.2
石家庄	9.0	9.8	9.9	8.5	7.6	6.4	6.7
唐山	6.1	9.2	6.9	7.0	6.8	8.3	5.9
秦皇岛	5.7	9.2	5.4	7.4	4.1	6.4	5.0
保定	3.0	3.3	4.2	3.7	3.7	5.2	4.4
张家口	7.1	13.9	26.5	13.4	21.2	14.5	8.0
承德	7.7	18.2	22.0	8.6	15.8	11.6	8.3
沧州	3.0	3.8	3.8	5.0	4.9	4.3	3.9
廊坊	3.1	3.7	3.6	3.7	4.6	6.4	5.6

注：河北各市采用市辖区数据（下同）。

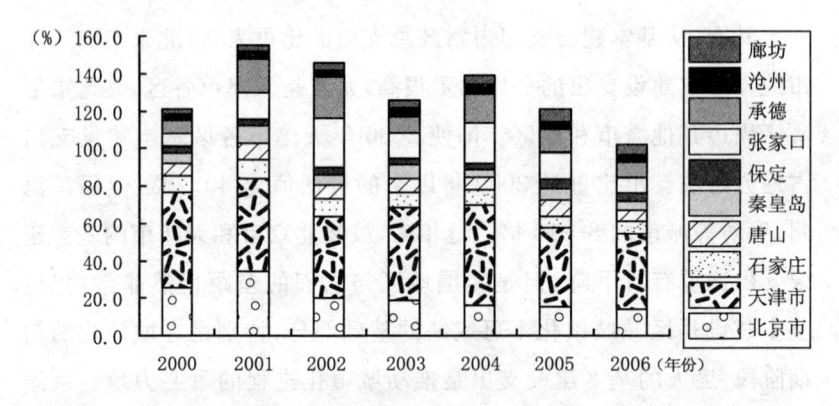

图 8—4　2000—2006 年京津冀大都市区基本建设支出占财政总支出的比重

8.2.2　当前基本建设支出领域的主要问题

地方政府将基本建设支出作为区域城镇化进程中主要的财税竞争工具,其原因在于基本建设支出在吸引人才、资本流入和改善本地经济环境方面具有重要的作用。但在基本建设支出决策和基础设施建设的过程中,由于对财税竞争机理和财政支出效应的忽视,地方政府在基本建设支出政策制定和实施方面仍存在一定的缺陷。借助上文税收竞争理论模型得出的基本结论,在实证分析的支持下,我们发现在京津冀大都市区的城镇化进程中,基本建设支出尚未充分发挥其积极效应,对基本建设支出项目的审视不仅要包括规模、结构、经济增长效应和投资拉动效应,还应该对其在劳动力流动、居民消费增进方面的作用进行准确把握。

我们的模型研究和实证分析结果表明,地方基本建设支出与经济增长之间呈现正相关关系。从京津冀大都市区的情况来看,尽管基本建设支出对人均投资的影响是正的,但回归的结果并不显著,在

2000年到2006年期间各地区基本建设支出的投资拉动作用也并不明显。而且随着时间的推进,基本建设支出对人均投资的推动作用还出现逐年减弱的趋势,显著性变得越来越低。由于京津冀都市圈的基础设施水平已经达到相当高的水平,基本建设支出的边际作用减小也符合常理。但是,从产出—资本比的效率角度,中国地方财政基本建设支出的带动作用非常有限这才是真正重要的问题,有学者的研究也已经证实,在某些地区基本建设支出与其产出的效率和贡献之间甚至显示出弱的负相关关系(赵志耘,2005)。由此,我们也可以大致清楚,为什么在经济发展程度相对较高的京津冀地区,基本建设支出的投资拉动和产出作用也是比较弱的。根据我们的理论模型研究,更值得思考的问题是,在当前中国的大都市区城镇化进程中,地方财政的基本建设支出在投资拉动作用上,是否还具有提升的潜力,如果还存在相当的价值,那么如何才能进一步挖掘这种潜力。

从基本建设支出与居民消费的关系来看,地方基础设施的建设投资可以降低居民的生活成本和交通成本。从前文的理论模型分析可知,降低居住成本和迁移成本的财政支出项目有助于提高区域劳动力的流动性。而劳动力流动实际上反映的即是劳动力对消费水平和消费质量等净收益的追求。由此,基本建设支出对区域的劳动力流动将产生重要的影响,其中,居民消费是基本建设支出发挥作用的中间变量。在理论上,京津冀大都市区的基本建设支出在一定程度上对人均消费的增长形成了阻力,但由于地区消费对该项支出敏感度并不是很高,所以受到的阻力也比较有限。

要进一步发挥基本建设支出对投资和消费的拉动作用,则必须要重新认识和分析基本建设支出竞争,在区域财税竞争中所起的作用及引起的相关问题。近年来,地方基础设施建设不断完善,地方政府的基本建设支出功不可没。但是,若从地方福利最大化和推动区域城镇化发展的角度来审视,基本建设支出仍然存在诸多弊端,集中反映在"越位"和"缺位"等方面。"越位"是指地方政府为了资本引入规模、投资规模的增长,过度的支持竞争性、经营性和生产性基建项目,偏离了满足地方的基本公共需求的职能轨迹。"缺位"则主要体现在对公益性、基础性和非生产性基建项目的忽视上。从财税竞争的角度分析,由于出现了内部的结构扭曲,地方基本建设支出既没有给居民带来足够的福利,也没有充分满足劳动力流动的实际需要,反而在一定程度上限制了投资拉动能力。另外,地方政府在财税竞争中缺乏对长远利益的考虑,单纯地盲目攀比,在大型基础设施建设上并不重视区域协作和空间联动,使区域内的重复建设问题日益严重。

8.2.3 基本建设支出治理的思路及原则

在本书的税收竞争模型中,财政支出的作用在于直接影响消费者效用,让消费者在面对地区间财政支出落差的情况下来进行劳动力迁移的决策。尽管模型中的财政支出主要指的是补贴性支出,但实际上基本建设支出也是影响劳动者净收益的主要变量之一。要推进区域城镇化,引导劳动力合理流动,地方政府需要在政策治理中运用有效思路,针对具体财税项目支出的现状和问题深入思考,以提出合理的治理原则。对此,我们的认识主要包括:

(一)基本建设支出对劳动力流动的影响是双重的。一方面,地方政府在市政与基础设施的生产和运营上需要大量的劳动力,尤其对普通工人形成了大规模需求;另一方面,基本建设支出在一定程度上可以改善地区的经济环境和生活环境,在不考虑税收负担的情况下会提高居民消费水平,吸引劳动力的迁入。我们的模型也提到,针对不同劳动力的不同财政支出政策会使劳动力实际获得的财政补贴出现不同,从而有助于调节劳动力的流动结构。因此,在治理过程中应主要基于支出的内部结构和劳动力的异质偏好,来把握好基本建设支出对不同类别劳动力流动的影响效应。

(二)基本建设支出的根本目标是通过提供基础设施来满足地区投资需求和居民的生活需要,此类财政支出是以税收为基本融资方式。在假定其他支出不变的情况下,基本建设的支出规模与居民消费(取决于个人可支配收入)两者之间将此消彼长。因此,在制定政策和支出调整中,必须要把握好基础设施与公共需求之间的匹配和对应关系,把握好基础设施在生产性和非生产之间的比对关系,即要调整和优化外部结构和内部结构的平衡。

(三)劳动力形成异质性偏好的原因是多元的,如果存在对特定类型基础设施偏好的情况,就应当抓住诱导异质性偏好这个关键环节,来提高地区的竞争力、加速劳动力流入。深入了解劳动力偏好的异质性及其对政府建设项目支出的反应,是制定符合地方特色的基础设施建设策略的主要考虑因素。例如,对于偏好交通成本低、出行方便的一些劳动力,即使一个地方在其他方面没有优势,但也可通过扩展地区交通路网、实施交通财政补贴,达到吸引这些劳动力迁入的目的。

8.2.4 京津冀基本建设支出的治理对策

(一)合理安排地方基本建设支出,提高支出效率和产出效率

对京津冀大都市区来说,区域中心城市或城市核心区的地方财政基本建设支出比例较高,但是它的边际产出—资本比率却并不高,而且过多的基本建设支出还挤占了地方财政的其他支出,抑制了地

方基本公共产品和服务的有效供给,对居民的消费提高和福利增进形成不利的影响。但是,河北省的张家口、廊坊、承德、秦皇岛、沧州、保定七市的地方财政基本建设所占比例较低,规模不高,使这些地方在基础设施方面表现出明显的相对劣势,这必然将制约区域城镇化的均衡发展。因此,在推进城镇化过程中,应该注意合理安排本地区的基本建设支出规模,一方面核心地区适当降低基本建设支出的比重,另一方面,边缘区要努力与核心区的基础设施进行对接和匹配。同时,还要通过有效手段提高地方基本建设的支出效率,既做好预算又要完善财政监督,还应对地方的基建支出项目进行综合管理和绩效考核。投资前,对基础设施建设项目进行评估,考察投资成本和预期收益;建设中,应进行有效的监督;建成后,要提高项目利用率和社会效益。在特定支出的规模基础上,借助基础设施建设和运营效率的提升,来保障社会公众的基本需求。

(二)以地区福利最大化为出发点,调整基本建设支出的内部结构

地方政府基本建设支出的范围包括农业、水利、林业、铁路、交通、通讯、电力等市政设施建设投资支出和国防、教育、科学、文化、卫生、政法等社会公益设施建设投资支出等。在生产性基础设施和非生产性基础设施的选择上,地方政府应更多地关注居民的实际福利变化,在保障生产性基础设施的基础上,应将基本建设支出的重点转向到交通建设、公益性基础设施建设等与人民生活密切相关的领域。基本建设支出的内部结构调整有助于引导居民消费,加速劳动力流动和结构优化。地方政府要避免走上单纯依靠招商引资的发展模式,而应在生产设施投资、市政设施建设投资、社会公益设施投资之间做好权衡,要以提升地区福利为主要目标,以推进区域城镇化为引

擎,实现基本建设支出内部结构的调整。

城市交通水平是对特定区域内的交通便利程度和城市建设水平的直观反映,对加强地区间的经济联系、吸引劳动力有效的择业和就业具有积极作用。京津冀地区的城市交通水平具有明显的层次性,区域差距显著。北京市各区平均每万人拥有的公共交通车辆数在20部以上,而天津平均为10辆左右;尽管河北省各城市近几年的城市公共交通水平不断提高,但整体上仍然处在较低层次。各地应该根据城市交通状况和城市人口密度的相对变化,进一步保持或继续提高城市的交通设施建设水平,方便生产和居民生活。

表8—3:2000—2007年京津冀地区
城市交通水平比较(每万人拥有公共交通车辆数)

	2000	2001	2002	2003	2004	2005	2006	2007
北京市	25.27	23.9	21.6	26.37	22.75	17.64	22.19	21.56
天津市	10.85	10.8	9.3	9.38	10.67	11.23	14.23	12.72
河北省	7.97	8.4	6.5	6.65	6.89	7.15	8.05	8.98

数据来源:中经网统计数据库。

(三)注重区域基础设施投资的空间布局

区域城镇化过程中的地方治理既要关注总量,更要关注区域内部的资本和劳动力布局。基础设施建设的空间布局有助于平衡地区差别和优化城镇体系,从而有效地解决了区域城镇化进程存在的各种相关问题。前面的分析已经表明,基础设施项目的空间布局状况可以影响人们的交通成本、经济环境和生活环境,从而会对劳动力的空间布局结构产生重要影响。地方政府在追求经济增长的过程中,通常会在特定区域集中进行基础设施建设,通过规模优势和塑造区域的相对优势来增强对劳动力、资本生产要素的吸引力。在京津冀大都市区,地区间的功能分区和异化的趋势越来越明显,城市功能的空间差异必然会导致配套基础设施的相应调整。从整体上,基础设施的空间布局优化包含两个方面:一是,按照公共服务均等化的要求,平衡地区空间差异,实现空间均衡;二是,由于不同的区域分工结构对基础设施规模和结构的要求各不相同,因此,区域基础设施的空间布局应该有一定的侧重点,力求最大限度地贴合各个地区的城市定位和功能特点。即使在存在异质性偏好的情况下,这样也能保证对区域内投资和劳动力流入的有效吸引。在交通设施上,应在整个区域内加大道路交通的综合改造力度,合理配置城际铁路和高速公路,拓展京津、京唐等走廊,形成名副其实的网格化的"小时经济圈",同时改善与华东、东北等区域的交通连接,加强港群海洋运输体系建设,增强区域辐射效应。总之,地方治理应该摒弃空间扭曲的基本建设支出策略,注重基础设施的结构优化、项目优化和空间优化,以保障有层次有重点地推进区域基础设施建设。

(四)加强基础设施建设的地区协作,避免重复建设

在多中心治理的模式下,追求地方利益最大化的地方政府通常采取独立提供基础设施和公共服务的方式,跨越行政辖区的区域性基础设施建设项目很少考虑和体现各地方的利益诉求。但是,区域城镇化既是一个地区间资源进行交流和重新配置的过程,也是一个社会经济实现空间一体化的过程,因此,地方基础设施的建设规划需要区域内各地方政府间的协调合作,以求避免重复建设和资源浪费。在财税竞争的框架下,各地方为了争夺有限的经济资源,大多要经历若干回合的博弈,如果缺乏有效的统筹规划和协调建设,恶性竞争就不可避免。当前,硬件设施与生活条件的改善已经成为各地区吸引资本、劳动力流入的杀手锏,各地在基础设施建设上的相互攀比已经

陷入白热化,导致在某些特定的区域内,基础设施平均布局、功能重叠和过度饱和。这种无序的竞争不仅浪费了大量财政资源,更重要的是,对整个大都市区的福利提高和资源优化配置非常不利。因此,地方政府在拉动本地经济增长和推进城镇化过程中,应该谋求区域间合作,优化基础设施配置,实现大都市区整体基础设施的空间一体化。

具体到京津冀大都市区基础设施建设的区域协调方面,现阶段的建设重点包括:第一,在航空航海方面,建设与布局应该从大都市区的整体空间需要来考虑。例如拟筹备建设的北京第二国际机场的区域选择、天津和秦皇岛等地市的港口建设等项目,既要遵循航空航海产业的发展规律和客观需求,还必须要满足在可达性、辐射范围等方面,与区域内其他交通枢纽和机场的相互衔接以及与整个都市区乃至周边地区的贸易和航运需求对接的问题。第二,在铁路和公路建设方面,在进行区域内部的交通网络规划时,必须从大区域交通的角度给以充分的考虑。例如,在京津冀都市圈中,一方面,多条点对点的城际高速铁路、放射状的区域高速公路网络建设等项目,必须纳入到区域路网建设统筹规划的框架之下;另一方面,京津是华北和东北两大板块的交通连接结点,面临着大规模过境车辆带来的交通压力,对此也必须从区域交通设施水平的均衡布局思路加以考虑,以避免过境车辆直接穿过京津核心区。第三,在电网和通信网络方面,随着区域内经济联系越来越紧密,劳动力的区域内部流动日益增强,因此,体现地区间电网和通信对接需求的一体化网络建设已经成为趋势。

8.3 完善社会保障体系,保证地区公平

8.3.1 转移性支出及社会保障现状分析

财政的转移性支出是一种分配性质的,不以取得商品或劳务作为补偿的非购买性的财政支出,因此也被称为政府对企业或个人的补贴性支出。财政对个人的转移支出主要包括社会保障补助支出和抚恤与社会福利救济两大类,用意都在于保障居民的基本生活和社会公平,实现社会收入分配的公平。从转移性支出的功能来看,它的对象主要是中、低收入者群体。因为,借助征税、社会保障等方式,将财富从高收入阶层转移到低收入阶层的手中,是地方政府进行收入再分配的主要途径。转移性支出可以从不同角度提升特定居民群体的消费水平和购买能力,从而对就业、经济增长及社会需求都起到间接性的促进作用,它与经济增长保持了同向的周期变化。在财政支出结构中,转移性支出所占的比重最能体现出政府职能的侧重点。转移性支出所占的比重小,表明财政的资源配置功能较强,财政配置了大量的社会经济资源;相反,若转移性支出所占的比重较大,则说明公共财政活动对社会收入分配的直接影响较大,财政履行调节收入分配的职能较强。由于财政的转移性支出关注社会公平,有利于降低基尼系数,该项支出对普通工人流动具有重要的引导作用。

与财政转移性支出不同,社会保障不仅是政府的财政行为,还涉及企业、个人等主体的参与。中国的社会保障包括社会保险、社会救济、社会福利和优抚安置四个方面,社会保险是其中的主要构成之一。一个完善的社会保障体系既关注低收入群体的基本生存状况,

又为全体社会成员的生活和工作提供安全保障。有学者提出,作为社会保障的制度主体,政府从资金和政策两个方面促进社会保障体系的完善,同时政府还在社会保障体系中担负领导责任和监督职责(阎中兴,2003)。在财政分权体制下,地方社会保障的体系建设是地方政府非常重要的事权之一。随着城镇化进程的加速,城市人口规模不断扩大,对社会保障的质量要求越来越高。地方政府对城镇化与社会保障关系的妥善处置,已经成为地方财税竞争治理的重要内容。

单从地方财政社会保障补助支出的项目上看,京津冀大都市区地区之间的人均社会保障支出的差距并不大。2000—2006年,京津冀地区的人均社会保障支出整体上不断增长。其中,北京市、唐山市的补助支出规模及增长速度比较快,这表明随着城镇化的发展,居民对社会保障的需求越来越高,社会保障的规模和水平亟需改善,显然北京、唐山两地政府的社会保障补助支出顺应了城镇化发展的内在要求。京津冀大都市区中其他地区的人均社会保障支出尽管也稳步增长,但是增长幅度相对较小。

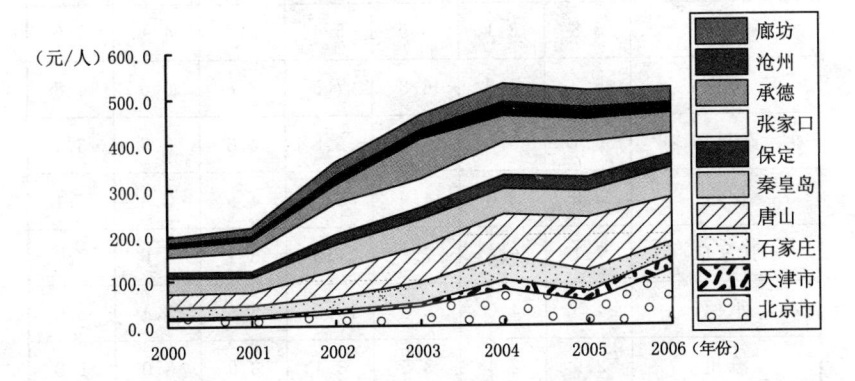

图8—5:2000—2006年京津冀大都市区地方财政人均社会保障补助支出情况

从社会保障补助支出占地方财政支出的比重来看,河北省各市略高于北京市和天津市,主要是地区经济发展水平不同,张家口、承德等市存在大量贫困人口,地方财政需要对社会保障投入大量资金,相反,北京和天津的城镇居民收入普遍较高,贫困人口比重较低,因而社会保障占地方财政总支出的比重不高。但是,随着城镇化进程的深入,城镇居民对社会保障的需求越来越高,尤其是近年来民生问题得到前所未有的关注,各大城市都加大了对社会保障的投入,增加对城市流动人口社会保障补助的投入,从2000—2006年的数据来看,北京市和天津市的社会保障补助支出比重呈逐步上升态势。

表8—4:2000—2006年京津冀大都市区
社会保障补助支出占地方财政总支出比重(%)

地区\年份	2000	2001	2002	2003	2004	2005	2006
北京	0.8	0.7	0.9	1.3	2.1	1.5	2.1
天津	0.7	0.7	1.0	0.6	1.4	1.1	1.5
石家庄	3.8	3.1	3.9	5.4	5.2	4.1	2.5
唐山	5.2	4.3	6.8	7.5	6.8	6.6	4.8
秦皇岛	5.1	3.9	5.8	5.5	4.3	3.7	3.4
保定	3.3	3.0	4.9	4.6	4.9	3.8	3.1
张家口	7.1	6.8	7.8	7.6	6.1	5.6	2.7
承德	4.5	4.0	5.0	10.9	5.6	3.4	2.6
沧州	2.9	2.4	3.5	3.1	3.9	3.0	1.8
廊坊	2.5	2.9	4.4	3.7	4.1	3.0	2.2

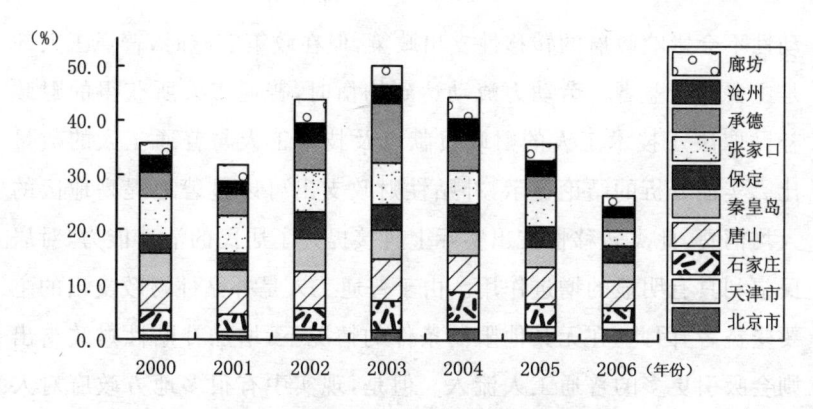

图 8—6：2000—2006 年京津冀大都市区
社会保障补助支出占地方财政总支出比重

8.3.2 当前转移性支出领域的主要问题

在中国，无论是财政转移性支出还是社会保障体系建设，起主导作用的都是政府，尤其是地方政府承担了大多数的事权和财政支出责任。地方政府利益的独立性和收入差异可能导致区域之间补贴支出的不均衡，而非均衡的补贴策略也可以成为地方政府吸引劳动力流入的重要手段。合理的财政转移性支出规模和完善的社会保障体系是一个地方推进城镇化的必要条件，是提高居民消费信心和消费能力的重要前提。但是，财政转移性支出和政府的社会保障干预可能会引发政府失灵，如一些社会保险项目的强制性统一没有考虑地区保障需求的差异性，会造成资源浪费。

前文的理论模型已经指出，在罗尔斯式地方政府对称均衡的情形下，再分配程度与技术工人的流动性成反比，而与普通工人的流动性无关。这说明，一个地区的技术工人流动性越高，该地区的再分配程度越低，从而会限制财政转移性支出的规模。尽管普通工人的流动性不会影响政府的转移性支出政策,但在政策实施时,普通工人却是主要的受益者。劳动力流动达到均衡时,普通工人所获得的财政补贴取决于技术工人的财政贡献以及技术工人与普通工人的数量比。实证分析的结论显示,补贴性财政支出可以显著地提高地区的人均消费,此类转移性支出实际上直接提升了居民的消费能力,对居民福利具有明显的增进作用。由于普通工人是补贴性财政支出的主要受益者,因此,在无其他限制条件的情况下,增加补贴性财政支出则会吸引更多的普通工人流入。但是,现实中有很多地方政府对人口流动都附加了诸多的限制条件,如户籍限制、住房保障限制、就业限制等,这些需要在劳动力流动时进行综合考虑。对北京、天津这样的超大型城市而言,户籍直接成为了能否获得地方政府基本社会保障的身份条件,住房保障和就业概率也会受到户籍身份的影响,这些因素导致户籍劳动力和非户籍劳动力最终获得的财政补贴数量大相径庭,在一定程度限制了劳动力的流动,而且还会对劳动力的结构及空间分布产生重要影响。京津冀大都市区的发展模式具有明显的核心—外围特征,核心城市人口过度拥挤所引发的问题越来越严重,给城市发展带来巨大的压力。此外,地区间盲目进行财税竞争,过度追求投资规模和经济增长,而忽视地区间社会保障公平性的情况,也在一定程度上加剧了人口空间布局的非均衡。

面向企业的财政补贴实际上降低了企业的投资成本,有利于拉动投资增长,对此暂不详述。但是,针对个人的财政转移性支出对地区投资的拉动效应并不明显,仅是一种间接的影响力。从实证分析来看,当把补贴性财政支出作为一种负所得税与其他税负和迁移成本放在一组进行回归时,其对地区人均投资的作用是正的,而且非常显著。但把该项支出和其他财政支出项放在一起做回归时,则对地区人均投资有负的影响,只是很不显著。因此,补贴性支出对投资变化的解释力并不确定,在对补贴性财政支出实施治理时,地方政府应该以地区的消费变化为线索,通过调整补贴性支出的范围和结构,优化劳动力流动和布局,以提升区域城镇化中的地方治理效率。

8.3.3 转移性支出及社会保障治理的思路原则

关于转移性支出政策和社会保障体系的地方治理,侧重点是人口和劳动力,旨在通过保障劳动力的基本生活和劳动权利,提高地区劳动力的供给效率。由此,在治理过程中,需要把握的具体内容相应地主要集中在支出多少、支出对象、如何支出和支出优化等方面。

第一,在支出规模上,需要权衡普通工人和技术工人的收益与负担。因为对普通工人来说,一个地区的人均转移性支出规模越大,越有利于普通工人的消费增长,从而会提高普通工人对该地区的偏好程度。但是,此时需要技术工人做出的财政贡献就越大,事实上加重了技术工人的税收负担。由于技术工人对税收负担的忍耐区间是一定的,如果负担过重必然会诱导技术工人流出,当然也不利于技术人才的引进。

第二,地方治理是一个基于对象的管理过程,因此,明确社会保障的受益范围与对象是进行有效管理的前提。在理论模型中,将劳动力仅仅划分为普通工人和技术工人两类群体的方法,显然仅是一种简化的处理方法,不能全面地反映区域城镇化过程中的地区劳动力现状。此外,在治理过程中还需要分析有多少比例和何种类型的劳动力属于财政转移性支出和社会保障的净收益者,才能够制定出更具针对性的公共政策。

第三,对一个地区来说,转移性支出和社会保障是一项庞大的支出和管理任务,几乎涉及地区内的全部人口。但每一个社会保障项目的限制条件是不同的,因而也就存在着不同的受益群体。地方治理必须明确每一个社会保障项目的限制条件,有针对性的地方治理策略可以更好地引导劳动力流动,优化区域的劳动力结构。但是需要注意的是,在我们的模型中仅是重点考虑了单个劳动力的福利效用。在现实中,社会关系和家庭因素对劳动力流动的间接影响也是不容忽视的,在一定情况下这种影响甚至起着关键性的作用。

8.3.4 京津冀转移性支出的治理对策

区域的人口空间结构优化和劳动力合理流动,是地方财税竞争治理的主要任务与目标。其中,政府补贴支出和社会保障政策的调整是需要考虑的重要内容之一。在区域城镇化进程中,针对财政转移性支出和社会保障的地方竞争治理对策主要包括如下内容。

(一)理性看待地区间补贴支出差异,保障财政转移性支出水平

地区之间的人均补贴支出差异与地方的人口规模、经济总量、财政收入、中低收入人口规模以及劳动力流动性都有很大关系,所以对补贴支出不能简单地在绝对量上进行比较。在城镇化过程中,地方应该确保社会保障资金的投入,政府的社会保障资金占财政支出的比重应该随着城镇化的发展而逐步提高。转移性支出和社会保障对劳动人口的迁移和流动具有直接影响,而针对老人、儿童等非劳动人口的社会保障水平则间接地影响劳动力的迁移决策。只有不断提高地区财政转移支出的水平,从规模上保障资金供给,才有可能发挥其对增进地区福利、调节劳动力供给的积极作用。综上,使地区之间保持合理的差距是地方转移性支出治理的一个比较现实的目标。当然,如何能正确地看待地区间的补贴性差异也是地方政府应该首要

认清的问题。

现实中,地方政府应该制定一套符合地区实际的财政补贴措施,以保障低收入者的基本生活。例如,负所得税方案[①]就是一个有益的尝试。负所得税是指由政府先规定某个收入保障数额,然后根据个人的实际收入给予适当的补助,为了避免出现不加区别进行平均化补贴的情况,补助金将根据个人实际收入的多少按比例发放。负所得税方案的基本思路可以用以下公式来表达:负所得税=收入保障数额-(实际收入×负所得税税率)。实施负所得税方案后,个人收入中增加了一个补贴收入项,变为:个人可支配收入=个人实际收入+负所得税。此外,负所得税的税率制定一般有单一税率和累进税率两种方法,一般要根据地区具体情况来确定税率的类型和大小。该方案充分考虑了受保障对象之间的收入差距,所以具有更好的针对性,同时还可以避免出现"福利依赖病",在调节人口迁移和流动方面也具有一定作用。

(二)完善社会保障政策体系,调整保障范围,提高保障水平

社会保障是一项体系庞大的社会工程,它的建立和完善需要中央政府的法律制度和政策资金支持,同时也需要地方政府的有效管理和财政支持。鉴于转移性支出和社会保障对提高地方福利的直接作用,地方政府应根据本地的社会经济现状,借助法律法规、财政资金和管理机构,来提高转移性支出效率和社会保障管理水平,实现社会保障的最大化。还需根据城镇化发展的需要,确定亟需社会保障的对象和受益群体,提高劳动力的地区归属感。对大都市区而言,社

---

① 赵炎:"负所得税方案与城市居民最低生活保障制度改革",《商业研究》,2004(9)。

会保障水平的空间均衡尤为重要。京津冀大都市区的经济发展水平存在很大的空间不均衡，核心城市的社会保障水平较高且筹集资金比较容易，而边缘区的城镇化水平相对较低，社会保障对象过多并且资金筹集困难。空间不均衡使大量的普通工人流向核心城市，核心城市的人口膨胀和居住拥挤反使得社会保障处于进退两难的境地；边缘区却出现劳动力的空洞化，区域城镇化的进程受阻。由此，地区之间应该建立合理的社保资金调节机制，以便能有效调节政府转移性支出和社会保障的空间配置。

在社会保障对象的界定方面，尽管现阶段一些城市要实行常住人口和流动人口的社保标准均等化方案会遇到相当大的财政困难，但仍需要尽快将流动人口纳入到相关的社会保障体系之中，保证他们获得社会保障的权利，解决劳动力流动的后顾之忧，优化劳动力资源配置。

（三）依据劳动力市场推出有针对性的补贴和保障措施

虽然当前的地方财政转移性支出和社会保障项目对保障人民基本生活起到了积极作用，但随着经济的快速发展，传统的财政补贴和社会保障项目很难满足推进城镇化的需要；而且财政转移性支出的普适性特点导致补贴的针对性不足。因此，地方政府应根据本地区的实际状况，制定适合本地区公共需求的社会保障政策，合理调节地区劳动力结构，引导劳动力有效流动。比如，某些对技术工人需求较高的地区，可以针对技术工人推出住房补贴、社保补助等专门政策；对于非技术工人的拥挤和膨胀问题，可以通过制定相对差异的社会保障政策和产业转移财政补贴等措施进行调节。当然，这些新政策的尝试必须要建立在有效监督管理的基础之上，以确保财政资金的运用为地方竞争力的提高和政府治理做出切实的贡献。

8.4 调整教育支出结构,提高地区人力资本

8.4.1 教育支出现状分析

教育支出是政府财政用于基础教育、职业教育、自然科学、社会科学以及高科技研究等领域的支出。教育含有典型的公共产品属性,教育支出是政府履行公共服务职能和提供公共产品的保障,是民生财政的重要方面。布坎南曾指出,任何教育的直接受益者都是那些得到教育的儿童及其家庭。教育具有重要的社会利益,社会集团的全体成员,至少是大部分人都可以通过受教育来获得直接或者间接的收益。此外,教育还是开发人力资本、提高科技水平、增强自主创新能力的根本途径。在知识经济和信息经济的时代,各国政府对教育的投入不断增加。美国20世纪90年代末,地方政府仅文化教育支出就占到财政支出的40%以上。但必须要指出,教育支出的社会效益和正外部性是一个基于长期性的考虑。很多关于教育支出短期影响的研究都显示,教育支出与经济增长呈现出负相关关系,教育支出作为一项长期性的人力资本投资,具有多元化的特点,其作用的发挥具有滞后性。对政府而言,大多数的教育支出项目都是融入了公共服务均等化理念的一种非生产性、非营利性的公益性财政行为。

在中国财政支出中,教育支出的规模随着经济的增长不断扩大,1992年全国财政性教育经费支出约728.75亿元,2005年上升至5161.08亿元,同比增长了6倍,2007年,全国财政支出中用于教育支出的金额达7122.32亿元。教育支出与经济大致保持同步增长,

2005年财政性教育经费支出的年增长率约15.57%,而教育支出占GDP的比重则没有明显变化。1992—2005年,中国的财政性教育经费支出占GDP比重的均值约为2.6%,与发达国家相比,我国教育支出的比重仍然处于较低水平。

表8—5:1992—2005年我国财政性教育经费支出的金额及比重

年份	财政性教育经费支出 规模(亿元)	年增长率(%)	占GDP的比重(%)
1992	728.75		2.71
1993	867.76	19.08	2.46
1994	1174.74	35.38	2.44
1995	1411.52	20.16	2.32
1996	1671.7	18.43	2.35
1997	1862.54	11.42	2.36
1998	2032.45	9.12	2.41
1999	2287.18	12.53	2.55
2000	2562.61	12.04	2.58
2001	3057.01	19.29	2.79
2002	3491.4	14.21	2.90
2003	3850.62	10.29	2.84
2004	4465.86	15.98	2.79
2005	5161.08	15.57	2.82

资料来源:根据《中国统计年鉴》(2000、2006)整理。

从京津冀大都市区的情况来看,首先,各地区的人均财政教育支出保持了稳定的增长,而且地区之间的人均支出规模和增长率差异

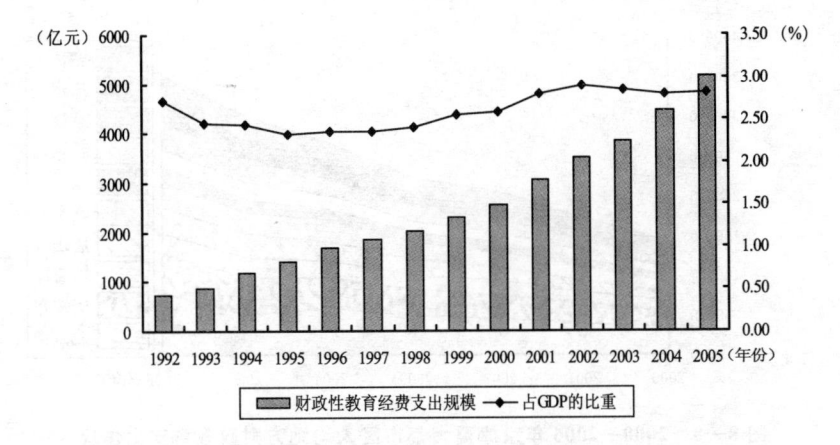

图 8—7　1992—2005 年我国财政性教育经费支出的金额及比重

很小,这充分体现了国家教育政策上的空间均等化理念。2000—2006 年整个都市圈的人均地方财政教育支出平均增长了近 140%,大都市区经济的高速发展和区域城镇化的推进,对地方教育水平提出了更高要求,也为地方教育的发展创造了雄厚的物质基础和社会环境。作为区域核心城市的北京和天津具有明显的相对优势,而保定市的人均财政教育支出相对较低,但不影响区域内的地方财政教育支出的稳定性和空间均衡发展的趋势。

其次,各地区之间的财政教育支出占地方财政支出的比重非常接近,基本保持在 15%—25% 之间。2000—2006 年,大都市区地方教育支出的平均比例呈逐年下降的趋势,其中,2006 年北京市各区、唐山市、秦皇岛、保定、承德等地区财政教育支出的比例均在 20% 以下,而天津市各区的教育支出比例则整体高于其他周边地区。总体而言,地方财政教育支出比例的区域均衡,体现了地方教育的基础性和在财政支出中的稳定地位。

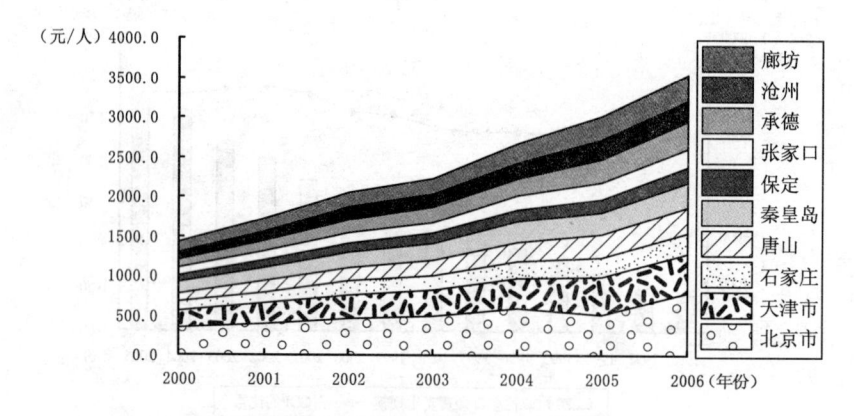

图 8—8 2000—2006年京津冀大都市区人均地方财政教育支出情况

表 8—6：2000—2006年京津冀大都市区
各地教育支出占地方财政支出的比重(%)

年份 地区	2000	2001	2002	2003	2004	2005	2006
北京市	16.8	16.5	16.1	14.8	15.1	14.2	13.6
天津市	33.3	31.2	29.9	28.6	27.2	25.2	25.3
石家庄	20.8	21.0	23.1	21.6	22.0	22.3	20.9
唐山	18.5	18.0	19.5	18.0	17.9	16.3	15.4
秦皇岛	20.2	19.5	21.0	19.0	20.9	18.3	16.7
保定	24.1	25.1	24.4	23.5	23.6	21.5	19.1
张家口	17.7	17.6	15.3	17.2	15.0	15.3	14.5
承德	24.2	21.9	20.9	22.5	21.0	20.7	18.8
沧州	26.1	25.5	27.3	26.0	25.8	25.8	21.9
廊坊	26.5	26.3	25.2	24.8	24.0	25.0	21.3

注：北京和天津指标是各区县层次上的教育支出占财政支出比例进行加总计算所得的平均数。

8.4.2 地方教育支出治理的指向及思路

(一)地方教育支出的治理导向

地方教育支出的规模、结构及所占财政收入比重的大小,受到经济发展水平、人口规模与结构、财政分权程度、财税竞争状况等诸多因素的影响。有学者通过对中国省级层面数据的实证分析指出,第一产业的产值比重越大,财政教育支出比例越低,财政分权程度对教育支出比例具有正面影响(王蓉等,2008)。杜方(2009)认为,地方政府间的财税竞争,尤其是财政支出竞争对诸如教育支出一类的民生事业具有负面影响。但是,随着城镇化进程的不断加快,人们的教育需求越来越强烈,财政教育支出和教育产品供给对劳动力的流动和迁移决策必将产生重要影响。

教育支出特别是地方基础教育支出对地区福利和居民消费的影响具有长期性和滞后性。从对京津冀都市圈的实证分析看,地方财政教育支出对居民消费的影响并不显著,地方财政教育支出侧重于提供地方基础教育产品,在短期与居民消费变化并不明显。但是,财政教育支出和教育水平在提高居民消费的质量和层次上功不可没。从长期来看,教育支出是提高地区人力资本存量和劳动力技能的前提和重要保障。人力资本是一种非常特殊的生产要素,通过提高地方教育水平加快对本地劳动力的培养和吸引外埠人才流入是人力资本积累的两种基本途径。关于人口流动的实证分析表明,地方教育支出对技术工人流动的影响并不显著,但对普通工人的流动具有显著的负面影响。由于教育支出对地区福利的影响不明显,在短期内很难成为地方政府吸引劳动力流入的政策工具,因此大都市区城镇化过程中的教育支出竞争现象及其影响并不严重。然而从长期来讲,教育具有巨大的社会经济效益,地方政府对此普遍非常重视,因此,教育支出的规模和投资方向是地方治理过程中必须进行权衡的重要方面。我们前文的实证结果显示,地方教育支出对人均投资具有正的影响,而且在统计上非常显著。人力资本的积累会形成相对优势,在一定程度上能够对资本产生吸引力,在人力资本积累过程中教育支出扮演着最基础性的作用。从这个角度分析,教育支出对人均投资在短期影响不大,长期的影响效果则非常明显。由此,从长远来看,一个地方的基础教育水平也是劳动力迁移决策的考虑因素。因此,对地方教育的远期治理目标是提升本地劳动力的整体素质、挖掘本地劳动力的经济增长潜力,充分发挥人力资本拉动投资的作用。

(二)地方教育支出治理的基本原则

首先,由于教育支出对社会经济产生长期性的影响效应,因此地方治理必须坚持以长期性的原则来优化财政教育支出的方式和方向。现实中,地方政府之间的财税竞争一方面使得财政收入的增速减缓,另一方面会诱使更多的财政支出转向经济建设领域和短期性项目,从而挤占教育支出。因此,地方教育支出治理的目标是保障财政教育支出的稳定增长,避免竞争引发财政支出的结构扭曲,以深入挖掘地方的竞争潜力。

其次,由于地方基础教育是最典型的公益性公共产品,其供给须遵循公共服务均等化的模式,因此,地方财政教育支出应随着区域城镇化水平和受教育人口的增长相应地调整。地方治理需要结合本地区的教育水平和教育资源现状,采取灵活的教育支出政策,以扩大教育支出的规模和效率。例如,应该对我国国家财政教育支出比例为4%的目标要求进行理性对待,类似北京市海淀区这样的学校与教育资源密集区,其本地的教育需求范围和需求规模远远高于其他地区,地方政府就应该投入更多的教育资金,一方面通过产业化发展和资源的优化配置,激发本地教育资源的优势和竞争力,另一方面,要提高基础教育的普及性,强化职业教育的针对性。

再者,虽然教育对地方人力资本积累和劳动力素质提高具有促进作用,但基础教育和职业教育两者在人力资本形成与积累过程中的作用是不同的,政府在实施地方教育支出治理的过程中要认真研究教育支出的内部结构,权衡基础教育与职业教育的比例关系。在区域城镇化的过程中,会有大量的普通工人和农村人口转化为城市人口,流入到城市中寻找工作机会,因此当前应非常重视通过职业教育提高迁入劳动力的职业道德和工作技能。

8.4.3 京津冀大都市区教育支出治理对策

为最大限度地吸引技术人才,发挥财政教育支出提升地方人力资本积累的作用,地方政府应审时度势进行教育支出治理,坚持基础教育和职业教育并重,充分发掘地方教育的社会经济效应,以营造高水平高质量的区域城镇化发展环境。当前,京津冀大都市区地方教育支出的治理策略包括如下内容:

(一)优化教育支出内部结构,提高教育的社会经济贡献弹性

地区之间的财税竞争将导致经济发展的路径趋同。由教育形成的科技力量是实现"产业集聚"和"比较优势"的关键因素,是实现长期经济增长、避免产业转移和"产业空洞"的核心力量[1]。因此,地方

---

[1] 杜方、朱军:"地方政府间财政支出竞争与民生财政的主动性——基于公共教育支出的实证研究",《安徽大学学报》,2009(3)。

政府在侧重硬件基础设施建设的同时,绝不能忽视教育、医疗等软环境的建设。教育支出的社会经济效应会具有一定时滞性的问题,地方教育投入对消费质量、人才吸引、生产要素等方面的影响效应大多是隐性的。因此,地方政府应该进一步提高教育支出比例,优化支出的内部结构,增加地方教育对经济增长的贡献弹性。从结构上看,地方政府应在保障基础教育支出的前提下,加强职业教育支出,尤其要通过有效的监管机制和支出管理方法来提高教育产出。对教育支出效率的衡量,关键在于其在地区人力资本形成中的作用及其对经济及投资增长的长期贡献。地方政府在职业教育的投入上,要注重财政支出的引导作用,加强政府供给与私人提供的有效结合,通过支出引导和杠杆作用加强教育管理,推动教育产业化,加速地区人力资本形成。

(二)提高教育资源的开放性,加强地区间教育合作和人才交流

实际上,区域城镇化的过程也是一个经济资源交流和要素重新配置的过程,地区之间的竞争难以避免,所以现代社会的经济发展非常强调合作和交流。现阶段,教育的市场化和产业化趋势不断增强,教育资源正逐步面向更大的区域空间,因此,地方政府应从人力资本积累的长远考虑,摒弃封闭的地方教育模式,提高教育资源的开放性。针对地方教育支出的直接竞争并不明显,同时地方基础教育具有就近生产和就近消费的特点,具有特定的空间性,因此,必须重视地区间教育水平的共同提高,加强地区间的教育合作、文化融合和人才交流。而区域人力资本和文化技术水平的提升进而将吸引更多的高质量的资本和高技术企业。地区间的人才交流是一个双赢的过程,通过优势互补,可以提高地方教育的整体实力。

表 8—7：2007 年京津冀大都市区教育资源情况对比

	北京	天津	河北
常住人口数(万)	1633	1115	6989
高等学校数	79	46	88
普通本专科在校生数(万)	57.8	37.1	93.1
每十万人高校数	0.48	0.41	0.13
每十万人在校生数	3539.50	3327.35	1332.09

资料来源：中经网统计数据库并计算所得。

京津冀都市圈的教育资源整体发达，教育水平较高，特别是北京和天津两个经济中心城市，高等学校的建设水平和高校学生的容纳能力都比较高。2007 年，两个中心城市的每十万人高校数均在 0.4 以上，每十万人在校生数也在 3000 人以上。河北省整体上则相对落后，每十万人高校数和每十万人在校生数均不到北京和天津的三分之一，教育资源的空间不均衡既与地方财政的教育支出规模有关，也存在着一定的社会历史影响因素。因此，通过加强地区间的教育资源交流，提高教育资源的开放性可以提高京津冀大都市区教育公平性，确保教育资源的供给均衡和消费均衡。另外，从目前高校学生的就业看，北京和天津基本上处于供给饱和状态，而河北省由于综合吸引力偏低而缺少高端教育和高端人才。北京和天津作为教育资源充足的核心城市，理应通过保障教育经费和制定针对性教育政策优化地区教育人才结构，实施教育资源共享；而河北各地方政府也应该加大教育投入，通过完善教育合作和人才交流机制，实现政策对接，创建一条关注教育和人才、均衡人才布局的新模式。

（三）基于地方福利和竞争力，建立教育支出绩效评价体系

地方教育支出管理要有制度作为保障，而完善的绩效评价体系能够明确地方支出的目标，提高支出决策的科学性。因此，本文建议

制定一套基于提高地方福利和竞争力的教育支出绩效评价体系,从地方教育支出的内部结构和空间结构两个方面建立相关评价指标,考察其对地方福利增进和竞争力提高的总体效果。同时还要通过教育支出的管理机构进行信息的搜集、分析和披露,建立教育支出的目标路径框架,从福利增进和投资拉动的长远效果出发,避免地区间盲目竞争。通过合理的教育支出结构和教育资源配置,实现地区间教育发展的空间均衡,引导人口的有效流动,提高地区间竞争效率和区域的居民福利。提高地方教育水平并非是一朝一夕的事情,地方财政必须在教育支出上不断加大投入,针对本地区的公共需求和经济发展需要,在均等化供给的基础上重点突破,在绩效评价体系下提升本地居民的教育福利和文化竞争力。

8.5 实现医疗卫生水平的空间均衡

8.5.1 医疗卫生现状分析

医疗卫生服务是地方公共服务体系中的重要组成部分,医疗卫生服务水平的高低直接关系到地区居民的切身利益。公共医疗卫生支出是各级政府财政支出必要的项目之一,地方财政医疗卫生支出主要包括卫生事业费、中医事业费和行政事业单位医疗经费等。地方政府医疗卫生投入的根本目的是满足人们的医疗卫生需求,提高地方医疗卫生的服务水平;同时,通过支出管理优化资源配置,提高公共产品供给效率。医疗卫生服务具有明显的公共产品和准公共产品属性。另外,医疗卫生支出的内部结构也会影响支出效率,医疗卫生支出的方向决定了其公共性和社会效应。一般来说,公共性更强和社

表 8—8:1990—2006 年我国政府卫生事业费支出概况

年份	卫生事业费(亿元)	占财政支出%	占科教文卫事业费%	人均卫生事业费(元)
1990	86.08	2.79	13.94	7.6
1991	93.75	2.77	13.24	8.19
1992	104.38	2.79	13.16	9.03
1993	117.04	2.52	12.22	10.17
1994	159.03	2.75	12.44	13.51
1995	176.92	2.59	12.06	14.93
1996	203.1	2.56	11.92	16.99
1997	227.34	2.46	11.94	18.85
1998	243.13	2.25	11.29	20.01
1999	269.52	2.04	11.19	22
2000	296.05	1.85	10.82	23.94
2001	341.34	1.81	10.16	27.43
2002	381.66	1.73	9.59	30.48
2003	473.79	1.92	10.52	37.59
2004	511.71	1.8	9.95	40.28
2005	628.14	1.85	10.29	48.04
2006	794.26	1.96	10.7	60.42

注:本表按当年价格计算;本表包括中医事业费,不包括预算内卫生基建投资。
资料来源:《中国卫生统计年鉴2009》,http://www.moh.gov.cn/。

会效益更大的防治防疫事业和妇幼保健事业是财政投入的重点[1]。从医疗卫生支出的公平性上看,只有在机会均等的基础上才能保证

---

[1] 刘勇政、张坤:"我国医疗卫生领域的公共财政支出问题研究",《经济师》,2008(2)。

财政更好地实现结果均等的目标,从而保障全体社会成员都能有效地享受到医疗卫生服务。近年来,随着中国经济实力的不断增长,人民生活水平的不断提高,对医疗卫生服务的要求也与日俱增,国家财政用于该领域的支出也在逐年增长。1990年政府卫生事业费约86.08亿元,2006年增加至794.26亿元;而人均卫生事业费由1990年的7.6元增加至2006年的60.42元,增长了近7倍。虽然卫生事业费支出总量不断攀升,但是占财政支出的比重却呈下降趋势,卫生事业费占科教文卫事业费的比重也有所下降。1990年卫生事业费占财政支出的比重高达2.79%,2002年下降了约一个百分点,仅1.73%。在医疗卫生支出比例整体出现下降的同时,由地方政府承担的医疗卫生事业责任相应地却越来越重大,除了保证稳定的财政支出比例外,地方政府还要在医疗卫生事业管理、疾病防疫、医疗服务均等化等方面承担一定的管理责任。目前,医疗卫生服务水平已经成为判断地区福利水平高低的关键指标之一。

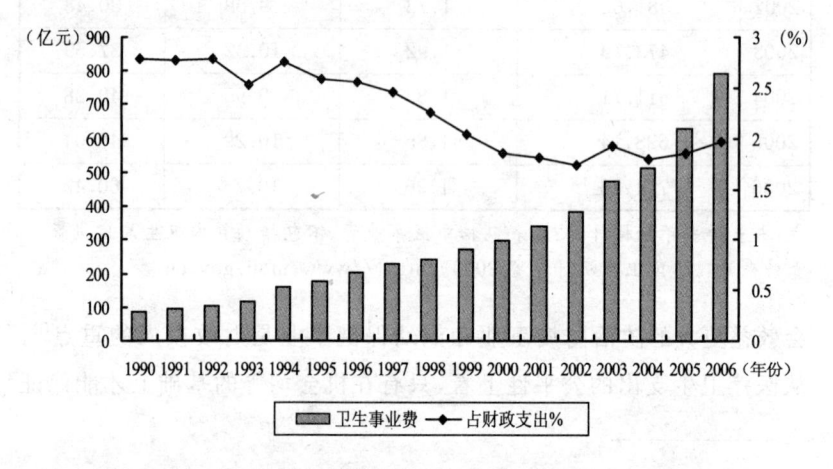

图8—9 1990—2006年我国政府卫生事业费支出及比重变化

8.5.2 现阶段医疗卫生支出领域的主要问题

公共医疗卫生状况的改善非常有利于地区人力资本存量和流量的提升。一方面,医疗卫生支出为本地居民的健康状况提供保障,另一方面,由于地区医疗卫生水平是劳动力流动尤其是技术工人流动所要考虑的重要因素之一,因此优越的地方医疗卫生服务设施和医疗水平对劳动力的迁移决策会产生积极的吸引作用。由于地方医疗卫生投入主要是由地方政府承担的,地方医疗卫生支出的规模与效率将直接关系到本地区的医疗卫生水平。在大都市区域城镇化的进程中,地方政府可以通过提高医疗卫生支出和管理水平来提升本地区对技术工人的吸引力,加快劳动力的流动性,增进地区整体福利。

从实证结果上看,2000 年至 2006 年间,京津冀地区地方财政的医疗卫生支出在整体上对居民消费具有显著的拉动作用,并且其影响程度和消费对支出的敏感程度都非常大。在城镇化过程中,劳动力对医疗健康保障更加重视,医疗卫生的服务和供给状况会直接影响人们的消费水平。京津冀都市圈中,各地区医疗卫生支出占财政支出的比重均在 10% 以下,有些地区在一些特别的年份中甚至仅在 2% 左右。而且,地方财力水平的差异导致医疗卫生支出的地区间差异更加明显。但是,从 2005 年北京市各区县医疗卫生支出的数据来看,西城区的医疗卫生支出占财政支出比例为 9.5%,而海淀区则为 3.7%,这种较大的差异既说明了地区财政的支出结构和侧重点存在差别,也反映出当前医疗卫生支出中地区非均等化的现象是比较严重的。

京津冀大都市区 2000 年的人口流动实证显示,地方医疗卫生支出对技术工人和普通工人的流动性均具有正的影响,且在统计上基本显著。鉴于各地区在医疗服务能力和资金保障能力上的差异，地方政府之间的医疗卫生支出竞争仍然存在着很多不公平的现象。除了空间布局上的差异之外，地方医疗卫生的支出行为也会反映地区劳动力的群体差异。目前，受社会保障享受条件的门槛限制，医疗卫生保障的覆盖范围还不够广泛，很多普通工人由于户籍或工作的原因尚不能从地方的医疗保障体系中获益。另外，医疗卫生的高消费也严重影响了人们的消费预期和迁移决策。技术工人一般属于高收入群体，他们对医疗卫生服务的需求水平和层次相对较高，对地方医疗卫生的支出结构和投资方向也比较敏感。同时，我们的实证研究没有发现地方财政的人均医疗卫生支出对人均消费具有显著影响。

8.5.3 医疗卫生支出治理的思路及原则

厘清财政医疗卫生支出的职能与根本目标是地方医疗卫生有效治理的前提。基于现阶段的中国实际，应该从以下两个方面来正确理解地方财政医疗卫生支出的目标：一是，医疗卫生支出是地方提供医疗卫生服务的经费来源，旨在保障地区医疗的服务规模和服务质量，通过一定的管理机构和制度维护正常的医患关系，以确保地区整体的医疗卫生安全；二是，医疗卫生支出是需求导向型的财政支出，应根据地方的医疗卫生状况和真实需求，确保医疗卫生资金应重点扶持那些出现供给短缺或者真正需要增加投入的医疗卫生项目。总之，地方的医疗卫生治理首先要保证医疗卫生项目供给与需求的均衡，坚持以需求为导向加强医疗卫生管理。

由于从医疗卫生服务的对象上看，每一个社会成员都是地方医疗卫生支出的受益者，由此，地方政府竞争治理过程中的一个重要课题就是，如何最大化本地区医疗卫生支出的公平效应。因为保障和实现公平是地方政府治理的重要原则,而公平又包括实现机会公平和追求结果公平两个方面。其中,机会公平是公共产品供给的重要原则,而结果公平则是地方政府努力的方向。不管是对普通工人还是对技术工人,地方政府都应该通过医疗卫生支出来保障他们无差别地享有接受基本医疗保健和卫生服务的权利,不应该因支付能力不同而存在待遇上的差异,必须要坚持基本公共服务均等化的原则。

在空间尺度上,那些最基本的劳动力的医疗卫生需求大都是同质性的,通常不存在针对基本医疗服务的异质性的空间选址偏好。然而,也有很多种类的医疗服务需求是异质性的,存在着非常明显的空间偏好,这种需求偏好受到空间和距离的影响较小。地方政府应在保障满足劳动力基本医疗卫生需求的前提下,对具有异质性偏好的劳动力的医疗卫生需求加强引导和管理,通过考察其对区域城镇化的具体影响,有针对性地制定合理的支出政策和管理办法。

8.5.4 京津冀的医疗卫生支出治理对策

(一)建立医疗卫生经费保障机制,明确重点支出方向,提高疫病预防控制能力

地方医疗卫生水平应该与本地区的城镇化水平相适应。提高医疗卫生水平,首先要建立完善的经费保障机制,加大财政的医疗卫生支出,通过有效的预算、分配和监管,提高医疗卫生经费的使用效率。此外,地方政府还应建立多元化的经费筹集渠道,发挥社会组织和市场在经费筹集方面的作用,缓解财政支出不足对医疗卫生事业带来的压力。针对本地的基本情况灵活调整医疗卫生支出的内部结构,确定支出的重点对象。从京津冀大都市区来看,地方医疗卫生支出应重点关注疾病疫情控制、社区医疗服务、卫生监督机构等方面。劳

动力流动和人口迁移是城镇化的一个重要特征,但提高流动性会给疾病防治带来巨大困难。近几年各种传染性疾病的跨地区蔓延和重大公共卫生事件的频发,已经给地方政府敲响了警钟。今后,各级地方政府应该更多地关注那些关系到地区医疗卫生全局安全的重点领域,以防患于未然,从源头上遏制疫情或疾病的出现和蔓延。上述对策与措施对提高地区居民的生命健康和增进地区福利的积极作用是不言而喻的。

(二)完善社区医疗卫生服务体系,保障基本医疗服务均等化

公共服务均等化是财政医疗卫生支出追求的目标,同时也是地方政府发展地区医疗卫生事业的任务重点。然而,当前一些地方将大量的医疗卫生经费投入到医疗卫生水平已经较高的区域或者投向大型医疗卫生项目,而基层和社区医疗卫生服务体系的建立和完善却成为城镇化进程中的盲点,这是现阶段地方政府竞争治理的重要内容之一。相关研究及本文的实证分析已然表明,地区医疗卫生水平对提高居民福利和消费具有积极作用,基础医疗和社会医疗卫生服务的欠缺将在很大程度上限制地区整体医疗卫生状况的改善,从而抑制居民消费的增长和劳动力的合理流动。由此,建立和完善社区医疗卫生服务体系对提高居民福利,尤其是对提高普通工人的福利具有十分重要的意义。一方面能够有效保障劳动力的身体健康、提高地区人力资本质量,另一方面也有利于普通工人在大都市区域内更自由地根据劳动力市场供求信息和净收益大小选择其工作和居住地。

(三)优化医疗卫生资源的空间配置,提高医疗卫生支出效率

整体上看,京津冀大都市区的医疗卫生资源分布出现了明显的分层。例如,北京市的医疗卫生资源最为丰富,其次为天津、河北。

从2007年每十万人卫生机构床位数和每十万人医生数来看,北京市分别为513.93和338.55,居于首位;天津居次席,分别为397.62和233.59;河北省的医疗卫生资源相对匮乏,上述两个数据分别为281.78和155.87。即便考虑到北京和天津作为核心城市在医疗卫生方面承担了一定程度的跨区域的服务供给,也不能就此消除地区之间医疗卫生资源的存量差距,导致河北省各地市财政面临着巨大的医疗卫生支出压力。

表8—9:2007年京津冀大都市区医疗卫生资源情况对比

	北京市	天津市	河北省
年底总人口数(万)	1633	1115	6943
卫生机构数(个)	6210	2334	19425
卫生机构床位数(张)	83925	44335	195637
卫生机构医生数	55285	26045	108224
每十万人卫生机构数	38.03	20.93	27.98
每十万人床位数	513.93	397.62	281.78
每十万人医生数	338.55	233.59	155.87

数据来源:中经网统计数据库并计算所得。

各地区之间医疗卫生水平的差距是社会经济影响因素在历史上不断积累的结果,这种空间发展的不均衡格局会进一步地影响地区医疗卫生资源的有效配置。尤其在城乡二元结构的现状下,空间配置的失衡以及核心城市和边缘地区的资源配置存在较大差异,导致地区之间的医疗卫生水平出现两极化的发展趋势,形成恶性循环。区域城镇化进程中的财税竞争绝不应该忽略公共产品均等化供给的目标,以真正保障财税竞争的效率和公平。本书高度强调医疗卫生资源在地区之间的均衡发展,任何忽视边缘地区医疗卫生发展的行为都只能降低地方竞争治理的总体效果。因此,地方财政的医疗卫生支出应该,一方面注重支出的形式和规模,实现医疗卫生资源的空间均衡配置,保证医疗卫生服务的公平性;另一方面,地方政府还应当通过各种机制和措施提高医疗卫生支出的效率,从整体上降低居民医疗卫生消费的实际成本,间接地提高劳动力的收入水平,改善医疗卫生环境,提高人民生活质量。

9 区域城镇化的地方税收收入治理对策

9.1 规范企业所得税优惠政策,提高政策效果

9.1.1 企业所得税现状分析

企业所得税属于资本税的一个重要税种,是指对企业的生产经营所得和其他所得形成的净所得按照一定比例征收的一种税,其税率一般采用单一比例的税率形式。企业的生产经营活动在性质上是追求利润最大化的一种投资行为,企业所得税于是成为企业投资的资金成本,直接影响到企业的投资收益和投资决策。企业的实际税收负担将直接影响企业投资方向和资金流向,一般来说,在其他条件相同的情况下,企业资金更倾向于流向实际税负较低的地区。企业的投资决策往往以资金成本和预期收益作为分析依据,对企业实际所得税率的高低非常敏感。2008年中国开始实施的《中华人民共和国企业所得税法》正式终结了内、外资企业所得税两制并存的旧格局,从此境内各类企业均须按照新颁布的《企业所得税法》课税,实行统一的企业所得税税率。但需要注意的是,不同地区的企业所得税优惠政策、土地出让政策和其他优惠政策实际上降低了投资资金的实际成本,也使得企业所得税的实际税率出现了地区差异。

虽然企业所得税是中央和地方的共享税种,但由于企业所得税收的收入规模庞大,地方分成收入仍然构成了地方财政收入的主要部分,企业所得税的相关政策也成为政府决策和地方治理的重要基点。中国现行企业所得税法中规定的优惠政策主要包括税基式、税率式和税额式三类减免税优惠方式,其中使用最广泛的是税基式减免税优惠。尽管地方政府在财税政策制定上仅享有较少的自主权,但地方政府变通一些的经济优惠政策对企业投资仍然具有相当大的吸引力。影响一个税种收入的主要因素无非是实际税基的大小和实际税率的高低,某个税种的税收收入就等于税基和税率的乘积。拉弗曲线很好地诠释了税收、税基和税率三者之间的关系。该曲线是一个倒U字形的曲线,横坐标是税率,纵坐标为税收收入,在开始阶段,政府税收随着税率的提高而增长,但当税率超过一定限度时,企业的经营成本提高,投资减少并导致税基减小,反而使得政府的税收收入随着税率的提高而降低。因此,经济中的最优税率必须能够实现政府税收收入的最大化。由此很多国家和地区都在尝试研究制定出适合本国或本地区的实际税率。地方政府之间的财税竞争也是一个追求地方利益最大化的过程,但从企业所得税竞争来看,合理的企业所得实际税率能够吸引资本流入,提高本地区总体收益,加快地方的城镇化进程。但地方政府之间的竞争博弈和盲目攀比,却通常会导致财税竞争原则和方向的迷失,进而使得税收政策的实际效果很不确定。

在京津冀大都市区中,北京市企业所得税远高于其他城市,2006年北京市企业所得税213.86亿元,天津市53.49亿元,而张家口、承德、沧州均不到2亿元。大都市区内各城市之间的差异如此显著。从企业所得税占地方财政总收入的比重来看,京津冀大都市区内各城市的差异也非常显著。以 2006 年为例,北京市的比重最高,约为 17.31%,天津市约为 5.78%。而河北省内的张家口、承德、沧州和秦皇岛等城市企业所得税占地方财政总收入的比重大都不均过 3%,可见城市间的差距如此之大。

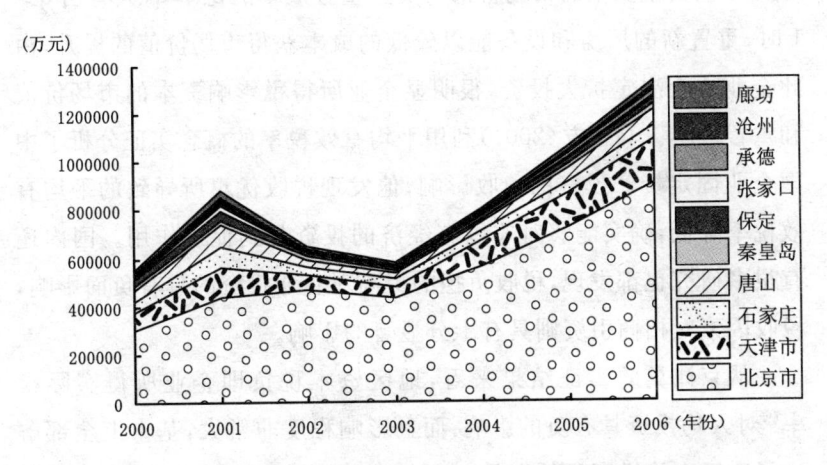

图 9—1 2000—2006 年京津冀大都市区企业所得税税收情况

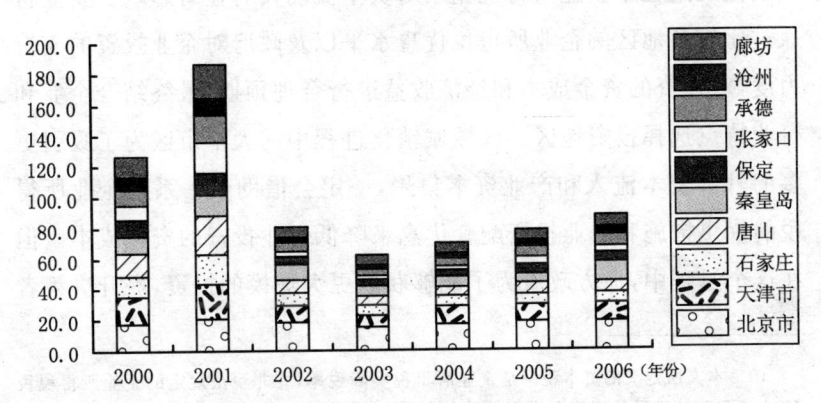

图 9—2:2000—2006 年京津冀大都市区企业所得税占地方财政总收入比重(%)

9.1.2 当前企业所得税领域的主要问题

企业所得税负的高低对企业投资决策具有决定性的影响。托宾的 q 投资理论能很好地解释企业投资决策的过程,他认为企业投资与否将取决于资本的市场价值与资本重置成本的比率 q,只有当 q>1 时,重置新的厂房和设备能以较低的成本获得市场价值的提升,由此企业才会决定扩大投资,很明显企业所得税影响资本的市场价值和重置成本。马拴友(2001)利用平均有效税率的概念实证分析了中国企业固定资产投资的税收影响,他发现税收优惠所导致的平均有效税率降低,确实能够对非国有经济的投资起到促进作用。国内还有很多研究也都发现,税收负担的提高对企业投资的具有负面影响,税收因素对招商引资则具有十分显著的影响。

从京津冀的实证结果来看,地区资本税负即企业所得实际税率[①]对人均投资具有负的影响,而且影响程度非常大,基本上全部解释了地区人均投资量的变化。这实际上说明京津冀大都市区在区域城镇化的过程中企业所得税竞争对资本流动具有显著影响。企业将通过比较各地区的企业所得税优惠水平以及政府对企业投资的支持力度,对投资的资金成本和经济收益进行合理预期,最终结合企业和行业特点选择投资地区。区域城镇化进程中的大都市区为了吸引更多的外部资本流入和产业资本集聚,一定会借助于一系列企业所得税的优惠措施和企业投资配套优惠来降低企业投资的资金成本。但在这个过程中,地方政府为了能够获取更大规模的投资,提升决策者

[①] 本文所定义的资本税率是企业所得税实际税率,并非税法规定的企业所得税率,由于受到地方税收征管和优惠政策的影响,实际税率和税法规定税率会有很大的不同,本文关于企业所得税实际税率的计算方法在上文中已经做过说明。

任内的经济发展政绩,往往会忽视企业投资的综合效益评价及对地方政府财政收入的影响变化,这种恶性的资本竞争使得企业所得税的实际税率低于拉弗曲线中的最优临界点,尽管税基得到扩大,但是财政收入却止步不前,最终资本的地区间流动也一定会偏离资源优化配置的原则。

地区人均消费对企业所得税率的变化并不敏感,从实证中也可以看出,企业所得税率变化对地区人均消费的影响并不显著。企业所得税既直接影响企业利润水平,也会间接影响地区产品物价和劳动力工资水平,对地区生活成本和消费能力都会产生影响。这样看来,企业所得税负可能会对地区人均消费产生的一定影响。但工资水平具有刚性,对企业所得税负的边际变动并不敏感。资本流入和企业投资也会增加消费品的市场需求,对物价水平的影响也非常模糊。总之,企业所得税率变化对地区消费的影响有待于进一步验证。但可以明确的是,由企业所得税负变化所引致的投资和生产规模变化,可以改变地区劳动力的需求规模和结构,工作机会的变化也会直接推动地区之间的劳动力流动。

在区域城镇化进程中,资本和劳动力的合理流动能够有效地提高区域整体福利,企业所得税是地方政府所依赖的重要收入工具。但盲目的企业所得税竞争并不会引导劳动力合理流动和产业集聚,也不利于区域整体经济发展和合作。从现实情况来看,随着城镇化水平的提高和城市社会经济环境的改善,北京市的人口规模极度膨胀,常住人口和流动人口数量都急剧上升,给整个城市的良性发展带来非常大的压力和管理成本。如何通过引导资本流动扭转这种形势,推动产业升级,优化人口结构和劳动力结构,是北京市乃至整个京津冀大都市区普遍面临的重要课题。尽管这个难题的解决需要财税政策和其他配套政策的综合运用,单纯依靠企业所得税政策的治理效果可能并不理想,但不可否认的是,企业所得税在提高资本和劳动力流动方面的影响作用是非常强的。

9.1.3 企业所得税竞争的治理思路及原则

企业所得税竞争实际上是地方政府能够通过各种政策手段给予企业和投资者多大程度优惠的问题。在地方政府招商引资的过程中,应该坚持不盲从、不攀比的原则。推进区域城镇化需要大量的资本和劳动力,在资源有限的情况下,地方政府之间开展适度的财税竞争是不可避免的。地方政府在给予企业所得税优惠时,既要遵循企业所得税相关法律的基本规定,又要结合本地区的经济特点以制定更有针对性的资本税收优惠政策。地区之间的过度博弈会导致企业所得税税率严重降低("race to the bottom"),造成大量税收流失,税收竞争效果也会适得其反。早在1940年,詹姆士·马丁(James W. Martin)指出美国各州之间通过遗产税(death taxes)、使用税(use taxes)、公司税(corporation taxes)、酒精饮料税(alcoholic-beverage taxes)、黄油税(margarine taxes)等税种实行税收优惠和税收歧视以争夺税源的事实,并指出报复性税收政策是无效的,只有保证坚定不移的、无歧视的公平才会有长期有效的税收竞争。因此地方政府之间的企业所得税竞争首先应坚持无歧视和公平原则,避免地区间恶性的和报复性的税收政策。

企业所得税收入是地方财政收入的重要来源,一般会占到地方财政收入的30%—40%。如果企业所得税政策实施不当,将会影响到地方政府的财力稳定,甚至引发地方财政风险,对地方政府的支出责任和义务构成巨大压力。地方政府为了实现地方利益最大化,应该保证给予企业和资本的税收优惠额度(也是一种潜在的税收流失)至少不高于地方财政的生产性支出和企业补贴,在此我们将其称之为拉弗底线原则。在当前的财税竞争中,很多地方政府都把大量的财政收入直接或间接地补贴给企业,鼓励企业投资和资本流入。在这种情况下,我们需要对拉弗曲线所反映的规律进行修正,把针对企业的优惠(包括但不限于企业所得税优惠和相关补贴)纳入到企业所得税实际税率的考虑范围之中,在此基础上来考察地方政府企业所得税的竞争效率。

在本书构建的理论分析模型中,地方政府基于异质性偏好劳动力流动的财税竞争倾向于对资本征收高于均衡点的税率,这会使得资金成本提高、地区资本流入减少和投资下降。对于地方政府来说,这是一个两难境地。对资本流动和劳动力流动的权衡是地方政府需要着重考虑的问题和原则。如果地方政府过于重视和服务于资本流入,必然会使地方财政收入增长乏力,用于其他方面的财政支出紧缩,从而会限制地区居民福利的增加。

9.1.4 京津冀大都市区企业所得税竞争治理思路

地方政府借助企业所得税政策工具提高地区间竞争力,对推动区域城镇化进程意义重大。合理的企业所得税竞争一方面能提升本地资本存量,增加产出和经济效益,增强地方财力,另一方面还能提高产业资本的流动性和集聚力,创造出更多的就业机会,提高要素市场的资源流动性。基于当前地区间竞争中企业所得税政策的实施和管理状况,地方政府应该着重从以下几个方面进行治理。

(一)基于税收分权完善企业所得税优惠政策体系,规范政府优惠行为企业所得税权主要集中在中央,基于企业所得税的地区间的财税竞争主要是利用企业所得税政策实施和收入征管方面的漏洞,对税收征管程序和方法进行变通。在当前企业所得税由中央和地方共享的机制下,由于企业所得实际税率对资本流动的重要影响以及地方对投资规模最大化的追逐,地方政府大都倾向于钻研税法管理上的空子,采用不规范的竞争措施以吸引投资。要规范地方不合理的资本税收竞争,需要进一步完善企业所得税的优惠体系和操作机制,避免税收优惠的寻租行为。从企业优惠权在中央和地方之间的分配上看,集权的效果适得其反,权利分配越集中在中央,地方的制度外行为越泛滥。现行税法中企业所得税优惠的设定权力主要集中在中央,即便是地区性和行业性的优惠政策也都是由中央制定和颁布,地方政府要么主动适应要么被动接受。地方政府只好进行变通甚至采取越权竞争的策略,这样一来不仅使得中央企业所得税的调节效果出现失灵,还会导致地方竞争恶化和整个区域的福利降低。与其因为过度集权而出现效率损失,还不如因势利导地赋予地方政府一定的企业所得税优惠权力。地方政府还应建立一定的优惠决策和监督实施机制,以规范优惠政策实施行为。

(二)以成本—收益机制分析政策优惠,同时提升资本质量和居民福利

地方政府不宜单纯地以扩张投资规模为其政策目标,而应该从经济发展和居民福利增进的长远利益来衡量地方政策的实施效果。地方政府应该采用成本—收益的分析框架对投资项目的规模、成本和收益进行综合评价,以制定合理的资本税收优惠措施。虽然资本流入和企业入驻对地方就业和居民收入具有积极效应,但同时也会增加地方政府的管理成本和支出责任,甚至个别企业还会因污染严

重对地方生态环境产生负外部性。否则,地方政府推广企业所得税优惠非但不能有效地推进经济增长反而会恶化地区福利。地方政府在招商投资时,必须本着提升本地产业资本质量和增进居民福利的原则,制定合理的企业所得税管理措施和税收优惠政策;同时加强针对投资项目的管理,避免仅顾及投资规模的短视行为给地区就业和居民生活带来福利损失。

(三)优化资本结构发展优势产业链,提高优惠政策针对性

企业所得税的税率、税基及一些优惠政策在税法层面看似是一致的,但是很多研究表明,中国地区之间企业所得实际税负存在着明显的空间差异。一方面是由各地区的产业资本结构不同所导致,另一方面也可能是因为地方政府的税收征管差异和制度外税收优惠程度的不同。地方税收征管方面的漏洞不仅会减少财政收入从而影响公共产品供给,更严重的是,它将进一步激化企业间的不正当竞争,使经济环境恶化。因此,除了必须关注地方税收努力程度和制度外税收优惠政策之外,地方企业所得税的治理还应集中在对地区产业资本结构的优化上。地方政府的产业分工和资本结构调整必须要基于本地区的经济优势和区位特点,同时充分考虑区域城镇化导致的社会经济问题,以便有针对性地制定地方税收优惠政策体系来引导地区间的合理竞争。

(四)强化企业所得税征管和纳税服务,提高地区资本产出效率

税收征管是实现地方税收收入增长的重要保障,地方政府应尽快建立完善的税收征管系统,加强税收征管队伍建设,提高税收征管能力。否则,出现税收流失问题既不利于地方财政的收入增长和履行政府职能,还将导致投资失衡,影响地区资本产出效率。因此,亟需在国家统一税收政策的指导下,公平开展税收征管工作,规范地区

或企业间的竞争秩序。企业之间的公平竞争是拉动地区投资、提高整体投资效率的必要前提。要想从根本上提高地区资本产出效率，还需要地方政府通过企业所得税和其他相关经济政策，来引导地区资本在不同产业之间合理配置，通过投资有发展潜力的产业提高区域产业资本的规模效应和产出水平。

9.2 简化个人所得税制，加大收入调节力度

9.2.1 个人所得税现状分析

个人所得税是对个人收入征收的一种税，中国的个人所得税法对纳税人有详细的界定。在个人收入的甄别上，将个人收入分为工资薪金所得、个体工商户生产经营所得、对企事业单位的承包经营、承租经营所得、劳务报酬所得、财产租赁所得、稿酬所得、特许权使用费所得、财产转让所得、利息股息红利所得、偶然所得及其他所得等11大类，按月或按次计算个人所得税。同时，各类所得采用不同的适用税率和计税方法，有的实行累进税率，有的实行比例税率，因而税收征管形式较为复杂，不同类型收入的税负差别较大。其中工资薪金所得是个人收入的主要组成部分，其税收按照九级累进税率征收。实行累进税率有利于调节个人收入差距，实现社会再分配。

各国的经济发展水平不同，税收管理水平也不同，因此个人所得税在各国的地位也不相同。根据财政收入标准(个人所得税收入占财政收入或税收收入的比重的大小)，个人所得税大致可分为三种不同类型：第一类是个人所得税主导型，如美国、英国、加拿大和澳大利

亚等就属于此类国家,在这些国家个人所得税是中央政府最大的税种。以美国为例,从20世纪60年代以来,个人所得税占税收总收入和GDP的比例一直维持在45%和10%左右。第二类是个人所得税与货物税并重型,以德国最为典型,德国个人所得税占税收总收入和GDP的比例分别为16%和14%。第三类是个人所得税辅助型,此类国家的税收收入以货物税为主,因此个人所得税占税收收入的比例较低,例如在法国这一比例仅为13%[①]。个人所得税已经成为中国的第四大税种,占全国税收的比重也由1994年的1.6%快速提升至2006年的7%。并且,在一些省市,个人所得税收入已经成为除营业税收入之外的第二大地方收入渠道,是地方财政收入的重要来源。

但是,由于社会经济环境出现变化以及税制建设滞后、税收征管乏力等诸多因素的影响,中国的个人所得税在组织财政收入、调节收入分配等方面的职能仍没有得到充分发挥。与美国、澳大利亚等发达国家相比,个人所得税占税收总收入的比例还偏小。课税对象主要是工薪阶层,大量灰色收入仍然没有被纳入课税范围,个人所得税调节收入分配的能力偏弱。从税制的设计来看,中国目前实行的分类所得税不能就纳税人全年各项应税所得综合计算征税,既难以体现公平税负、合理负担的原则,还增加了征管上的难度,使得个人所得税征管效率低下,税收流失严重。近些年来,国家陆续推出了调整个人所得税的政策,比如提高免征额、将年终奖等奖金纳入应税所得、加强对相关补贴的税收管理等措施,个人所得税征收的规范性和针对性不断提高。

---

① 邵培德:"中西方个人所得税比较",《涉外税务》,1999(11)。

表 9—1:1994—2007 年我国个人所得税收入情况　　（亿元/%）

年份	个人所得税	税收收入	GDP	占税收比	占 GDP 比
1994	72.67	5126.88	48197.9	1.42	0.15
1995	131.49	6038.04	60793.7	2.18	0.22
1996	193.19	6909.82	71176.6	2.8	0.27
1997	259.93	8234.04	78973	3.16	0.33
1998	338.65	9262.8	84402.3	3.66	0.4
1999	413.66	10682.58	8677.1	3.87	0.46
2000	660.37	12581.51	99214.6	5.25	0.67
2001	996.02	15301.38	109655.2	6.51	0.91
2002	1211.07	17636.45	120332.7	6.87	1.01
2003	1417.33	2017.31	135822.8	7.08	1.04
2004	1736.2	24165.68	159878.3	7.18	1.09
2005	2093.96	28778.54	183217.4	7.28	1.14
2006	2452.67	34804.35	211923.5	7.05	1.16
2007	3184.94	45621.97	249529.9	6.98	1.28

资料来源：付广军（2009 年）；个人所得税引自历年《中国税务年鉴》；税收收入、GDP 来自《中国统计年鉴 2008》。

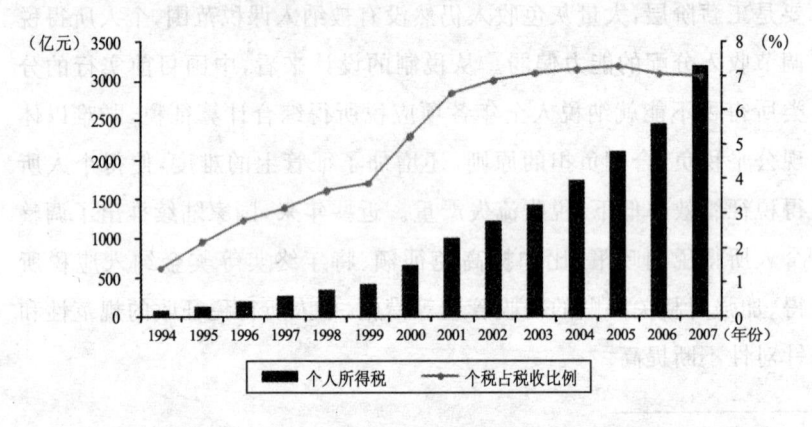

图 9—3　1994—2005 年中国个人所得税收入的规模与比重变化

9.2.2 当前阶段个人所得税领域的主要问题

根据我们的理论模型分析,劳动力的迁移决策取决于其获得的净收益的大小,个人所得税负担的高低将直接影响到劳动者的可支配收入,进而影响居民消费水平。可以说,个人所得税实际税负的大小对居民福利的影响是直接的。从技术工人和普通工人对税负的敏感度来看,技术工人是个人所得税负的主要承担者,地方政府可以通过提高技术工人比例来降低地区的平均个人所得税税负,同时也能够实现对普通工人更高的转移性支出。个人所得税的税率变化对地区人均投资没有影响。

从京津冀大都市区的实证结果来看,收入税税率(即个人所得税实际税负)的提高尽管有降低人均消费和人均投资的趋势,但回归结果非常不显著。这反映出区域城镇化进程中基于个人所得税的地方竞争并不太明显。另外,从各地区具体的税收竞争策略中也可以看出,资本税政策才是其策略重点。但是由于个人所得税直接影响到个人可支配收入的多寡,特别是对技术工人等高收入群体的影响更加显而易见。实证的不显著可能是由于对个人所得税负不敏感的普通工人比例过高,加之个人所得税征管存在漏洞,从而影响了整个地区对个人所得税的敏感性。理论上尽管个人所得税对劳动力迁移的影响程度不高,但极其敏感,个人所得税负的微小变动会对居民消费行为产生较大幅度影响,即人均消费对个人所得税负的弹性非常大。各地区可以根据个人所得税的特点和具体效应,制定基于个人所得税收的更加合理的竞争策略,优化地区劳动力结构。

个人所得税与劳动力流动呈负相关关系,个人所得税负的降低将有利于提高劳动力特别是技术工人的流动性,进而推动区域城镇化进程,提高地区福利。个人所得税的主要纳税人是技术工人和高收入人群,地方政府为了吸引技术工人和专业人才,往往会通过各种吸引人才的政策降低高收入人群的个人实际税负,合理的个人所得税负有利于技术工人和人才的流入和劳动力结构的优化,但过度的低税负政策和优惠竞争不但会限制地方收入,也会扭曲地区间劳动力流动趋势。普通工人的收入水平较低,其流动性受个人所得税负变化的影响较小。中国现行税法规定的个人所得中的工资薪金所得实行九级超额累进税率,免征额为2000元,最高税率达到了45%。从工薪所得来看,月工资在3000—5000元的群体(中等偏上收入)在个人所得税税负归宿中承担的份额最大,同月工资在3000元以下的(低收入)群体一样,他们的劳动供给弹性较小;5000元以上(高收入)的收入群体劳动供给弹性较大(于洪,2004)。一般认为提高个人所得税,高收入者由于劳动供给弹性大会减少劳动而增加休闲。如果从劳动力流动方面考虑,高收入者为了躲避较高的税收负担则可能会选择迁入到其他地区。个人所得税负的变动对于工薪阶层的迁移流动影响最为明显,特别是对高收入群体。由于收入越高所要缴纳的税收越高,所以高收入群体一般比较注重边际税率的高低,并根据地区间的个人实际税负差异选择迁移流向。近几次个人所得税免征额的修改适应了居民消费支出增长和物价上升的形势,进一步降低了中低收入者的税收负担。但对于高收入者来说,由于九级税率并没有变化,因此对高收入者的个人所得税负变化没有产生实质性的影响。2000元工资薪金所得免征额是全国统一的,这种规定没有充分考虑地区间的经济收入差距和生活成本的空间不均衡,这种"一刀切"在一定程度上不利于经济发达地区特别是大都市区域个人所得税收入再分配作用的较好发挥。

另外,在个人所得税体系中,除工薪所得外,还有劳务所得、个体工商户经营所得、稿酬所得、特许权使用费、偶然所得等众多收入项目,而且税基、税率以及费用减除标准各有不同,很大程度上增加了地方政府税收监管及征管的难度和成本。现行所得税制的许多优惠规定主要是针对公益性行为和国外个人所得,地方在引进短缺人才中可利用的手段非常少,从而倾向于制定不规范的财税激励政策。有些地方为了引进技术人才,相互"挖角",滥用地方税权或者越权减税,类似的恶性人才竞争政策不但没有提高从人才战略获得净收益,还损害了区域整体经济利益和人才资源的优化配置。

9.2.3 个人所得税的治理原则

首先,个人所得税的治理应该坚持和强化收入再分配职能,地方政府通过个人所得税的征管调节居民收入差距,这也是税收公平性的重要体现。我国区域城镇化的过程仍然显现出明显的城乡二元结构特点,个人收入差距拉大是不可避免的。地方政府如果能够有效利用个人所得税政策,发挥个人所得税调节收入的作用,必然会从整体上提高地区消费水平和福利水平。中低收入人群的边际消费倾向相对于高收入群体来说会更高一些。亚当·斯密的"税收四原则"把便利和节省作为其中重要的两个原则,个人所得税制同样也应该遵循这两个原则。个人所得税的税制简化和征管节省原则能够更好地规范地方的竞争行为,指导地方有效地实施竞争治理。个人所得税税制复杂、管理难度大、征收成本高是困扰地方税务机构的主要问题,对于地方来说,疏于征管有悖于税法公平性,依法严格征管又担心影响地方竞争力和吸引力。地方政府应该在便利和节省原则的指导下寻求有效地治理策略,增强区域城镇化中个人所得税的调节功能和公平效应。

其次,技术工人对个人所得税率的敏感性决定了地方治理应该坚持人才引进的目标匹配原则。城镇化进程不仅是城市人口增加、城市规模扩大的过程,还需要注重人口素质和劳动技能的提高。一些地区在人口流入方面设定了很多这方面的限制,像北京、上海等地的落户标准和条件就反映了其人才需求结构。个人所得税应该而且有条件成为地方引进短缺人才的一个可能工具。

再者,个人所得税的治理应该充分地体现空间均衡原则。现行的个人所得税并没有充分考虑到不同地区间的成本支出,缺少对地区间成本差异的考虑,这既影响了税法的公平性原则,也不利于地区间劳动力的合理流动和城镇化的均衡发展。地方治理应该关注地区间收入分配格局的调整,实现地区间居民消费能力的空间均衡。

9.2.4 京津冀个人所得税治理的思路与策略

个人所得税关系到每一个人的切身利益,涉及的纳税人众多,地方政府应该充分认识个人所得税的特点和存在的问题,因地制宜,通过制度改革和政策调整构建基于个人所得税的区域城镇化新型治理策略体系。

(一)简化个人所得税制体系,合并相应的课税项目

中国目前实行的是分类所得税制,不同来源的收入按照不同的税率征税。随着人们收入来源的多元化,这种税收体制会越来越影响到横向公平。综合所得税制是未来个人所得税制改革的方向,曾有学者提出将工资薪金所得、劳务报酬所得合并为劳动所得;将个体工商户生产经营所得,对企事业单位的承包经营承租经营所得,个人

独资、合伙企业经营所得合并为经营所得;将稿酬所得与特许权使用费所得合并为新的特许权转让所得。这种渐进式的个税改革方案比较符合税收管理实际,也利于实施操作。通过简化个人所得税制既可以节省税收征管成本,又可以进一步强化收入再分配功能,避免由于税制复杂而导致的名目繁多的恶性竞争。在区域城镇化中的劳动力问题上,这种改革也能够有效地防止工薪阶层因为收入渠道单一反而多缴税、高收入人群因为收入分散反而不缴或者较少缴税的情况。

(二)基于地区工资差异提高免征额,完善费用扣除体系,保障生活公平和劳动公平

实证分析显示,在京津冀大都市区地区间的平均工资收入差距很大,在全国尺度上看,地区间的工资收入差距更加突出。地区之间的基本生活费用、消费支出同样会随收入不同而不同,中央政府应该根据各地的经济发展水平、基本生活消费、平均工资收入等因素,从调整地区间收入分配格局考虑,以经济发达地区为标准提高个人所得税免征额,这有利于欠发达地区的城镇化进程。当然前提是要充分考虑提高免征额对地方税收收入带来的压力,并给与一定规模的财政转移支付。另外要充分考虑地区间的经济差异、地区收入差异和个体差距,进一步规范完善工资个人所得的费用扣除标准。个人所得税扣除项目应包括三类:一是费用扣除,即为取得收入所必需的开支。二是生计费扣除,该费用是指与取得收入无直接关系的生活费、基本医疗费、保险费等。该费用扣除可以按地区差异,采用定额或按收入定率的方法扣除。三是附加扣除,即针对纳税人负担的老、幼、病、残等抚养扶助责任的照顾性扣除[①]。免征额和费用扣除还应

---

① 梁卓等:"我国个人所得税制存在的问题与对策",《税务研究》,2009(3)。

该随着通货膨胀、工资收入和其他社会保障因素的变化进行指数化调整,以适应区域城镇化发展的需要。提高免征额和完善费用扣除政策,可以有效地保障地区之间的劳动公平和生活公平,合理引导劳动力流动,也有助于防止欠发达地区的人才流失,实现提高地区间的公平竞争。

(三)适当增加对技术工人和紧缺人才的个人所得税优惠政策

当前,可资地方政府为吸引技术工人和紧缺人才使用的制度内政策工具相对不足,能够体现地区差异的个人所得税优惠政策更为短缺。区域城镇化的发展使很多地方都要面对技术工人短缺的局面,并且地区产业结构差异也使得每个地区紧缺人才的规模和类型各不相同。如果地方政府只是在住房保障、家属就业等政策优惠方面努力,政策优惠的可持续性将会受到质疑,同时也有可能导致地区间人才竞争的极度扭曲和不规范。若从个人所得税制角度梳理人才竞争措施,首先要做的是给与地方政府一定的税收优惠权力,然后在加强对地方人才竞争监督的基础上,不断提升地方政府人才政策的灵活性和实施效果,以推动地区间人才的合理流动,更好地满足地区城镇化发展的需要。

(四)实现个人所得税与地方社会保障建设联动,提高地方福利竞争力

从地区发展的均衡化目标和个人所得税制的设计角度来看,个人所得税不宜作为增强地方财政收入能力的工具。但若从福利最大化和消费升级的层面看,地方政府利用个人所得税负的地区差异有针对性推出优惠政策吸引技术工人和紧缺人才,可以在一定程度上缓解地区人口臃肿和过度集中等问题,有助于实现优化人口结构和提高劳动力质量的目标。由于中国的户籍制度还没有完全放开,而

且个人所得税对人口迁移的影响又比较小,所以地方政府大都将主要精力放在吸引紧缺人才和高收入人群之上,而对于普通工人的关注较少。今后,地方政府应该从整体上开展竞争治理,把个人所得税政策同地方社会保障建设联接起来,因为社会福利与工作福利实际上都是地方社会保障水平的重要反映。地方政府还应该从个人所得税的政策优化入手,提高地区社会保障的整体水平,通过税收政策和社会保障政策的联接和整合,实现地区收入再分配手段的多元化,以深度挖掘消费潜力,提高福利竞争力。

9.3 增强营业税主体地位,提高地方财政能力

9.3.1 营业税收入现状分析

营业税是对在中国境内提供应税劳务、转让无形资产或销售不动产的单位和个人,就其所取得的营业额征收的一个税种,其属于流转税的范畴。营业税共设置交通运输业、建筑业、邮电通讯业、金融保险业、文化体育业、服务业、娱乐业等九个税目,营业税收入与第三产业的发展密切相关。1994年分税制改革后,营业税作为一个地方税种,成为地方税收收入的首要来源,从全国平均水平来看,营业税收入占到地方税收收入的40%以上。作为地方政府的第一大税种,营业税税收稳定,对组织地方财政收入的作用非常关键。在中国现行税制下,营业税的征免界限比较模糊,随意性很强,这也给地方政府滥用营业税进行竞争提供了机会。

在中国,营业税和消费税同属于营业税体系,它们主要反映的

是地区产品和服务消费的成本,税负高低可以反映地方居民消费附加成本的高低。由于消费税主要是对个别消费品征收的,用以调节消费结构和消费方向的中央税种,地方对消费税的可操作性较低。但营业税基本上是针对地区所有产品和服务的销售额所征收的一种地方税,在一定程度上反映了地区消费税率水平。这也是在实证分析中为何选取营业税来计算地区消费税率的原因之一。我们的主要目的是考察营业税率变化对地区消费和投资变化的影响程度。

营业税与企业所得税也不同,企业所得税是中央和地方共享税种,而营业税则是单纯的地方税种。在地区之间的财税竞争中,营业税竞争对地方财政的收入变化影响很大,而且也更容易进行有针对性的操作,当然这也很容易造成地区之间围绕营业税展开恶性竞争,造成福利损失。在现实中,尽管恶性的营业税竞争也能够帮助地方政府吸引一定量的企业投资和资金流入,但是投资带来社会经济效益,将会被财政收入增长乏力和公共服务供给不足所抵消,最终区域整体福利水平的增进效果很不明显,地区的消费能力也没能得到有效的挖掘。

营业税是地方的主要税种,2006年,从全国范围来看,营业税占地方财政总收入的比重是42.8%。尽管在京津冀大都市区中除北京和秦皇岛两个城市之外的其他地区均低于这一比重,但营业税占地方财政总收入的平均比重也都高于20%。只是京津冀大都市区各城市的营业税收入的差距过大,北京市远高于周边其他城市。2006年北京市营业税分别是天津市的6倍、石家庄的9倍、唐山的12倍、秦皇岛的20倍、承德的40倍。

表 9—2:1998—2006 年中国主要地方税种收入占地方税收的比重

年份	增值税	营业税	企业所得税	个人所得税	合计
1998	0.138	0.415	0.099	0.134	0.786
1999	0.126	0.409	0.168	0.146	0.849
2000	0.123	0.400	0.165	0.151	0.840
2001	0.124	0.382	0.189	0.167	0.863
2002	0.124	0.422	0.190	0.114	0.849
2003	0.128	0.448	0.159	0.097	0.832
2004	0.115	0.459	0.168	0.101	0.842
2005	0.110	0.433	0.186	0.095	0.825
2006	0.109	0.428	0.199	0.095	0.831

资料来源:根据中经网统计数据库相关数据计算所得。

表 9—3:2000—2006 年京津冀大都市区部分城市营业税占地方财政总收入比重(%)

	2000	2001	2002	2003	2004	2005	2006
北京市	42.7	41.6	43.6	45.3	47.7	47.0	46.6
天津市	32.4	29.8	36.9	30.2	26.3	24.5	23.0
石家庄	22.7	22.4	27.4	26.1	29.9	30.0	30.9
唐山	16.4	14.8	18.6	18.6	19.3	18.7	20.1
秦皇岛	27.3	28.1	32.7	32.8	33.2	33.6	65.6
保定	10.8	13.7	16.3	16.5	17.5	19.1	20.4
张家口	25.3	25.1	25.6	24.2	25.3	23.8	26.9
承德	18.9	18.1	21.5	26.2	29.0	25.4	23.0
沧州	17.6	18.9	17.2	20.0	23.1	22.7	24.6
廊坊	20.4	16.9	24.2	26.8	27.9	29.8	32.3

资料来源:根据中经网统计数据库相关数据计算所得。

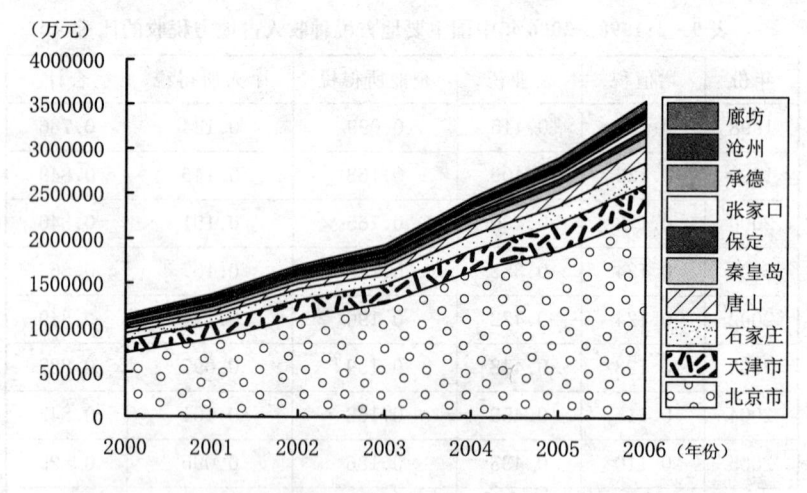

图 9—4　2000—2006 年京津冀大都市区部分城市营业税收入情况

9.3.2　当前营业税领域存在的主要问题

城镇化发展对产业结构提出了更高的要求,从各国城市化发展的历程来看,第三产业的发展及其在三次产业中所占的比重是反映城市化水平的重要指标。营业税政策对第三产业,尤其是与居民基本生活紧密相关行业的调节作用非常明显,政府通常都会调整营业税政策来引导产业发展。在房地产市场上,由于营业税征管相对简单,征管成本低,因此成为政府调控房价的重要税收工具;在餐饮业、娱乐业等行业,营业税政策及其税负的水平同样是影响资本进入该行业的重要影响因素。由于营业税的税基是营业额或者销售额,所以可以通过产品和服务市场的交易行为将营业税负转嫁给最终的消费者。因此,地方政府经由营业税治理可以实现地区消费结构优化和福利提高,同时也能在一定程度上推动资本的空间优化配置。日安·卢娜(LeAnn Luna,2004)以美国田纳西州为例,衡量了地方政府竞争的程度并试图通过改变营业税率来限制本地居民的跨地区购物。他估计了长期和短期地方营业税率和地方营业税基两个等式,分别表示地方税收政策的选择和地方应税商品和劳务的需求函数。他的研究结果表明,周边地区的营业税率会影响本地区地方政府营业税率的设定,由于消费者会利用地区间的税率差异进行跨地区购物,所以本地和周边地区的营业税率将影响本地的营业税基。当然地区间营业税率水平的高低差异,对地区消费有显而易见的调节作用。

我们的实证结果也表明,营业税税率对地区人均消费具有显著的负面影响,营业税率的边际变化将会引起人均消费的极大改变。这说明,一个地方营业税的实际税负在很大程度上被转嫁到消费者身上,营业税负过高或者政策设计不合理都会影响居民福利,限制劳动力的合理流动。但实际上,营业税的直接纳税人主要是企业,政府也大都把注意力集中到对直接纳税人的管理上,地区消费水平反倒成为了地方竞争过程中的间接影响变量。地方政府之所以推出营业税的优惠政策,也主要是为了在地区间的资本竞争中获得相对优势。实际上营业税在一定程度上减缓了收入不平等的加剧,通过调节地区消费结构能够影响劳动力的迁移决策,因此地方竞争治理还应该更多地关注营业税在消费和福利方面的作用。

从营业税的投资效应来看,2000—2006年京津冀大都市区的实证结果并不显著,但其结果至少说明,在京津冀地区营业税实际税负对人均投资变化的解释力不足,其中的原因可能是指标选取、时间跨度等多方面因素造成的。如果单从第三产业的发展来看,营业税的调节作用非常明显。区域城镇化指向下的第三产业发展迅速,第三产业企业和产业资本已经越来越成为地区之间竞争的重点对象,营业税实际税负的地区差异会影响资金流向,尤其是交通运输、金融保险和服务业等行业资金的流动对于营业税负和优惠政策的变动非常敏感。

区域城镇化进程中的地方营业税竞争应避免将吸引资金作为唯一的目标,应更加重视区域的福利和消费。地方税权与地方治理效果之间有着密切的联系,地方治理需要合理的税权作为支撑。从中国营业税减免政策与税权划分的演变来看,之前地方政府拥有很大的减免税批准权,然而,随之而来的地方盲目竞争使得各个地区的企业竞争严重失衡和失范,寻租问题非常严重。所以,国家对营业税的减免税政策进行了较大调整和更为严格的约束,统一规定由国务院负责制定减免税政策,地方政府不再享有减免税的审批权。但由于税法体系的不完善和地方利益的诱导,基于营业税的地方竞争仍然十分激烈,并且还存在进一步演化为地区间盲目攀比和无序竞争的趋势。

9.3.3 营业税的治理思路及原则

针对营业税的治理同企业所得税和个人所得税的相关治理原则基本一致,都应当坚持因地制宜,以保障公平效应和福利效应的最大化为指向。在吸引地区投资的过程中,营业税优惠政策应该适度并且具有针对性,不能因为地区间的盲目攀比而忽视本地经济发展的资本需求结构,损害本地区经济结构的优化调整。营业税优惠政策必须谨防前文提到的"拉弗曲线"规律的影响,作为地方的主体税种,不能因为短期的招商引资和资本流入的需要而影响财政收入稳定性,限制履行财政职能,扭曲财政支出结构,或者对居民消费和地方福利造成实质性的损害。鉴于营业税对地区消费方面的影响效应,地方政府应当更多地关注营业税的收入再分配功能。我们需要把握营业税和个人所得税在收入再分配方面的异同,二者既有区别又有联系。一般来说,个人所得税是对工资收入的直接平衡,作用是直接性的;而营业税是通过产品和服务市场进行调节,消费水平高的居民所承担的营业税负相应就高,这是对消费水平的间接平衡。基于营业税的地方财税竞争治理,应当追求空间差异下地区间资本流动结构的优化,避免恶性竞争带来的福利流失,以实现地区间消费能力和消费水平的均衡发展。

此外,针对营业税的地方治理还应注意协调地方政府内部行政机构之间的利益关系。营业税的征管机构是地方税务局,而招商引资的促进单位是招商管理局,地方政府面临着是"保收入促民生"还是"引投资增规模"的选择,政府机构之间的不同管理目标往往会使地方治理陷入两难的境地。梳理政府机构之间的利益关系,确定治理的目标路径既是提高治理效率的立足点,也是地方治理需要遵循的重要原则。

9.3.4 京津冀营业税竞争的治理对策

(一)加强地方营业税征管,避免制度外的恶性竞争

营业税由地方税务机关征收,但地区之间在营业税征收管理权的行使和运用上存在着很大的差异。地方政府需要针对地方营业税征管中存在的问题加强监督管理,完善税收征管机制。地方政府之间的不规范竞争除了税制设计上存在缺陷之外,政府在征管上的疏忽也是重要诱因之一。在基于区域城镇化进程的地方竞争中,对营业税征管的放松不仅造成了巨大的税收流失和经济利益损失,还将导致资本和劳动力流动的行为扭曲,从而损害地区之间经济资源的优化配置。通过加强营业税征管,规范地方税收征管行为,可以保障

地区公平竞争,压缩制度外的竞争空间,实现营业税良性竞争。地方政府在税收征管过程中也面临着一些难题,如纳税地点和营业地点的分离会造成税收收入的地区间转移。在这种情况下,地方政府的资本竞争和劳动力吸引策略的实施效果就会大打折扣。征管制度的改革应主要处理好营业税纳税地与企业所在地的关系,减少税收征管成本,避免恶性竞争造成税收流失和福利损失。

(二)基于空间差异灵活运用营业税优惠政策,优化地区资本结构

地区经济发展水平和经济结构的差异往往是在一定的社会历史条件下,由很多因素综合作用的结果。在针对营业税竞争的治理中,应重点关注地区产业的结构变化,尤其要重视第三产业发展水平和内部结构对营业税治理的影响。地区产业结构的空间差异决定了不同地方应该采取更具有针对性的优惠政策,并结合本地的产业特点和产业发展目标,制定灵活的营业税优惠政策,以配合其他政策共同引导产业集聚和转移,扩大优势产业规模提升产业竞争力。只有在第三产业日益成熟的基础上,区域城镇化的发展才有保障和后劲。企业所得税对地区资本的影响是普遍性的,而且是在企业盈利的前提下才征收的,但营业税是针对企业营业额征收的,二者对企业投资和资本流动的影响机理有所不同。营业税政策可以专注于第三产业资本的规模扩大和质量提升,同时也可以用于第三产业内部资本结构的优化调整。

(三)避免重复征税保障税收公平,利用税收弹性提升地区福利

经过我们的核算,2000年至2008年间,京津冀地区的地方营业税收入与市级社会消费品零售总额的整体相关系数达到了0.947,而且在0.01水平上非常显著。北京市、天津市与河北省的地方营业税收入年均增长均超过20%。营业税收入的高速增长一方面反映

出京津冀大都市区第三产业水平的显著提高,另一方面营业额的比例税率也反映了其对消费水平的重要影响力。此外有很多行业存在着重复征税和税负偏重的现象,影响了税收公平。

表9—4 2000—2008年京津冀大都市区
市级社会消费品零售总额与营业税收入情况(亿元)

零售总额	2000	2001	2002	2003	2004	2005	2006	2007	2008
北京市	1138.5	1251.9	1374.5	1535.8	1746.4	2459.7	2831.4	3300.3	4000.3
天津市	564.5	651.2	739.4	859.2	982.9	1113	1275.4	1505.2	1882.1
河北省	749.5	837.3	941.6	1064.4	1240.6	1398.8	1612.1	1909.3	2335.7
营业税	2000	2001	2002	2003	2004	2005	2006	2007	2008
北京市	149.05	181.35	227.79	263.69	333.16	383.76	460.99	601.06	651.78
天津市	38.16	42.99	51.65	64.32	78.39	96.45	115.92	146.38	179.85
河北省	46.19	50.02	57.68	65.35	85.51	105.28	133.61	178.35	217.08

数据来源:中经网统计数据库。

由于营业税基本上是全额征税,所以很容易导致重复征税,从而抑制第三产业的投资积极性,制约地方服务水平的提高和区域城镇化的推进。第三产业对解决地方就业、拉动地区消费作用巨大,因此解决好重复征税的问题将在很大程度上推动第三产业部门的深入发展,提高地方政府的福利水平。在营业税的征税方式上,采用差额征税在一定程度上能够减少重复征税,保障行业间的税负公平,合理引导资本流动。另外,在营业税的政策优惠上,地区之间营业税基的规模不同,由优惠引起的影响效果也会不同。一般来说,税基比较大的地方,税基对优惠政策的变动弹性会较小,地方营业税优惠的边际收益不大,但税基弹性较大的地区则会从优惠调整中获益更多。因此,地方政府可以在区域城镇化的发展竞争中,利用税收优惠的收益弹性筹划地方福利最大化方案,强化政府职能,提高地方财政能力。

9.4 改革财产税制,加强房地产市场管理

9.4.1 中国财产税收体系的现状

财产税是一个税收系统,它是针对纳税人拥有或支配的应税财产所课征的一类税收的总称。马斯格雷夫将财产税制分为两大类:其一是对财产的所有者或占有者的课税,包括一般财产税和个别财产税;其二是对财产的转移课税,主要包括遗产税、继承税和赠与税。狭义的财产税体系仅指财产保有税,即对自然人或法人所保有的财产课征的税收。在广义上,财产税体系不仅包括财产保有税,还包括财产转让税和财产收益税。由于各国的税收实践各不相同,财产税的税种和具体的征收安排也不尽相同。例如,美国的财产税主要包括财产税、遗产与赠与税;加拿大的财产税主要包括房地产税、营业性财产税和特别财产税;英国的财产税主要包括营业房屋税、住房财产税、遗产与赠与税,以及机动车辆税;德国的财产税包括营业资本税、财产净值税、土地税、房地产交易税、遗产税和赠与税;日本的财产税包括固定资产税、城市规划税和事业所得税。

综合各国对财产税的规定与执行情况发现,财产税具有以下的基本性质:(1)课税对象范围广泛。不动产具有增值性和使用永续性,不易受社会经济及其他因素变动的影响,因而财产税的税源较稳定,成为地方财政收入的主要来源,国外一般都把财产税列为地方政府最稳定的收入来源和地方税收的主体税种。(2)财产税的管理成

本较低,征收效率高,财产税有利于促进社会财富再分配,可以减少土地和房产的闲置和浪费,有利于资源的有效配置。(3)财产税不仅影响人们的生活成本,其规模还直接关系到地方公共物品提供的效率和水平。由此有学者认为,征收财产税会使地方政府拥有很大的财政自主权,是地方经济独立性的重要体现。

中国现行的财产税体系包含房产税、城市房地产税、城镇土地使用税、耕地占用税、契税、土地增值税、车船税等税种,并且物业税和遗产税也正在筹划之中。在中国,与个人生活成本密切相关的财产税税种主要是房产税、契税、车船税等。房地产税是中国财产税收中收入比重较大的税种,这也从侧面反映出中国房地产业税收体系和房地产市场调节功能的不完善。此外,中国财产税收还存在着诸如税种繁多、税种间重复征税、部分税种计税依据不合理、租税费体系混乱、地区之间不均衡、制度内外的优惠措施相互掺杂等一系列体制性和管理性的问题。

再有,财产税兼有收入效应和替代效应。收入效应是指税收负担的加重会减少纳税人的可支配收入,并增加了劳动者的现金流支出,在累积效应的作用下将形成巨大的收入降低效应,导致总的消费需求减少,市场均衡值发生改变。财产税的替代效应则表现为由于持有财产的成本增加,该类财产所有权的吸引力降低,促使纳税人改变其消费决策。在房地产市场,过高的财产税会抑制购房和房地产投资行为;另外,由于财产税将增加资本密集型企业的税收负担,限制此类企业的投资积极性。

9.4.2 现阶段财产税领域的主要问题

在地区之间对劳动力的竞争中,财产税主要通过改变生活成本,引导劳动力在地区之间进行流动。迁移劳动力或人口对财产税的敏感程度直接取决于他所拥有的住房、车辆等财产规模及其个人的财产偏好。在美国地方政府的税收收入中,财产税居于主导地位,所以个人财产税负的高低对于劳动力和人口流动的影响非常显著。查尔斯·麦克卢尔(Charles McClure,1986)在关于税收竞争和资本流动的关系研究中,探讨了格洛斯特(Gloucester)[①]渔船队(可流动)的税收效应,指出征税会减少其船队规模进而使公共支出规模减小。因而,他建议该地区应该征收其他的替代税种,其中也提到了对居民的财产进行征税[②]。理查德·采布拉(Richard J. Cebula)和克里斯托弗·卡伦(Christopher Curran,1978)在关于美国大都市区白人迁移的研究模型中指出,财产税收影响人们的生活成本和地方政府的公共产品提供模式,地区间的财产税负以及公共教育支出的差异对白人迁移会产生重大的影响。当前,房产税、契税、车船税等是中国现阶段主要的地方财产税种,但是,中国的各级地方政府在推进区域城镇化的进程中,对这些税收工具的利用还不够深入,财产类税种的调节作用尚未得到充分的发挥。所以,今后应该注重在地方竞争中充分发挥财产税的收入效应和替代效应,以便能有效地调节地区之间的劳动力流动和资本流动,提高地方的财税吸引力。我们的理论模型指出,劳动力的净收益将取决于劳动者的工资收入、税收负担以及劳动者在地方财政支出中实际获得的补贴收益。我们可以确认的是,财产税的很多具体税种及政策,在调节地区劳动力结构和资本结构方面具有特殊的作用。仅是由于篇幅的限制,本文对税收负担的

---

① 格洛斯特(Gloucester)为英国西南部的港市,格洛斯特郡的首府。
② 麦克卢尔假定对渔船的税收是该地财政收入的唯一来源。

分析比较抽象,仅做了收入税和资本税的两类细分,而对财产税的生活成本效应及其对不同类型劳动力流动的决策影响未作进一步的深入讨论。

房产税是以房产价值或房产租金收入作为计税依据的。固定的生产经营场所是企业生产的前提,房产也是企业的一项重要固定资产。因此,房产税负的高低会直接影响到企业的投资收益,是企业进行扩大再生产决策的重要考虑因素。同时,由于追逐较低的投资成本和高收益是资本流动的主要动力,所以设计合理的房产税负是地方参与区域城镇化竞争中可资利用的重要手段。从劳动力的流动来看,基于房产价值或租金收入征税,税负最终都会转嫁给房主或租房者,财产税在一定程度上必定会提高居住成本。特别是普通劳动力受到收入限制,往往靠租赁房屋生活,他们在制定迁移决策会更多地考虑地区之间的房租差异。因此,在一定程度上,房产税负通过影响房价或房租进而影响到普通劳动力的流动规模、流动方向。从长期看,房产税负的提高会促使房价下降,但在短期内却会提高房屋的租赁价格,降低均衡的住宅市场供给数量,并产生一定的效率损失。契税是在土地、房屋等不动产交易过程中对土地房屋权属承受人所征收的一种税收,对房屋买卖征税一定会提高购房者的居住成本。对高收入者群体而言,在他们从一个地区到另一个地区的迁移过程中,大都是通过购买住房来解决居住问题,这样地区间的契税差异便会对高收入人群迁移产生影响。总之,地区之间的房价差别和契税负担的轻重会在很大程度上影响到高收入人群的迁移决策。

事实上,房产税和契税在中国地方政府财税竞争中的作用是比较有限的。尽管房产税、契税具有一定的调节作用,但是由于在执行的过程中,房产税的税率、税基以及征税范围还不尽合理,所以对其究竟能产生多大的调节作用还是比较模糊的,由此也给地方政府税收政策的制定带来很大困难。当前财产税占中国税收收入的比重很小,而且财产税的课税对象都是一些小税种,税基较小,税收减免政策繁杂,所以财产税的调节作用受到了很大限制。同时,在财产税税制设计上存在重复征税现象,计税依据、税率设计等也都需要有所改进。加之中国地方政府的财产税税权非常有限,地区之间统一的固定财产税率进一步忽略了地方差异,更加不利于中国地方政府发挥财产税的调节作用。近几年来,关于开征物业税的讨论已经成为解决中国财产税税制存在问题的一个重要议题。对我国来说,开征物业税是完善财产税制、提高税收对不动产市场调节作用的有益尝试。当然,在地区之间财产税负差异、均衡的选择以及中央、地方财产税分权上,必须对其中的效用和利弊进行更为深入的分析和论证,同时还需要一定的制度辅助。

9.4.3 财产税的治理思路及原则

在财产税体系中,房地产税收工具在地方财税竞争中被广泛使用甚至是过度使用,地方政府一方面通过调整房地产税收的实际税率来降低房屋购买和租赁成本,以形成地区间劳动力流入的比较优势;另一方面通过降低土地成本,大力吸引外部资本投资以增加税收和就业。因此,在我国区域城镇化的进程中,频繁地出现了为引资而低价出让甚至免费出让土地的恶性竞争行为。地方政府之间的盲目竞争忽视了竞争行为的综合效益,非但本地区无法从投资中获得净收益,反而在羊群效应下诱使相邻地区竞相跟进展开竞争,最终使大都市区域内的整体福利水平出现下降。

财产税的治理同样也应该遵循税收简化原则和支付能力原则,

只有进一步统一财产税种、简化征管程序才能降低征管成本,提高财产税收效率。财产税负的高低还应该与纳税人的支付能力相匹配,这也是税收公平的重要体现之一。除此之外,地方的财产税治理,尤其是地方房地产税收政策的制定必须以保障地区居民的基本居住权利为指向。房地产兼有生产资料和基本生活资料的双重性质,所以房地产市场会受到投资和消费两种行为的交叉影响,这种复杂性给政府监管带来极大的困难,地方政府必须要利用税收工具来保障人们居住权利的实现。当前,随着城镇化的发展和人口增加,地方的住房需求迅速增大。因此,在地方的财产税治理上,一是要在解决居住问题的大目标之下,尽量防止房地产税负的转嫁。房地产税收治理的最终目标应该是实现合理的居住成本,不能因为房价或房租的不合理而阻碍或扭曲劳动力的流动;二是房地产市场需要多个税种的组合调节,为充分发挥财产税的重要作用,建立和完善财产税的效用影响机制也是当务之急。

9.4.4 京津冀财产税竞争的治理对策

(一)完善税收分权,培育地方主体地位,提高财产税调节能力

在中国当前的财政分权体制下,绝大多数的税收权力都集中在中央,地方仅享有部分的税收管理权,税收自主性受到很大限制。分税制改革后,财产税成为地方税种,但由于税种繁多,管理滞后,财产税收对地方税收收入的贡献并不高。随着区域城镇化的推进,财产税在调节地方经济发展和居民福利方面的作用越来越明显。地方治理应该尽快完善财产税收的分权体制,把财产税培育成为保障地方财力的主体税种,以提高地方政府在财产税治理上的自主性和针对性。在主体税种的培育上,不能单纯以收入规模、占税收收入比重作

为培育目标,必须要加快财产税资源的整合,提高地方财产和资本的质量,优化地方财产结构,通过强化征收管理来挖掘财产税的收入潜力。另外,应该进一步明确财产税的治理主体,地方政府应承担起治理的主要责任,在统一的法律和重要政策指导下提高自主性,要针对区域城镇化进程中的地方财产状况和财产税问题,准确地把握财产税的税基变化,确定合理的优惠政策方向,完善征管机制和方式。

土地、房屋是财产税调节的主要对象,也是影响劳动力生活成本和居住成本的重要因素。随着城镇化水平的不断提高,大量人口迁入城市,使得住宅需求大幅提升。2000年至2007年,天津市和河北省的住宅销售面积年均增长率均保持在20%以上,住宅价格也大幅上涨,但是这也成为劳动力迁移和流动的重大障碍。因此,通过财产税工具有效调节京津冀大都市区域的房价水平,保障人们最基本的居住权是当前财产税改革的重要目标。

表9—5:2000—2007年京津冀地区每年住宅销售面积及价格变化情况

(万平方米、元/平方米)

面积	2000	2001	2002	2003	2004	2005	2006	2007
北京市	898.22	1127.5	1604.42	1771.05	2285.82	2823.65	2205.03	1731.48
天津市	378.34	514.59	538.26	720.64	796.09	1264.38	1332.49	1401.85
河北省	443.52	514.53	564.88	838.02	787.88	1322.32	1692.42	1969.12
价格	2000	2001	2002	2003	2004	2005	2006	2007
北京市	4557	4716	4467	4456	4747	6162	7375	10661
天津市	2274	2308	2414	2393	2950	3987	4649	5576
河北省	1350	1330	1327	1343	1486	1777	2028	2505

数据来源:中经网统计数据库。

(二)适应税制改革需要,为开征物业税创造可行条件

实行财产税改革,开征物业税是中国税制改革的重要方向之一。早在 2003 年,《中共中央关于完善社会主义市场经济体制若干问题的决定》就曾指出要"实施城镇建设税费改革,条件具备时对不动产开征统一规范的物业税,相应取消有关收费"。关于物业税的讨论在此后一直非常激烈,学术界对物业税的定位、意义、税制设计、征管模式都进行过深入研究。不动产税制的改革能够避免当前税目繁多、重复征税的混乱现象,也是规范地方财产税恶性竞争最有效的方式之一。开征物业税后地方不动产价值与政府收入将更加紧密地联系在一起,会为地方政府吸引劳动力流入提供一种激励,地方政府将更加致力于改善本地综合环境,提供充足的公共产品和服务。地方政府为推进区域城镇化发展,应顺应财产税制改革的趋势,审时度势地为开征物业税积极创造条件,提高地方政府调节房地产市场的主动性。在具体策略上,应尽快建立地方物业登记和信息管理制度,设立专业的评估中介机构,完善物业评估价值制度。地方还应提高税务机关的征管能力,加强对房地产销售和转让环节的监管,同时处理好物业税征管与其他税收管理工作的关系,提高税收治理的整体效应。

(三)规范土地出让行为,强化地方政府的土地管理职能

中国土地产权的特殊性决定了地方政府既是土地的管理者、需求者,也是唯一的供给者。地方政府的土地出让行为将直接关系到地区的土地利用规划、房地产市场发展和城市功能分区等地方发展的一系列核心问题。地方政府在招商引资时往往只考虑以压低土地出让金甚至"零地价"的优惠政策吸引资本流入,而忽视对土地的合理利用。这种"两败俱伤"式的竞争和博弈,不仅直接降低了区域总体福利水平,而且极不利于土地资源优化配置和地方经济的可持续

发展。鉴于此,一方面应尽快建立高效的土地监督管理机制来规范地方政府的土地出让行为。尤其要在土地出让的法律框架下,引导地方土地出让制度的协调与统一;另一方面依托土地利用规划,明确土地资源的使用和规划方向,加强土地管理,在区域城镇化过程中循序渐进地优化土地资源配置,合理划分功能区。此外,还要在城镇化过程中规避将大量农村土地转化为城镇建设用地的不合理行为,从根本上杜绝地方政府大搞"土地财政",将土地出让作为财政收入的主要来源的行为,确保地方财政收入来源的可持续发展。在性质上,对地方土地的管理和规划属于财产税的税基治理,以明确财产税的征税范围,通过合理的土地出让行为加强财产税基管理,完善地方财产税收体系,引导地区间合理竞争,真正发挥市场在资本和劳动力流动中的基础配置作用。

10　区域城镇化的其他配套治理对策

一个地区对资本和劳动力要素吸引力的提升一定是各类社会经济政策综合起作用的结果。我们的模型分析主要是基于财税因素进行的，但理论模型中的许多假设和推论也映射出地方政府的其他政策在引导劳动力和资本流动上发挥着重要的影响作用。实证中对人口流动性、迁移成本与距离的考察也为制定配套的治理对策提供了一定的佐证。

从理论和模型的分析来看，我们首先假定了劳动力对不同地区的异质性偏好，规定不同类型的劳动力和资本对不同公共产品的偏好存在差异。如果劳动力对地方政府间的偏好异质，那么均衡时各地方政府吸引的劳动力比例与劳动力迁移的净收益成正比，与劳动力迁入该地的生活习惯等处置损失成反比。现实中这种偏好是确实存在的，提高人口或劳动力对特定地区的异质性偏好，有利于降低其迁入的心理成本和预期成本。而其中的关键点就是要准确把握区域城镇化进程中劳动力和资本的偏好情况，从而有针对性地制定相关政策。还有，劳动力和资本的需求结构也是制定治理对策时需要重点考虑的方面之一。其次，地方财税竞争是一种博弈行为，既存在地方政府内部的短期收入和长远利益的权衡，又存在地方政府之间相对税负和福利的比较，其中相对优势是引起区域内部资本和劳动力流动的主要动力。因此地方政府必须放宽视野，从整个区域城镇化发展的角度考虑,来加强区域间的合作和利益分享,实现共赢。再次,在特定政府效用函数下,再分配的程度与技术工人流动性成反比,与普通工人的流动性呈正相关。这个命题说明地方政府的分配程度在劳动力竞争中具有重要作用,完全可以通过完善地方政府的收入再分配职能来调节区域的劳动力流动,但再分配程度必须保持在一定的限度内,否则同时会限制技术劳动力的流动。最后,需要指出的是,我们的理论模型分析事实上有一个隐含的前提,即规定不论何种类型的劳动力,只要迁入该地就能公平地获取政府转移性支出并享受相关的地方福利政策。然而,由于受到户籍制度以及一系列的社会保障和就业歧视等方面的制度约束与门框限制,现实却并非如此。因此,户籍制度和人才政策的改革也是提高区域城镇化竞争力的一个不容忽视的重要力量。

在实证分析中,我们主要考察了京津冀大都市区 44 个次一级行政区在 2000 年至 2006 年财税因素和迁移成本对地区人均消费和人均投资的影响及显著性。其中,用加权平均距离表示的迁移成本对地区人均消费具有负的影响,因此可以通过提高区域交通设施水平来降低迁移成本,提高劳动力的流动性。实证分析对具体的税收项目、财政支出项目的投资效应和消费带动效应进行了比较深入的分析。总体来看,京津冀大都市区的实证结果与理论模型的分析结果基本一致,地方政府的税收行为和财政支出行为与政府的行为目标和价值取向有着密切关系,因此合理的政府绩效考核方法是优化政府财税行为的基础。另外,通过对京津冀的区域城镇化发展和财税竞争实践的分析与总结,我们也发现了其中存在的相关问题,除了要采用财税政策方面的治理对策外,还有必要从总体的财政分权体制和区域整合规划的层面切入,以提高财税竞争规范性和竞争效率。

结合中国区域城镇化的地方竞争现状和京津冀大都市区的发展实践,本章将从以下4个方面来阐述具体的配套治理对策。

10.1 完善财政分权体制和转移支付制度

10.1.1 完善财政分权体制,合理分配财权与事权

税收竞争的规范与否在很大程度上与财政分权体制密切相关,财政分权不仅包括对财政收入权利的划分,还包括对地方财政支出义务的划分。进一步改革现有的财政分权体制、合理安排中央和地方的财权和事权关系有利于引导地区间财税竞争,规范地方竞争行为。首先,应合理划分事权,进一步细化中央和地方事权的划分机制,提高可操作性,明确地方政府在区域城镇化过程中需要承担的义务,明确地方政府的财政职责。不同层级的政府所承担的事权是不同的,一般说来,关系到地方经济社会发展、外部性较小的公共产品和服务应主要由地方政府提供;而外部性较大,在整个区域或者在全国范围都具有重要意义的公共产品和服务则应该由中央政府牵头。其次,在明确事权的基础上,要合理划分政府间的财权范围,使政府财权能够与事权相匹配。如果地方财权范围过大,政府收入充足则不利于优化财政资源配置和提高支出效率。但若地方政府财权范围过小则会造成地方支出压力过大,地方财政存在风险甚至会产生严重危机,很多必要的公共产品和服务也将无法得到保证充足的供给。在地方财权的划分上,一方面要给予地方政府稳定的财政收入来源,保障基本公共服务的供给,另一方面也应通过提供一定的财政收入激励,考虑赋予地方政府开征小税种、设定相关税率和优惠的权力,

以提高地方政府的积极性。

当前,中国区域城镇化过程中的地区间财税竞争在财政分权方面存在着明显的问题,一是地方事权划分的方向偏离了公共财政的基本要求,同时地方政府在履行事权的行为也不够规范,偏离了法定事权的要求;二是地方财权不稳定,地方收入能力表现出空间非均衡特征。地方政府的攀比竞争越激烈,地方支出则越扭曲,对财权的需求也就越高。因此,必须通过进一步深化财政体制改革,按照事权财权的合理关系认真梳理地方政府的支出方向和支出结构,并在此基础上优化政府收入结构,构建地方政府合理的事权—支出—财权的财政模式,并以法律和制度的形式加以保障。

10.1.2 完善纵向财政转移支付制度

完善财政分权体制有利于地方财权和事权的均衡。但是由于地方政府处在公共产品供给链的最低层次,其收入和支出都面临着很大的偶然性,因此亟需在完善财政分权体制的同时辅之以政府间的转移支付制度,以从根本上保障地区间财力均衡和公共服务均等化。维达辛(1986)认为减免税负扩大税基的方法在增加地方支出方面是无效的,对于改变税收竞争产生的税制结构扭曲也不起任何作用。最好的办法是通过无限制的公共项目配对拨款(matching grant)来增加支出,这实际上就是一种政府间的转移支付。布科韦茨基和麦克尔·斯马特(2003)也认为,建立联邦收入平衡补贴机制(federal revenue equalization grants)能够限制地方政府间不规范的税收竞争。即使在各地区税收能力、公共支出偏好和人口规模不同的情况下,这种机制也能保证地方政府进行有效的政策选择。但如果总体税基具有弹性,则会导致过度征税。因此需要改进补贴规则以弥补与转移给要素供给者的税收部分相等地方的收入缺口,机制才能更加有效。

政府间转移支付主要就是为了平衡各地区由于社会、历史因素或经济发展速度和水平不同而产生的政府收入差距,以保证各地区的政府能够有效地为社会提供充足的公共产品和服务。其中,纵向转移支付是中央财政基于地区间财政能力差异而对地方财政的一种补贴,纵向转移支付对地方财政和履行政府职能意义重大。在美国,联邦政府资助在规模上占各州和地方政府财政支出的比例,在20世纪80年代初期达到25.8%左右,20世纪90年代初虽有所下降,但依然保持在20%左右。美国的总额收入分享旨在实现政府间财政的纵向平衡,而特殊性转移支付的主要职能是对公共健康、收入保障、教育、交通等特定领域进行支持。作为单一制国家的日本和韩国,财力高度集中于中央,但由于地方政府要提供大量的公共产品和基本公共服务,所以开始出现较大的纵向财政不平衡。中国的情况也类似,财力相对集中在中央,很多关键财政项目的收入决定权都在中央。因此,中央政府有必要对地方政府进行财政转移支付以保证地方政府能够顺利履行职能。

中国的转移支付制度是为应对1994年实行分税制体制改革后所出现的诸多问题,在学习西方国家财政经验的基础上引进建立的。中国中央政府对地方政府转移支付的形式分为财力性转移支付和专项转移支付。财力性转移支付包括一般性转移支付、民族地区转移支付、调整工资转移支付、农村税费改革转移支付、缓解县乡财政困难转移支付以及其他财力性转移支付。专项转移支付则主要包括国债补助、社会保障支出、农村义务教育、农村卫生医疗、粮食风险基金、天然林保护工程、贫困地区政法补助专款以及支援经济不发达地区支出等。如果能将两种转移支付形式结合起来，不仅有利于实现中央宏观调控的目标，又赋予了地方政府一定的自主权。区域城镇化的发展绝不是地方政府的单独行为，由于在一定程度上，地方政府要承担地区间的基础设施建设和软环境建设的责任，因此产生的许多支出项目都亟需中央财政转移支付的支持。

地区间资本和劳动力公平有效竞争的前提是保障地区间基本公共服务的均衡，但从地方财税竞争的实践来看，由于制度不健全、政府行为异化、地方财力不足等原因，地区间公共服务均等化的实施进程及效果并不明显。纵向转移支付作为财政转移支付制度的主体内容，分为中央政府对省级的转移支付和省级政府以下的转移支付两种类型。为了能更好地发挥该制度在区域城镇化的财税竞争治理中的基础性和引导性作用，也需要进一步完善和优化纵向转移支付制度。

（一）调整转移支付结构，提高一般性转移支付比例

从理论分析和中国的具体实践来看，税收返还在平衡地方财力方面的作用是有限的，地方人均返还数额与人均财政收入具有高度的相关性；而专项转移支付尽管可以在公共投资方面推动地方发展，但由于具有严格的使用规定性，所以，与税收返还类似，专项转移支付在推动地区之间有效竞争方面的作用也不明显。很多学者也都通过研究指明了这一问题，并建议压缩专项转移支付和税收返还的比例，转而提高一般性转移支付水平，尤其是要提高针对欠发达地区的转移支付规模。这样一来，地方政府对转移支付收入就会有足够的自主权，从而根据地方经济特点和财政需求来统筹安排转移支付资金的使用，提高转移支付效率。

（二）完善省级以下纵向转移支付制度

中国的各省市基本上都建立了对下级政府的转移支付制度，但

在缩小各地区基本公共产品和服务水平差异方面难以达到令人满意的效果,这也使得地方政府在调整城乡二元结构、提高区域城镇化发展中所进行的财税竞争行为的效率很低,还存在着诸多恶性竞争现象。因此,有学者建议,省级以下的转移支付必须要更多地投入到基本公共服务之上,而不是定位在地方政府的吃饭问题上(许光建、曹金标,2008)。转移支付制度的完善,一方面需要理顺资金运转,提高透明度和公开度,并要全部纳入到预算管理体系中来,同时还需要建立完善的转移支付监督机制,避免寻租行为。省级以下的转移支付可以根据地区间的财力差异和财政需求的紧迫性,有针对性地给予必要支持。唯有如此才能真正对规范各地的财税竞争产生更加直接的效果,而且转移支付制度的完善还可以很好地解决一些公共产品和服务的辖区外溢问题,从而有助于保障公共服务均等化在更广大范围内实现。

10.1.3　建立横向转移支付制度,实现利益共享

从横向来看,地区间经济水平和财政能力存在很大的差异,这必然造成区域内公共产品供给和服务水平上的大相径庭。在区域城镇化的过程中,欠发达地区所表现出的先天竞争劣势越来越明显,这些地方仅能借助非规范手段来提高对资本和劳动力要素的吸引力。由于信息不对称等原因,单纯依靠纵向转移支付制度来调节地方差异的政策效果并不理想。如果能够辅之以地区之间的横向财政转移支付,通过建立有效的横向转移支付管理机制,必然会更有助于实现地区间经济利益的共享。在经济联系比较密切的区域,地区间的共同利益较大而且公共产品的外部性也相对较强,横向转移支付制度能够很好地实现利益共享,并且对地区间利益外溢的非均衡性也是一

种很好的调节机制。

横向转移支付制度对实现地方经济发展和推进区域城镇化进程具有重要的促进作用,一方面它可以引导落后地区在公共服务水平均等化的基础上实施有效的竞争策略,另一方面该制度可以在整个区域范围内促进经济资源的合理流动。对发达地区而言,横向转移支付制度既能够保障其按照市场原则获取经济发展的所需资源,还能够发挥促进地区经济结构调整和产业升级的作用。在中国可以从两个层次尝试构建横向的财政转移支付制度,一是省级政府之间的横向转移支付,例如东部省市对中西部不发达地区实行财政转移支付,二是可以在东部沿海经济相对发达的省区内的地市之间进行横向转移支付的试点。一个省区内部也同样存在着经济差距和公共产品的外部性效应,因此省内的各地级市之间基本公共服务水平的差异也很大,财力的过度集中和不均衡导致相对落后地区的区域城镇化进程步履维艰,根本不可能在合理的体制框架下找到有效的资金和人才的竞争手段,只能被迫借助于釜底抽薪的极端竞争策略,实际上这反而造成严重的地区福利净损失。

在京津冀大都市区,北京市和天津市两个核心城市中心城区的发展水平比较高,财力较充足,而其边缘区和河北省一些地级市则相对落后。这种典型核心—外围格局下的都市圈建设和区域城镇化发展很难有效地实现经济利益共享,因此还需要建立和完善地区间的横向转移支付制度作为补充,但是要明确其效用范围和条件。我国学者就曾经提出,要探讨京津冀都市圈地方之间的横向分税制,要按照一定的标准把企业利润分配到承载不同生产活动的地方,以便从根本上解决地方阻碍企业和资本流动的问题和公共产品外部性的问题。地区之间横向转移支付制度的建立需要国家政策的推动、管理和相应的激励,要将横向转移支付制度上升为体制性或法律性的东西并长期有效地推行下去。作为国家政策资源最为丰富而且经济基础最好的经济区之一,京津冀大都市区有能力承担起横向转移支付政策的试点,以此为区域城镇化发展构建更稳定和更公平的发展环境。

10.2 加强区域规划、协作与边界治理

10.2.1 推动区域一体化,完善地区分工结构

亚当·斯密的《国富论》提到绝对优势理论,该理论认为通过地区分工和贸易可以提高参与国家或地区劳动力、资本和其他经济资源的配置效率。其后的相对优势理论和要素禀赋理论也都强调了区域分工在提高经济效率方面的重要作用和机理。克鲁格曼从规模经济和运输成本的角度阐释了区域分工的形成,他认为"大部分贸易代表的是基于收益递增的任意分工,而不是为了利用资源和生产率等方面的外生的差异"。可以看出地区分工与专业化生产和地区间贸易是密不可分的,地区分工结构既是区域一体化发展的要求,也是提高区域一体化水平的重要力量。区域中心城市的功能定位是区域城镇化发展的风向标,《北京城市总体规划(2004—2020年)》中将北京城市功能定位为"国家首都、国际城市、文化名城、宜居城市",而《天津市城市总体规划(2005—2020年)》则将天津城市功能定位为"北方经济中心、国际港口城市和生态城市",两个核心城市的功能具有较强的分工和协作基础,从而为区域的合理竞争和协调发展奠定了基本格局。另外,河北省各城市也逐渐开始转变城市功能定位,分别

从生态环保、产业服务、产业转移承接、资源提供等层面加强城市功能建设。

(一)调整和优化地区产业分工结构

基于区域城镇化的地区分工结构既包括城乡二元结构,也涉及地区间的劳动力分工结构、产业分工结构以及产业内部各行业的分工结构等。在市场经济发展和区域城镇化发展的不同阶段,分工结构类型和特点会有所不同,地区间分工结构的演变轨迹实际上是区域城镇化发展的一个地理映射。一个时期内地区分工结构合理与否直接关系到地区间财税竞争程度和地方治理动力的强弱。合理的地区分工结构能够增强地区间经济联系,提高经济依赖度,弱化行政区经济对区域城镇化进程的干扰。地区分工结构的优化调整,可以减少不规范的财税竞争,强化地区间的利益结合点和竞争中的合作激励。当然,地区合理分工结构的形成是一项复杂和漫长的演变过程,在动态优化中要充分考虑各地区资源的相对优势和技术水平差异,从实现生产要素流动性和区域经济利益最大化的目标出发,合理引导各地区的经济发展重点和产业分工体系,加速区域城镇化的发展。

京津冀大都市区各地之间的产业分工仍然不够明确,在重点产业的发展上还存在着一定程度的重构现象。从京津冀地区的重点产业比较表中也可以看出,三地的重点产业中都包括装备制造、医药类、文化产业、商贸产业、旅游和现代物流,地区间的同质竞争比较明显。另外,京津冀地区的重点发展产业涉及面过宽,产业层次分工也不明晰。未来北京市应该定位于现代服务业等高端产业的发展,天津发挥港口运输和现代制造业的优势,打造北方的经济中心,河北省则应更专注于产业转移承接和经济腹地建设,由此在京津冀大都市区形成更为合理的产业发展梯度和分工结构。

表 10—1：京津冀地区的重点产业比较

	工业领域	服务业领域
北京市	高科技制造业、汽车、装备制造、石化新材料、医药、都市工业	金融、文化创意、旅游会展、房地产、现代物流、商贸商务、高科技服务业
天津市	电子信息、汽车、化学工业、冶金、生物技术与现代医药、新能源新材料和环保、轻纺、装备制造	现代物流、休闲旅游、现代金融、科技与信息服务、文化创意、房地产、商贸流通
河北省	钢铁、装备制造、石油化工、食品、医药、建材、纺织服装	现代物流、旅游、文化产业、商贸流通

资料来源：李国平（2007），转引自祝尔娟：《京津冀都市圈理论与实践的新进展》，中国经济出版社 2010 年版，第 165 页。

通过优化地区分工结构，地区间的产业分布将更具有层次性，避免了地区间的产业同构，产业资本和劳动力的需求结构也会更加合理，也会在区域城镇化进程中减少地区间恶性财税竞争的可能性。各个地区可以根据地区相对优势、产业分工和关联情况，实行差别化的财税竞争策略，提高竞争针对性，各司其职尽其所能，提高财税竞争效率。合理的地区分工结构最终将能够有效地遏制地区间的"割据"和恶性竞争，提高资本和劳动力的空间流动性，保障区域城镇化的均衡发展。

（二）推动区域市场经济及社会政策一体化

地区分工结构能够推动区域一体化发展，资本、劳动力等区域资源也将得到有效配置。中央和省级政府要审时度势，在宏观上积极引导和推动，对各地方经济发展和产业规划进行综合评判，既防止区域经济结构的过度交叉重叠，也要注意加强地区间产业的相互关联性。另外，地方政府实际上在本地区经济发展战略和产业规划中更具主动权,可以根据自身经济特点、资源状况和相对优势制定地区发展战略,优化经济结构,确定主导产业。在一体化目标的引导下,生产要素和产品最终会在地区间自由流动而且交易成本非常低,地区间贸易水平将会大幅提高,根据新古典主义的贸易观点和新贸易理论,区域福利和经济效率都将会得到极大的提升。

对于京津冀大都市区而言,除了要强调经济和市场的一体化发展,还应该注重社会政策一体化目标的实现。截止 2008 年 5 月底,北京外来登记流动人口 570 万,其中来自河北的有 121 万,占北京登记流动人口的 21%;而北京到河北的人口也不断增加,目前迁到燕郊的就有 10 多万人,客观上讲,京津冀都市圈的劳动力市场已经高度一体化了,社会政策的一体化目标也势在必行[①]。在社会政策一体化方面,一要渐进推行,做好关系到区域城镇化发展的重点政策相互衔接,如社会保障政策、教育政策、医疗卫生政策等;二要注意一体化并非是同质化,社会政策应该根据社会经济状况的不同进行调整;三要确保推进社会政策一体化的经费或基金要有稳定来源,防止政策推进对地方财力造成冲击。

10.2.2 完善行政区划,推进区域整合

(一)调整区域城镇化中的行政区规模、层次和数量

地区间财税竞争的实施主体和受益主体都是地方政府,行政区划对财税竞争的强度和效率的影响将是基础性的。行政区划关系到地方政府的利益范围和行动目标,但是它同经济区划存在根本上的

---

① 杨开忠(2007),转引自祝尔娟:《京津冀都市圈理论与实践的新进展》,中国经济出版社 2010 年版,第 5 页。

不一致性。更为关注行政区利益最大化的地方政府通常会在资源优化配置、区域利益分享方面与其他地方政府产生冲突。建国以来,尽管中国经济格局发生了相当大的变化,但省级行政区的调整变化幅度较小,在一定程度上限制了经济发展,使得产业经济贸易的跨行政区关联、生产资源的跨地区联合开发利用等都遇到较高程度的阻力。同时,行政区规模不一,不论是过大还是过小都会影响地区之间的均衡发展,导致某些地方政府出现财力分配不合理等问题。在中国,无论是大都市区的出现还是区域城镇化的发展,都亟需做出相应的行政区划调整,以便从源头上避免地方保护主义给区域城镇化带来阻力。有学者认为,中国地方政府的级次过多是造成政府间恶性竞争的根源之一,应该尽快调整中国的地方政府层级体系,稳定中央与地方关系,提升整个国家的治理效率[1]。就京津冀大都市区的行政区划和区域整合,本文认为该区域的调整应依托不同地区的资源禀赋、经济结构、产业取向等关键领域的具体特征,首先进行局部整合,对部分行政区进行重新规划;然后,再根据区域整体发展的长期规划目标和整体战略,在重点地区推进行政区划与经济区划的统筹规划,再循序渐进地推广,最终在京津冀大都市区的范围内塑造出区域城镇化发展的特有路径。

(二)设置区域管制机构,规范政府行为

从分权角度来分析,中央政府向地方政府的分权不仅包括中央和地方财政的契约式分权,还应包括行政性管制的放松,这类分权在很大程度上可以视为是中央政府对原来严格进行管制的要素配置、

---

[1] 葛夕良:《国内税收竞争研究》,中国财政经济出版社2005年版。

生产决策和产品流通逐步放松管制的过程[1]。放松管制对地方经济发展会产生双重作用，一是会极大地提高地方政府利用本地资源发展经济、增进地方福利的自主性；二是这也可能导致地区之间竞争手段不规范的情况越来越多，恶性竞争愈演愈烈。因此，在大都市区的区域整合中建立区域性的管制机构是非常必要的，它有助于对地区间的政策制定和竞争行为进行有效地规范，避免恶性竞争，引导地方政府认清优化竞争的目标路径，提高竞争效率。我国学者蔡玉胜（2008）曾提出，在治理政府竞争中要建立中央政府、地方政府和社会组织的三元调控机制，现在看来这是十分必要的。但是对地区间竞争实施必要的管理和引导以及建立多元化的调控机制都必须要有相应的区域管制机构载体作为依托。京津冀大都市区的城镇化发展也非常需要类似的综合性区域管制机构承担起在整个大都市区域范围内配置经济资源、规划产业布局的职责，以便更好地协调和指导区域经济交流和行政利益分享。近来已有学者提出设立"首都地区（京津冀）规划与发展委员会"等机构，以加强区域规划和协调能力的动议。一个有效的区域管制机构既需要良好的制度环境保障，还需要一个程序规范具有一定操作弹性的组织作为载体，以方便在大都市区内各地区之间推动多层面协调，联络省级政府、地方政府和各市场主体，建立全方位的区域合作机制。

（三）发展卫星城和小城镇，构建规模结构合理的区域城镇体系

在非均衡的区域发展模式中，经济中心城市规模的不断增大会导致产业高度集聚，由此产生的社会经济问题也会越来越突出，如劳动力及人口的过度膨胀造成城市就业紧张、住房困难、交通拥堵以及

---

[1] 杨开忠等："解除管制、分权与中国经济转轨"，《中国社会科学》，2003(3)。

社会治安日趋严重。京津冀大都市区是比较典型的非均衡的区域，一方面周边地区、腹地城市与北京、天津两个经济中心城市的综合经济实力存在较大的差距，另一方面，两个中心城市总体上仍处于回流效应超过扩散效应的发展阶段，周边地区生产要素向中心城市快速集聚的趋势仍无法逆转，规模均衡、水平接近与空间结构合理的城镇梯度体系在短期内还难以形成，区域城镇化的发展层次不清晰。

因此对京津冀大都市区而言，在现有基础上积极发展卫星城和小城镇，完善区域城镇体系具有非常的积极意义。一方面可以引导劳动力和人口有序流动，缓解中心城市的人口压力，实现劳动力在区域内部的合理布局，另一方面也有利于区域内部产业分工与协作网络体系的建设，为区域城镇化的均衡发展奠定物质基础。目前，北京市的通州、顺义、亦庄等重点新城的建设，天津市的塘沽、汉沽、大港等滨海新区的建设，以及与核心城市毗邻的廊坊市、承德市等河北省的相关地区，通过加快区域内小城镇建设，完善区域城镇布局，协调区域分工和产业转移，规范引导地区间合理财税竞争等途径，已经在区域城镇化发展中取得了实质性的成效，基本实现了劳动力的区域有效流动和合理分布。可以预见，伴随区域经济一体化进程的不断加速，相对位置更加边缘、经济基础相对薄弱、产业对外关联比较弱的一些城市和地区，将依据比较优势原则，逐步在配套加工、交通物流、生态养殖和休闲旅游等领域发展差异性的特色产业体系，通过突出本地资源禀赋特色，最终在京津冀大都市区区域城镇化进程中提高对劳动力和资本的吸引力。

10.2.3 建立地区间财税利益协调机制

前文已经指出建立综合性区域管制机构对财税竞争治理具有重

要意义,可以从整体上优化区域城镇化发展路径,协调行政区利益冲突和竞争性矛盾。但从财税竞争本身来看,其根源主要在于地区之间财税利益的可分割性及地方对财税利益的激烈争夺,因此如果能够建立科学合理的地区间财税利益协调机制,将会极大地改善地区间的竞争状况,实现地区间的良性竞争。财政转移支付制度本质上即属于区域财税利益协调机制的重要内容之一。事实上区域城镇化进程是构建地区间财税利益调节机制的良好契机。当前亟需从制度构建、机构设置、冲突化解、利益分享方式等角度进行梳理,按照成熟一个试点一个的指导思想,对符合条件要求或者利益冲突非常严重的地区率先进行试点,如经济联系和产业关联比较紧密的地区、税收利益交叉面比较大的地区、税源交叉和税基混乱情况严重的地区、当地税收征管无序漏洞频出的地区等。此外,由于区域性的公共产品和服务具有很强的外部性,受益对象和范围具有跨地区性。因此,在供给区域性公共产品时可以运用财税利益协调机制来组织地区之间协同生产。

财政转移支付制度对推动地区间经济利益分享具有重要作用,除此之外,构建地区间税收合作机制也是推动区域城镇化均衡和快速发展的有效策略,它可以恰当地处理好地区间税收利益冲突问题。地区之间合理的税收利益分享和补偿机制可以防止各地区一味追求"税高利大"的企业,避免地区间产业出现过度同质化,有助于地区间的合理分工,防止过度竞争,增加地方税收收入(Wilson,1991)。刘晔、漆亮亮(2007)认为地方政府为走出财税竞争的"囚徒困境"应该建立一个良好的制度框架,例如通过高峰会议或建立协会、联盟、秘书处等具体的利益协调机制进行经常性磋商,这样可以实现区域城镇化发展的双赢格局。从我国具体情况来看,很多地方在财税竞争大战中逐渐认识到各自并没有获得更多利益,很多经济区域已经开始寻求建立地区间的财税竞争协调机制。2004年,泛珠江三角洲地区的四川、福建、江西、湖南、广东、广西、海南、贵州、云南等九个省份签署了中国首个区域地方税务合作协议《泛珠三角区域地方税务合作协议》,尝试通过建立税收利益协调机制治理恶性财税竞争。2005年,这九个省继续深化税务合作,着力构建服务、征管、政策三大税收协作体系,加强信息交流以治理有害税收竞争[1]。这对于提高"泛珠三角"地区的资本、商品、技术、人才等经济要素的流动性具有非常重要的意义,由此也迈出了中国区域税收合作机制的关键一步。

在区域税收合作的保障机制上,国家需要尽快出台和完善关于区域税收利益协调的法律法规。这类法律需要从整体上考虑现阶段中国各地区之间所存在的税收利益冲突以及地方公共产品外部性等因素,通过正确的评价方法和指标体系衡量各地区的财税利益得失,综合权衡建立具体的税收分享和补偿办法。另外,还要创建跨地区的税收信息交流平台,实现地区间财税信息共享,提高税收征管效率。在完善的税收利益共享和补偿机制下,各地区的收入已不仅局限于本地区的税基,还应在一定程度上与区域的整体税收挂钩。如果跨地区经营产生的税收能够实现地区共享,必然将极大地降低地方政府之间进行盲目竞争的动机,促使它们借助合理手段竞争资本和劳动力。财税合作也有助于提高区域产业政策的合理性和优化产业结构,在效率和市场驱动下进行产业分工,以引导各地区通过有效竞争吸引优势产业集聚,再对弱势产业进行必要的产业转移。这样

---

[1] 参考"9省区建'税务联盟'"和"泛珠税务合作建三大体系",《四川日报》2004年12月21日、2005年10月20日。

可以避免各地方政府忽视产业关联和相对优势而盲目追求高新技术产业,造成人力和财力的巨大浪费。

10.2.4 加强区域合作,完善边界治理

(一)开展全面的区域经济合作,构建合理的地区空间层次

区域财税利益协调和税收合作是针对区域经济发展成果的一种分享机制。但城镇化的发展除了涉及财税因素之外,还与各类地区经济要素、地区间贸易的拉动、基础设施的配套建设、产业集聚与产业链条的完善有密切关系。因此,作为财税治理对策的配套措施,地区贸易程度、基础设施水平和产业竞争力也是推动区域城镇化发展的重要支撑力量,地方政府借助这些辅助因素同样可以推动资本和劳动力的地区间流动,最终达到提高对资本和劳动力吸引力的目的。

为切实推进区域经济的全面合作,首先应该确定合作目标,完善经济合作机制。区域城镇化的发展主要表现为地区资本规模扩大和城市人口的增加,其中,城市劳动力数量和劳动者技能是提升区域城镇化水平的重要动力。地区间的资本和劳动力流动有利于均衡各地生产要素需求,提高区域城镇化的整体水平。区域经济合作应是一个双赢的过程,一方面通过推动地区间贸易、科技文化交流以及产业关联来发挥各自的相对优势,实现经济资源的空间优化配置;另一方面通过信息交流和战略制定提高地区发展的协调性和联动性,如区域间的交通路线优化、经济政策匹配、大型项目合作等举措,都可以有效降低行政利益割据所造成的区域福利损失。地方政府之间的经济合作可以降低交易成本、提高经济资源流动性,可以有效引导区域城镇化中财税竞争的方向和重点。

区域经济合作还应该在公平原则基础上构建合理的地区空间层

次。地方政府应根据区域城镇化的发展需要和实践情况进行准确的自我定位。当前很多地方政府特别是大都市区和城市群区域内的边缘城市理性地提出了"配角经济,错位发展"的战略。面对巨大的财税竞争压力,这些中小城市的竞争劣势非常明显,它们既没有绝对的产业集聚优势,也没有足够的政府财力,在缺乏区域分工体系主导权的情况下,它们大都选择配合大城市的发展,甘当配角,避免同质化竞争,通过实施错位发展融入到大都市区的经济一体化之中。如武汉城市圈中的孝感市、大沈阳经济区中的辽阳市和铁岭市、上海城市群中的苏南各市、西安大都市经济圈中的渭南市、"长珠闽"经济圈边缘的江西省、京津冀都市圈中的石家庄市都采取类似策略,避开锋芒,从竞争对手转化为区域经济共同体,在城镇化发展中也间接夯实了本地财税竞争基础,对资本和劳动力产生了相对的集聚力。

(二)加强区域边界治理,避免区域孤立和失衡

地区之间的行政边界位置在城镇化发展中往往呈现出两极分化的特点,要么是在地区间资本和劳动力竞争最激烈的区域,地方政府向边界地带投入大量的财政资金和优惠政策,要么是在区域城镇化发展的真空地带,经济发展滞后,基础设施提供不足,居民福利得不到有效保障。尽管属于地方行政区的边缘地带,行政交界区实际上是地方竞争的前沿阵地,它的城镇化水平和产业集聚力是反映地方竞争力的重要标志。在区域城镇化的地方竞争中应该避免对边界区域的孤立和空间上的失衡。所谓孤立是指边界地区很难受到地方政府的垂青,经济资源不能得到有效利用,自身的发展基础有限同时又缺乏足够的政策支持和财政投入;空间失衡则是孤立的直接后果,就城镇化发展而言,边界区在资本、劳动力、技术等生产要素方面整体落后,成为地区空间发展的盲点。卡洛·佩罗尼(Carlo Perroni)和

金伯利·沙夫（Kimberley Scharf, 1997）从资本税收的角度描述了基于公共物品选择性供给的非合作定位模型（non-cooperative location model），认为地区间的财税竞争会导致区域边界的扩展，即使在辖区间没有人口迁移的情况下，区域扩展也能提高所有辖区成员的福利。辖区间交易范围的减少会影响税收竞争的成果和激烈程度，扩大区域边界是财税竞争治理的一种有效方法。

加强边界治理对推动区域城镇化发展和实现资源有效配置意义重大。地方政府在财税竞争中应从地区的长远发展考虑，寻找区域崛起的突破口，实现区域均衡发展。对此，首先要保证政府投资的空间均衡，保障边界区的基本公共产品供给；其次应提高边界区的跨区交通通达性，规范市场交易；最后应加强区域产业规划，推动边界地区产业资源开发，提高产业集聚水平。通过对边界地区的有效治理，既可以实现地区间经济利益耦合，减少不必要的财税竞争和重复建设，也能在一定程度上提高资本和劳动力的区域流动性，提升区域整体福利。

京津冀大都市区在边界治理方面应该突破地区间的边界效应，根据大都市区内各城市不同的功能定位，加强经济联系和产业整合，在整个都市区层面上协调劳动力、资本流动和生态环境保护等。加强大都市区内的城镇网点建设，理顺城镇发展梯度，形成一体化的多中心和多层次的城市群体系。京津冀大都市区城镇化的可持续发展除了需要内部有效竞争外，还需要加强外部边界治理，通过区域间合作、交通拓展和区域贸易等措施加强与华北、东北、中部地区的产业经济合作，加快资源流动和开发，扩大京津冀大都市区的辐射范围。通过经济腹地的拓展提高大都市区可利用的资源总量，解决资源短缺和贫乏问题。

10.3 推动政府职能转变完善政府绩效考核

10.3.1 强化政府再分配职能,完善收入分配制度

效率与公平的关系一直是中国政府需要解决的重大课题,各地方政府必须力争在经济发展过程中处理好随之出现的不公平和非均衡问题。从政府职能转变的趋势看,中国已经处于"效率优先"向"效率与公平并重"转变的阶段。对政府职能,发展经济学家阿瑟·刘易斯曾说过一句很精辟的话:"政府的失败既可能是由于它们做得太少,也可能是由于它们做得太多"。作为地方管理的主体,地方政府需要根据社会发展环境和国家政策取向的变更,及时转变政府职能,以解决市场经济条件下可能出现的社会分化问题。在发展趋势上,地方政府的职能需要由"权力本位"向"责任本位"转变,相应地承担起更多的社会责任;同时地方政府应注意对市场经济进行深刻反思,切忌盲目的固守"市场崇拜"的教条[1]。在推进城镇化的过程中,地方政府必须依靠有效的市场竞争手段来提高区域城镇化发展的质量水平,避免市场失灵带来的社会问题。否则,地方政府的非理性行为会造成竞争恶化,不仅无法消除市场失灵的影响,甚至还会因为政府失灵而对区域城镇化发展造成更大的破坏。

公平是效率的基础,也是提高竞争效率的前提。地方政府应该通过完善地方收入再分配的职能体系,保障地方收入再分配的公平

---

[1] 黄小晶:《城市化进程中的政府行为》,中国财政经济出版社 2006 年版,第 135 页。

性,扩大收入再分配的调节对象范围,提高劳动力的合理流动性。从具体策略上看,一个地方的社会保障水平、税收政策、财政支出结构以及公共产品的定价策略都具有再分配功能。地方政府加强收入再分配职能时要多管齐下,根据地方劳动力需求结构和城镇化发展方向明确政府工作的重点,规范政府财税行为,力争在提升财税政策收入再分配功能的同时,通过公共产品定价、最低生活保障、就业管理等领域的措施,完善地方收入再分配政策体系,进一步强化地方政府的收入再分配职能。

10.3.2 加快政府机构改革步伐,加强部门协作

行政机构改革包括横向(水平)机构改革和纵向(垂直)机构改革两种模式。从地方政府的横向关系来看,不同机构之间存在着千丝万缕的联系,但每个机构所承担的政府职能也有所不同。区域城镇化水平的提高必然是政府各职能机构各司其职、共同努力的结果,区域城镇化发展中出现的问题也应该由各个机构共同协作解决。地方政府的机构设置和部门间的相互关系对行政效率会产生重要影响。随着城镇化发展的步伐加快,地方竞争中的问题也越来越多,地方政府机构之间的利益也会存在分歧。地方政府为了扩大招商引资,往往都设立招商引资的专门机构,还由政府主要领导负责牵头。地方招商引资机构在业务开展的程中大都滥用权力或者越权使用权力,造成地方税收的大量流失,同时也妨碍了地方税务机构的正常征管工作,使得地方税收政策调节作用无法有效发挥。另外,地方政府机构和部门繁多,部门职能也存在很多重叠,权力分配和职能履行比较混乱,基本公共产品不能有效供给,政府机构的效率十分低下。

近年来,中国对政府机构,特别是地方政府机构改革高度重视,

中央还专门出台了相关的改革意见,明确提出了中国地方政府机构改革的目标和原则,强调政府职能转变和部门调整。从理论上讲,政府机构改革可以强化政府机构的效用目标,统一政府职能的履行路径,提高政府工作效率。在实践中,政府机构之间的有效协作不仅可以降低行政成本,还可以更好地处理公共事务,提高公共服务水平。加快政府机构改革是大势所趋,改革力度越大,机构改革的收益也就越多,在地方竞争中的优势也就越明显。地方政府机构改革应当以现代管理理论和方法为指导,在机构职能的定位和分配、组织结构设定、部门管理体制和运行机制等领域进行全面调整完善,保证部门利益一致,职能履行有序。在单个部门内部,同样需要处理好管理权限的分配,做到既降低政府成本又兼顾企业或居民的收益。

10.3.3 完善政府机构绩效考核制度

地区政府竞争流动性的资本和劳动力,一方面有助于提高本地经济发展水平和居民福利,另一方面也是政绩提升和政治利益最大化的需要。在实践中,地方政府追求"高规模、高增长"竞争行为的很大原因就在于谋求政治利益。因此,在城镇化的健康发展与追求政绩最大化两个目标出现分歧的时候,地方政府通常会以不规范的行为替代合法途径展开恶性竞争,此举既不利于地区间经济资源的有效配置,也会对区域城镇化产生阻碍。当前我国地方政府绩效考核主要以 GDP、人均 GDP 等反映经济增长的指标为主,偏重于经济领域,而对其他关系到社会公平、居民福利的指标则涉及很少。资本和劳动力是生产函数的主要自变量,在政绩考核的导向下,地方政府和官员往往会把焦点放在提高资本和劳动力的投入规模上。地区之间的资本和劳动力竞争本无可厚非,但很多政府由于不注重效率和居民福利而导致不能从要素流入中获益,从而使财税竞争完全成为地方政府和官员追求政治利益的工具,极大地扭曲了资本和劳动力的流向,破坏了区域城镇化的健康发展。

从政绩考核本身来看,中国地方政府绩效评估历经十多年的发展,绩效考核体系也得到不断的改进和完善。其中,杭州的综合考评、青岛的目标责任制以及甘肃的"第三方"评估都是有益尝试。针对我国当前经济和就业的严峻形势,2009年2月,国家曾规定各地把扩大就业和稳定就业作为社会经济发展规划的重要目标,并将新增就业人数和控制失业率作为政府政绩考核的重要内容。但总体上我国政府绩效评估具有明显的单向性特征,评估主体多以官方为主,缺乏社会公众的评价以及政府内部的自身评估,社会公众的参与度低,绩效评估指标体系过于片面,只注重产出而忽略了对政府投入和成本的评估,片面追求经济效益,忽略了人口、生态环境和资源等因素[1]。上述问题的根源在于我国政府整体绩效考核制度存在漏洞。尽管导致问题的影响因素是多方面的,但地方竞争行为的异化是主要表现之一。

要完善政府及官员绩效考核制度和指标体系的构建,首先应该明确政绩考核的价值取向和原则,作为地方利益代表的地方政府应坚持民本和公平原则,以科学发展观为指导,以实现公共利益最大化为根本目标。其次,应进一步健全政绩指标体系,逐步构建经济、社会、环境与生态等协调发展的综合指标体系,探索建立绿色GDP和社会发展综合评价指数等新型评价标准。对不同类型的机构和部门也应构建不同的政绩考核指标体系,以专业性突出政府各部门的职

---

[1] 李红松、杨会勉:"我国政府绩效考核的问题与对策",《经营者管理》,2009(24)。

能取向。再者,应建立多元化的政绩评估主体,引入像专家评估、民间机构评估、公众评估等第三方评估方案,对政府工作进行有效的监督和激励。最后,还需要建立有效的保障机制来监督政府绩效考核的实施,加强政绩评估的制度建设和立法。在完善政绩考核制度中,大都市区应积极探索具有区域特色的政绩考核体系。当前北京已经初步否定了以经济增长为核心的政绩考核体系,尝试建立以公共管理和服务为取向的政府业绩评价体系,更多地关注民生和地方福利。

10.4 改革城市户籍制度优化地区人才结构

10.4.1 改革城市户籍制度,加强城市人口管理

我们的理论模型指出,初始的劳动力流动性会取决于对财税政策的敏感度及政策效用发挥的程度,因此,地方政府在吸引劳动力流入时主要采取的是降低税收、提高特定项目支出水平等方法。然而,初始劳动力流动性也是一个非常重要的中间变量,初始流动性越显著,财税政策调整所引起的集聚效应越大。艾瑞克·史密斯和特蕾西·韦布(Eric Smith and Tracy J. Webb, 2001)曾在对城市劳动力竞争的研究中指出,如果具有流动性的工人是高收入者或者低收入者,这些城市则应该降低税率,如果他们是中等收入者那么就应该提高税率。但这可能导致城市税收和公共设施水平越来越低,在这种情况下,城市应该通过相互合作、提供福利与公共设施和引导居民入住等配套措施,针对不同收入层次群体的迁入、迁出进行分类管理。城市户籍制度对劳动力流动性影响很大,户籍制度越严格,劳动力的迁移成本和复杂程度就越高。目前我国城市户籍制度仍然比较严

格,在一定程度上构筑了封闭性很强的社会结构,抑制了区域城镇化进程中劳动力资源的能动作用与合理的流动性。城市的就业制度、社会保障制度、医疗制度和教育制度等都与城市户籍的性质直接关联,如果劳动者不能获得户籍,相应地就无法享受到城市相关的福利和资源,如选举权和被选举权、住房福利等,而这些都是劳动力迁移决策的重要变量。从流动人口上看,城乡二元结构引致的人口流动规模越来越大,城市大量外来务工人员在为城市建设做出巨大贡献的同时也给城市发展带来了一些负面影响,城市特别是超大型城市的人口管理体制亟待做出调整。

2001年以来,全国不少大中城市陆续启动了新一轮的户籍制度改革。总结起来,各地的户籍制度改革基本围绕三个方面进行:一是取消申请迁入城市投靠亲属的条件限制,解决了"三投靠"(即子女投靠父母、父母投靠子女和投靠配偶)的户籍问题。二是打破城乡分割的农业、非农业二元户口管理结构,取消农业户口、非农业户口等各类户口性质,建立城乡统一的户口登记管理制度。三是取消进城人口计划指标审批管理,实行户口迁移条件准入制。在户籍改革中,流动人口中的精英分子构成了城市户籍优先开放的目标人群。当然,各地在具体的落户条件上又表现出一定的差异性,概括地说,东部城市的落户条件要高于中西部城市,城市规模大,尤其是流动人口数量多的城市落户条件要高于规模小的城市[1]。随着城镇化步伐的加快,户籍制度改革将会更加彻底。

一方面,改革城市户籍制度,加强人口流动管理是推动区域城镇化发展的必要选择。户籍制度改革应当坚持渐进性和差别化的原

---

[1] 邹民乐:"城市户籍制度改革与流动人口社会融合",《理论界》,2009(3)。

则:改革必须要与区域整体发展水平、财政分权体制和转移支付制度相适应;同时还必须赋予地方政府逐步开放本地区劳动力市场的法定权力,允许各地政府根据本地区的社会经济发展特点,实施有差别的户籍制度改革方案。在中国,户籍制度改革十分复杂,必须慎之又慎。在当前无法完全按全新的户籍制度运行和完全做到自由迁移的情况下,可以考虑首先在乡镇和小城市中以渐进方式推进。首先,可暂时保留两类户口,放宽农村户口迁向城镇和中小城市的限制,试行以公民住房、生活基础(稳定的职业和收入)为落户标准的户籍迁移办法,在改革的适当时机可实行大范围的居民身份证制度。其次,建立常住人口、暂住人口、寄住人口三种形式并存,规范相应的权利和义务,对有稳定职业和收入的迁入人员先取得暂住人口身份,经若干年后享有居住地居民同等待遇。再次,对已迁入城镇工作的劳动者可试行临时户口登记制度,领取蓝皮户口,等条件成熟时再转为城镇户口。最后,逐步推开,过渡到建立全国统一平等的户籍制度。通过改革户籍制度,创造劳动力流动和就业的公平环境,从而降低劳动力流动的附带成本。消除劳动力流动过程中的制度障碍,降低劳动力流动的制度成本,将极大地提高劳动力资源的空间优化,增强劳动力对区域经济增长收敛的贡献程度,推动区域城镇化的均衡发展。

另一方面,加强对现有城市人口布局的梳理和科学规划也可以进一步地释放城市能量,促进城市空间结构优化,从而有条理有步骤地推进区域城镇化的扩展。从京津冀大都市区人口密度的变化情况看,在北京市人口总数上升的情况下,市区人口密度在2001年以来出现了明显的下降,其原因就在于北京市加快了城镇化步伐,很多农村发展成为了小城镇,市区范围不断扩大。由此可见,必须要为政府进行人口管理和人口疏导创造一个施展的空间,只有在城镇化辐射范围迅速拓展的情况下,地方才能在人才流入方面更有竞争力。

表 10—2:2000—2007 年京津冀大都市区城市市区人口密度变化对比

(人/平方千米)

	2000	2001	2002	2003	2004	2005	2006	2007
北京市	2557	3189	2099	2128	2623	937.2	1093.8	1132
天津市	1383	1388	831	841	852	863.5	2590.1	2912
河北省	1815	2027	2039	2057	2107	2131.9	2443.8	2376

数据来源:中经网统计数据库。

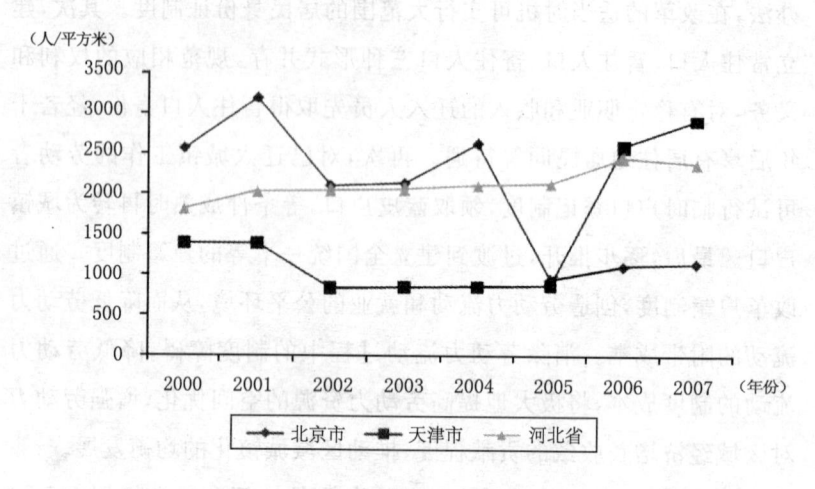

图 10—1 2000—2007 年京津冀大都市区城市市区人口密度变化

10.4.2 完善就业政策,加强劳动力市场管理

我们的模型并没有分析地区就业率这一因素对劳动力迁移决策的影响,但实际上地区就业水平直接关系到劳动力的预期收益和迁移机会成本,地区间失业率及其差异的存在一定会影响劳动力迁移

决策。区域劳动力市场的供求发展并非是完全均衡的。在供给方面,劳动力年龄结构、性别结构、产业结构以及技能水平状况都会存在一定的地区差异;在需求方面,地区间的劳动力需求结构会因为城镇化水平、经济基础、产业结构等因素而有所差别。劳动力市场是市场体系的重要组成内容之一,它的发育与完善在很大程度上决定了市场体系的发育与完善,并对地区经济增长和居民消费都具有决定性的影响。中国很多地方性劳动力市场不同程度上存在着就业歧视、市场分割、失业率较高、结构失衡等问题,地方政府的就业政策缺乏对上述问题出台有针对性的应对策略,更不必说有效的就业服务政策和机制的建设。从京津冀大都市区劳动力市场的情况来看,一个值得重视的问题是,由于流动人口的规模的机械增长,城镇就业压力增大,政府靠行政手段人为分割市场,给劳动力自由流动设置许多障碍,既削弱了市场机制对劳动力资源配置的基础作用,同时也无法有效发挥各级政府对市场的调节和引导作用。尽管人为限制外来人员就业的措施对暂时缓解地方就业压力起到了一定的作用,但是其本身不具备创造就业机会的功能,反而会损失城市经济效率,扭曲城乡二元结构,导致就业机会减少,对地方经济发展造成损害。

为避免劳动力市场缺陷对区域城镇化发展造成不利影响,政府应从源头开始梳理政策体系,加快完善就业政策和就业服务导向,加强劳动力市场管理。其中,地方政府应重点从以下几个方面入手:一是推动第三产业尤其是现代服务业的发展,增加就业机会,活跃劳动力市场,同时提升区域城镇化发展的水平;二是完善地方失业保险制度和社会救助体系,稳定劳动者的就业保障;三是加强劳动力市场监管,防止就业歧视和非正规就业的猖獗,提高地方劳动力市场形象;四是制定财税政策激励就业;一方面对创造就业机会的企业进行适当奖励和补贴,同时也要通过优化公共投资扩大劳动力需求,标本兼治。

如果京津冀大都市区中的各地区能够形成相对明确的产业分工发展框架,那么劳动力市场的流动性会越来越强。例如,若能进一步确立北京市强于科学技术、知识经济和现代服务业,天津市精于先进制造、装备制造和新能源新材料,河北省擅长一般制造业、医药、能源基础产业的区域产业分工框架和梯度发展格局,将会对未来区域劳动力市场的进一步发展和完善奠定重要基础。京津冀地区应努力推进新型工业化进程,尽可能依靠技术进步、延长产业链和发展现代服务业体系来扩大就业。北京市、天津市这两个京津冀大都市区的两个核心城市,特别是两个城市的中心城区应加大力度发展高端服务业,提升高端服务业的劳动生产率;同时运用产业规划、政策支持及市场力量引导特定产业向腹地转移。此外,天津滨海新区应以现代制造业为主体吸引新一轮产业聚集,通过延长产业链条增强区域劳动力需求。总之,各地区都应根据具体情况发展相应产业,通过区域分工合作实现错位发展,优化区域劳动力结构;同时,面对核心区劳动力市场膨胀的严峻形势,政府应该制定有效的区域劳动力和人口合理疏导政策,均衡区域劳动力的空间结构,提高劳动力配置效率。

10.4.3 加强人才战略规划,吸引优秀人才

人才和科技要素对区域城镇化发展和地区竞争力的作用至关重要,这在理论模型分析中也有所反映。技术工人掌握较高的生产技术和劳动技能,既可以提高劳动生产率,也有助于推动产业升级和资本扩展,因此技术工人对地方财政收入有正的贡献,技术工人比例越高,地方政府可支配的财力将越充足,反之则会限制地方竞争能力的

提高。基于政府效用最大化的发展目标,地方政府应力求提高技术工人比例以降低人均税负,同时对普通工人提供更多的转移支付。这样既能够调节劳动力结构,又积蓄了财税竞争能力,满足区域城镇化发展所需的劳动力流动的良性循环。同样不难理解,人才是实现科技第一生产力的组织基础,人才主观能动性的充分发挥对地方发展具有重要贡献。

地方政府在人才管理上,一方面应注重本地人口的人才化,另一方面还应尽可能地吸引优秀人才和本地紧缺人才迁入。为此,首先应该制定长远的人才战略规划,确定人才需求结构、人才发展目标,建立有效的地方人才管理机制,将吸引人才列为区域城镇化发展的前提条件。其次应加大政府教育和科技投入,加强对本地人才科技创新能力的培养,特别要在科技研发和职业教育上培养多层次、多门类的专业人才。再者,还要营造良好的经济社会发展环境,在创造就业机会的同时,增强优秀人才的地区归属感。最后从人才区域均衡的角度,强调基于人才战略增强对欠发达地区的政府投入和财政转移支付的政策保障力度,对基本公共产品和服务的供给能力给予充分的政策支持,建立地方政府人才基金,营造一个强大的公共财政平台,增加欠发达地区在吸引优秀人才方面的竞争力。

从中国主要经济区域的发展模式上看,京津冀、长三角和珠三角经济区分别具备创新型主导、国际型主导和加工型主导的模式特征,而产业经济结构与区域的劳动力空间流动和劳动力结构的演变密切相关。优秀人才能够有效提升产业效率,同样优势产业也是吸引人才的重要砝码。京津冀大都市地区具有丰富的教育科技资源和人才智力要素储备,区域内高校和科研机构众多,教育水平高,人才培养能力毋庸置疑。尽管对大都市区内的很多地方而言,高端人才是劳动力竞争的主要方向,它们都拥有丰富的人才存量为城镇化的长远发展奠定坚实的基础,但是我们也应注意,高端人才在区域内的空间分布方面具有很强的集聚特征。整体上,京津冀大都市区人才存量的空间分布不均衡是由区域的产业结构布局决定的。随着城镇化发展和产业空间布局的调整,各地对人才的需求结构也将随之变化。对京津冀大都市区来说,首先应该均衡配置地区人才,利用区域人才集聚效应进一步吸引紧缺人才。其次应该谨防区域内的经济中心城市出现人才的"劣币驱逐良币"效应,即由于核心城市人口过度拥挤,普通劳动力比例过高,交通、生态环境、收入及居住等条件得不到有效改善,使得技术劳动力和优秀人才的生活和工作压力巨大,预期收益下降,从而导致该地区的劳动力吸引力降低,技术劳动力出现净流出。要想避免此种效应出现,关键是要从整体区域发展的层面优化产业升级和地区分工,加强区域人才管理和统一的战略规划,增强人才地区归属感。

参考文献

(一)中文文献

安虎森:《空间经济学教程》,经济科学出版社 2006 年版。
蔡昉:"劳动力迁移和流动的经济学分析",《中国社会科学季刊》1996 年春季卷。
陈文理:"区域公共产品的界定及分类模型",《广东行政学院学报》,2005(2)。
陈晓:"税收竞争及其在我国资本市场中的表现",《税务研究》,2003(6)。
陈耀:"构建我国新型的区域竞争模式",《中州学刊》,2005(3)。
段成荣:"省际人口迁移迁入地选择的影响因素分析",《人口研究》,2001(25)。
段小梅:"人口流动模型与我国农村剩余劳动力转移研究",《农村经济》,2003(3)。
邓力平:《国际税收竞争:基本分析、不对称性与政策启示》,经济科学出版社 2009 年版。
邓力平、陈涛:《国际税收竞争研究》,中国财政经济出版社 2004 年版。
邓力平:"构建中国特色社会主义税收体系的三点看法",《中国税务》,2008(12)。
邓力平:"经济全球化下的国际税收竞争框架",《税务研究》,2003(1)。
邓力平:"国际税收竞争研究:回顾与展望",《公共经济学评论》2006 年卷。
邓子基等:《国际税收导论》,经济科学出版社 1988 年版。
杜方、朱军:"地方政府间财政支出竞争与民生财政的主动性——基于公共教育支出的实证研究",《安徽大学学报》,2009(3)。
范剑勇、王立军等:"产业集聚与农村劳动力的跨区域流动",《管理世界》,2004(4)。
冯兴元:"中国辖区政府间竞争理论分析框架",天则经济研究所内部文稿,2001 年。
付文林:"人口流动的结构性障碍:基于公共支出竞争的经验分析",《世界经济》,2007(12)。

付志宇、徐明睿:"加快农村劳动力转移的财政政策思考——以贵州省为例",《农村经济》,2008(12)。

高国力:"区域经济发展过程中的人口迁移研究",《经济地理》,1995(2)。

葛夕良:《国内税收竞争研究》,中国财政经济出版社2005年版。

顾朝林:"中国大中城市流动人口迁移规律研究",《地理学报》,1999(3)。

郭驰:"城镇化进程中的财税对策",《税务研究》,2005(12)。

郭馨娜:"警惕辖区间税收竞争中的税收流失",《吉林财贸》,2002(9)。

郭庆旺:《公共经济学大辞典》,经济科学出版社1999年版。

韩霖:《国际税收竞争的效应、策略分析:结合我国国情的研究》,经济科学出版社2006年版。

黄春蕾:"当前我国国内横向税收竞争的实证分析",《税务与经济》,2004(1)。

黄祖辉、宋顺锋、史晋川、卫龙宝:《中国三农问题:理论、实证与对策》,浙江大学出版社2005年版。

黄小晶:《城市化进程中的政府行为》,中国财政经济出版社2006年版。

黄朝晓:"改革现行营业税制度、促进第三产业发展",《广西财经学院学报》,2009(10)。

何一峰、付海京:"影响我国人口迁移因素的实证分析",《浙江社会科学》,2007(2)。

胡彬:《区域城市化的演进机制与组织模式》,上海财经大学出版社2008年版。

赖小琼:"成本收益视线下的农村劳动力转移",《当代经济研究》,2004(2)。

李长江:"新农村运动:城乡一体化",《农村经济》,2005(7)。

李红松、杨会勉:"我国政府绩效考核的问题与对策",《经营者管理》,2009(24)。

李佳明:"地方政府间税收竞争的规制分析",《税务研究》,2006(9)。

李培、邓慧慧:"冀地区人口迁移特征及其影响因素分析",《人口与经济》,2007(6)。

李秉龙:"农民进城就业的成本收益与行为特征分析",《农业经济问题》,2004(10)。

李玲佳:"中国地方政府间税收竞争策略——基于税收反应函数的实证分析",《世界经济情况》,2008(6)。

联合国国际人口学会:《人口学词典》,商务印书馆1992年版。

梁阜等:"我国个人所得税制存在的问题与对策",《税务研究》,2009(3)。

刘大志:《地方政府竞争与资本形成》,中山大学出版社2008年版。
刘尔铎:"城市劳动力市场结构性短缺与'民工荒'",《人口学刊》,2006(1)。
刘君德、舒庆:"中国区域经济的新视角——行政区经济",《改革与战略》,1996(5)。
刘黎明:"转移支付对人口迁移的作用",《北京工业大学学报》(社会科学版),2002(1)。
刘晔、漆亮亮:"当前我国地方政府间税收竞争探讨",《税务研究》,2007(10)。
刘晔、樊海林、罗静:"政府重塑:大都市发展的治理逻辑",《唯实》,2004(7)。
刘明慧:"促进农村劳动力转移的公共财政机制建构",《财政研究》,2007(6)。
刘金华、史学斌:"成都市房价上涨所带来的人口效应分析",《西北人口》,2008(1)。
刘军等:《世界性税制改革理论与实践研究》,中国人民大学出版社2001年版。
刘勇政、张坤:"我国医疗卫生领域的公共财政支出问题研究",《经济师》,2008(2)。
刘怡、聂海峰:"增值税和营业税对收入分配的不同影响研究",《财贸经济》,2009(6)。
龙游宇:"论区域公共品的适度规模",《南昌大学学报》,2004(1)。
罗鸣令、储德银:"基本公共医疗卫生服务均等化的约束条件和公共财政支出",《当代经济管理》,2009(8)。
孟凡友:"农村劳动力流动的成本效益分析",《济南市社会主义学院学报》,2003(1)。
牛若峰、李成贵、郑有贵等著:《中国的三农问题:回顾与展望》,中国社会科学出版社2004年版。
钱雪飞:"农民工城乡迁移个人机会成本的构成及定量分析",《乡镇经济》,2008(8)。
沙安文、沈春丽:《地方政府与地方财政建设》,中信出版社2004年版。
沈卫平:"劳动力要素流动的机会成本分析",《江淮论坛》,1995(6)。
沈坤荣、付文林:"税收竞争、地区博弈及增长绩效",《经济研究》,2006(6)。
邵培德:"中西方个人所得税比较",《涉外税务》,1999(11)。
宋林飞:"加速都市圈建构与都市圈经济发展",《学术界》,2003(6)。
孙群郎:《美国城市郊区化研究》,商务印书馆2005年版。
孙柏英:《当代地方治理:面向21世纪的挑战》,中国人民大学出版社2004

年版。

谭祖铎:"浅论税收竞争",《税务与经济》,2000(2)。

王丽娅:"地方政府招商引资竞争的经济学分析及对策建议",《辽宁大学学报》,2005(6)。

王志锋:"创新区域治理机制推动都市圈一体化进程",《学习与实践》,2005(3)。

王健、鲍静、刘小康、王佃利:"'复合行政'的提出——解决当代中国区域经济一体化与行政区划冲突的新思路",《中国行政管理》,2004(3)。

王晓毅:"本村人、本地人与外来人——经济发达村庄的封闭与开放",《北京行政学院学报》,2001(1)。

王新华:"人口流动与产业结构升级的相关性分析",《南京人口管理干部学院学报》,2006(4)。

王虹圆:"教育资源城乡配置不公对农村人口流动的影响",《甘肃农业》,2007(8)。

邬民乐:"城市户籍制度改革与流动人口社会融合",《理论界》,2009(3)。

邱丽萍:"税收竞争浅议",《扬州税务学院学报》,2000(1)。

温来成:"城镇化税收政策与城乡区域经济协调发展",《税务研究》,2005(4)。

夏纪军:"人口流动性、公共收入与支出——户籍制度变迁动因分析",《经济研究》,2004(10)。

肖严华:"中国社会保障制度的多重分割及对人口流动的影响",《江淮论坛》,2007(5)。

许学强、周一星、宁越敏:《城市地理学》,高等教育出版社1997年版。

解垩:"地方政府税收模仿行为分析",《山东经济》,2007(6)。

薛虹、孙建华:"城镇化进程中的财税制度创新",《财政研究》,2007(11)。

严善平:"中国省际人口流动的机制研究",《中国人口科学》,2007(1)。

阎坤、鄢晓发、张立承:"促进城镇化健康发展的财税政策",《税务研究》,2008(6)。

阎中兴:"政府与社会保障:理论分析与政策建议",《财经理论与实践》,2003(1)。

尹旭、万莎:"完善我国个人所得税的国际经验借鉴",《财经政法资讯》,2009(6)。

杨开忠等:"解除管制、分权与中国经济转轨",《中国社会科学》,2003(3)。

杨晓娜、曾菊新:"城乡要素互动与区域城市化的发展",《开发研究》,2004(1)。

杨志勇:"国内税收竞争理论:结合我国现实的分析",《税务研究》,2003(6)。
虞小迪:"地方财政运行与城镇化机理探讨",《经济与管理》,2005(10)。
余红艳:"城镇化发展与财政政策相关关系的实证分析",《统计教育》,2008(11)。
余玉平:"农村劳动力转移的成本收益分析及政策建议",《农村经济》,2004(6)。
曾智超、林逢春:"城市轨道交通对城市人口迁移的作用",《城市轨道交通研究》,2005(2)。
张薇薇:"税收竞争理论文献综述",《浙江社会科学》,2008(2)。
张惠玲:"我国财政转移性支出对调解收入分配的作用分析",《统计与决策》,2007(6)。
赵炎:"负所得税方案与城市居民最低生活保障制度改革",《商业研究》,2004(9)。
赵树凯:"农村劳动力迁移:成本与风险的初步考察",《农业经济问题》,1995(3)。
郑雯:"国际税收竞争环境下的世界所得税制改革",《税务研究》,2002(4)。
周业安:"地方政府竞争与经济增长",《中国人民大学学报》,2003(1)。
周黎安:"晋升博弈中的政府官员的激励与合作",《经济研究》,2004(6)。
周克清:《政府间税收竞争研究》,中国财政经济出版社2005年版。
周克清、郭丽:"论我国政府间税收竞争的理论基础和现实条件",《涉外税务》,2003(8)。
祝尔娟:《京津冀都市圈理论与实践的新进展》,中国经济出版社2010年版。
中国社会科学院经济研究所、刘树成:《现代经济词典》,江苏人民出版社2005年版。
中国城镇劳动力迁移课题组:"中国劳动力市场建设与劳动力流动",《管理世界》,2002(3)。
中国地方政府竞争课题组:《中国地方政府竞争与公共物品的融资》,《财贸经济》,2002(10)。
〔英〕彼得·迪肯:《全球性转变》,商务印书馆2007年版。
〔英〕约翰·伊特韦尔等:《新帕尔格雷夫经济学大辞典》,北京科学出版社1996年版。
〔英〕威廉·配第:《政治算术》,商务印书馆1978年版。
〔美〕西奥多·舒尔茨著,蒋斌、张蘅译:《人力资本投资》,商务印书馆1990

年版。

〔美〕A. 阿特金森，J. 斯蒂格里茨：《公共经济学》，上海三联书店、上海人民出版社 1998 年版。

〔美〕加里·S. 贝克尔：《人力资本》，北京大学出版社 1987 年版。

〔美〕托马斯·弗里德曼著，何帆等译：《世界是平的》，湖南科学技术出版社 2009 年版。

〔日〕谷口和繁：《国际间的税收竞争与 OECD 的实施对策》，《税收译丛》，1999(1)。

(二)外文文献

Advisory Commission on Intergovernmental Relations, *U. S. Cigarette Tax Evasion: A Second Look*, Washington, D. C., 1985.

Advisory Commission on Intergovernmental Relations, *U. S. Interstate Tax Competition*, Revised, Appendix Table.

Alfano, M. R., M. Salzano, "Tax competition in an open border scenario: An Evolutionary Game Approach", 1999, http://www.unipv.it/websiep/secure/53a.pdf.

Binet, M. E., "Testing Fiscal Competition among French Municipalities: Granger Causality Evidence in a Dynamic Panel Data Model", *Regional Science*, 2003(82):277 – 289.

Bogue, D. J., "An Exploratory Analysis of Migration and Labor Mobility Using Social Security Data", *Studies in Population Distribution*, No. 2, Oxford, OH: Scripps Foundation, Miami University, 1950.

Borjas, G., "The Economics of Immigration", *Journal of Economic Literature*, 1994(32):1667 – 1717.

Breton, A., *Competitive Governments: An Economic Theory of Politics and Public Finance*, Cambridge University Press, 1996.

Bucovetsky, S., "Asymmetric Tax Competition", *Journal of Urban Economics*, 1991, 30(2):167 – 181.

Carlo Perroni, Kimberley A. Scharf, "Tiebout with Politics: Capital Tax Competition and Constitutional Choices", *Review of Economic Studies*,

2001(68):133-154.

Cebula, R. J. and C. Curran,"Property Taxation and Human Migration", *American Journal of Economics and Sociology*,1978,37(1):43-49.

Charles McClure, "Tax Competition: Is what's good for the private goose also good for the public gander?", *National Tax Journal*,1986(39):341-348.

David E. Wildasin, "Interstate Tax Competition: A Comment", *National Tax Journal*,1986(39):353-356.

Davamzo, Julie,"Microeconomic approaches to studying migration decisions", in *Migration Decision Making*,New York: Pargamen Press,1981.

Eric Smith, Tracy J. Webb, "Tax Competition, Income Differentials and Local Public Services", *International Tax and Public Finance*, 2001 (8):675-691.

Edwards, J. and M. Keen, "Taxation Competition and Leviathan", *European Economic Review*, 1996(40):113-114.

Gallaway, L. and R. Vedder,"Mobility of Native Americans", *Journal Economic History*,1971,31(3):613-649.

Gropp, R. and K. Kostial, "The Disappearing Tax Base: Is Foreign Direct Investment Eroding Corporate Income Taxes?", Working Paper, No.31, 2000,European Central Bank.

Hesham M. Abdel-Rahman,Ping Wang,"Social Welfare and Income Inequality in a System of Cities",*Journal of Urban Economics*,1997,41(3).

Hoyt William H. , "Tax Competition, Nash Equilibria, and Residential Mobility", *Journal of Urban Economics*,1993,34(3):358-379.

James W. Martin,"Tax Competition between States", *Annals of the American Academic of Political and Social Science*,1940,207:62-69.

Janeba, E. and G. Schjelderup, *Tax Competition: A Review of the Thoery*, Memo.,2002, http://odin.dep.no/ud.

Jeremy Edwards & Michael Keen,"Tax Competition and Leviathan", *European Economic Review*,1996,40:115.

Kevin Honglin Zhang, Shunfeng Song,"Rural-urban Migration and Urbanization in China: Evidence from Time-series and Cross-section Analyses", *China Economic Review*,2003,14:386-400.

Keeley, M. C. , "The Effect of a Negative Income Tax on Migration", *The Journal of Human Resources*, 1980, 15(4).

Keen, M. and M. Marchand, "Fiscal Competition and the Pattern of Public Spending", *Journal of Public Economics*, 1987, 66:33—53.

LeAnn Luna, "Local Sales Tax Competition and the Effect on County Governments' Tax Rates and Tax Bases", *The Journal of the American Taxation Association*, 2004, 26(1).

Lewis, W. A. , "Economic Development with Unlimited Supplies of Labor", *Manchester School of Economics and Social Studies*, 1954, 22(5).

Lin, Justin, Gewei Wang and Yaohui Zhao, "Regional Inequality and Labor Transfers in China" , *Economic Development and Cultural Change*, 2004, 52 (3): 587 – 603.

Lucas, R. , "Life Earnings and Rural-Urban Migration", *Journal of Political Economy*, 2004, 112(1):29 – 59.

Miller, D. W. , "The New Urban Studies: Los Angeles Scholar Use Their Region and Their Ideas to End the Dominance of the 'Chicago School'", *The Chronicle of Higher Education*, August 18, 2000.

Mintz, Jack, and Henry Tulkens, Commodity Tax Competition between Member States of a Federation: Equilibrium and Efficiency, *Journal of Public Economics*, 1986, 29(2):133 – 172.

Nong Zhu, "The Impacts of Income Gaps on Migration Decisions in China", *China Economic Review*, 2002(13):213 – 230.

Oates, W. , "The Effect of Property Taxes and Local Public Spending on Property Values: An Empirical Study of Tax Capitalization and the Tiebout Hypothesis", *Journal of Political Economy*, 1969(77):957 – 971.

Oates, W. , *Fiscal Federalism*, New York: Harcourt Brace, 1972.

OECD, *Harmful Tax Competition: An Emerging Global Issue*, Paris, 1998.

Ravenstein E. , "The Laws of Migration", *Journal of the Royal Statistical Society*, 1989, 52(1).

Sam Bucovertsky, Michael Smart, "The Efficiency Consequences of Local Revenue Equalization: Tax Competition and Tax Distortions", *Journal of Public Economic Theory*, 2006, 8(1).

Stephen J. Bailey, "Local Government Economic: Principles and Practice", Peking University Press, 2002.

Stouffer, S. A., "Intervening Opportunities: A theory relating mobility and distance", *American Sociological Reviews*, 1940(5): 845 – 867.

Tatsuaki Kuroda, "Location of public facilities with spillover effects: variable location and parametric scale", *Journal of Regional Science*, 1989, 29(4).

Tiebout, C. M., "A Pure Theory of Local Expenditures", *Journal of Political Economy*, 1956(64): 416 – 424.

Todaro, M. P., "A Model of Labor Migration and Urban Unemployment in Less Developed Countries", *American Economic Review*, 1969(21).

Wellisch, D. E., *Theory of Public Finance in a Federal State*, London: Cambridge University Press, 2000.

Wildasin, D. E., "Income Redistribution in a Common Labor Market", *American Economic Review*, 1991(81).

Wildason, D. E., "Nash Equilibrium in Models of Fiscal Competition", *Journal of Public Economics*, 1989(35): 299 – 240.

Wilson, J. D., "A Theory of Interregional Tax Competition", *Journal of Urban Economics*, 1986, 19(3): 296 – 315.

Wilson, J. D., "Theories of Tax Competition", *National Tax Journal*, 1999, 52(2).

Wilson, J. D, and Roger H. Gordon: "Expenditure Competition", Department of Economics, Michigan State University, Mimeo, 1998.

Wilson, J. D., "Tax Competition with Interregional Differences in Factor Endowments", *Regional Science and Urban Economics*, 1999(21): 423 – 451.

Zhongmin Wu, Shujie Yao, "Intermigration and Intramigration in China: A Theoretical and Empirical Analysis", *China Economic Review*, 2003(14): 371 – 385.

Zipf, G. K., *Human behavior and the principle of least effort*, New York: Hafner, 1949.

Zodrow, G. R. and P. Mieszkowski, "Pigou, Tiebout, Property Taxation, and the Under provision of Local Public Goods", *Journal of Urban Economics*, 1986, 19(3): 356 – 370.

(三)学位论文

杨苢:《基于我国财政职能视角的财政支出研究》,吉林大学博士论文,2008年。
李成:《税收对我国企业投资影响的计量研究》,厦门大学博士论文,2007年。
颜晓玲:《各级政府间税收竞争问题分析》,西南财经大学硕士论文,2003年。
路明:《中国区域城市化研究》,中共中央党校博士学位论文,2000年。

(四)网络

中国县域经济网,www.china-county.org。

后　　记

　　改革开放之后,尤其是中国进入快速城市化阶段以来,一方面,我国地方政府间的财税竞争日益激烈,涉及的领域不断拓展;另一方面,大都市区和城市群逐渐成为空间分工与合作的战略载体。由此,探究税收竞争对区域城市化的影响机理,科学制定区域城市化的调控措施,对我国城市与区域健康发展无疑具有非常重要的理论与现实意义。

　　最早接触并发现税收竞争理论所蕴含的研究价值,那还是2004年我在德国精英大学之一的康斯坦茨大学经济学系做访问学者时候的事情。正是在那个阿尔卑斯山脚下、博登湖畔、莱茵河边的美丽的德瑞边境小城,我从对德国社会市场经济体制的稳定性、福利国家的城市价值与区域发展观、地区收入均等化条件下的德国人口流动等问题的关注与深入思考中大获裨益。访学期间,曾多次就德国福利制度和公共经济体系对中国的启示、中德之间的区域问题及发展模式比较等议题,与我的合作研究者——康斯坦茨大学经济学系的Schweinberger教授进行讨论并深受启发。借此机会,衷心祝愿这个精神矍铄、热爱生活并高度关注中国发展的资深学者及他的夫人王琳琳女士身体健康,万事如意。正是出于在德国的学习收获、Schweinberger教授的启发及杨开忠教授关于中国地方政府研究迫切性和重要价值的建议,我于2006年开始登堂入室,在地方政府经济分析和地方公共产品研究的新领域中学步。并历经前后三年的光阴,初步完成了本书的研究与写作。

衷心感谢北京大学杨开忠教授、中国社会科学院魏后凯教授作为本书申请出版的两位推荐人,给予的认真审读和宝贵意见。当然,文责自负。同时,衷心感谢北京大学李国平教授、中国人民大学孙久文教授、南开大学郝寿义教授等良师以及众多的学术益友近几年来在本人的科研道路上所给予的热情鼓励与关照。2009年本人受德意志学术交流中心资助,赴德国访问。期间,就本书的研究进展及相关话题,与慕尼黑工业大学空间规划系的 Alain Thierstein 教授和德累斯顿工业大学的 Georg Hirte 教授进行交流,在此深表谢意。此外,在课题研究过程中,作为课题组成员,我指导的研究生杨志勇、姜振帅、周雪怡及我在本科生阶段指导过的李玉萍等同学,承担了部分基础性和辅助性的工作,付出了很多努力,可以说,这项研究是我们共同浇灌出的果实。

我对商务印书馆充满敬意。能够获得在商务印书馆的学术殿堂里与大家分享研究心得的机会,我倍感荣幸。

愿以拙著为起步,并以投身教研、学术报国的志趣,不断向学界前辈及同仁智者求教,力求天天向上。

陆军
于北京大学廖凯原楼
2011年2月14日